全国高等院校素质教育与创新创业教育规划教材

大学生职业指导与就业

主　编　靳　慧　刘　辉
副主编　王海峰　刘红松
　　　　王海波　马　兰

中国商业出版社

图书在版编目(CIP)数据

大学生职业指导与就业/靳慧，刘辉主编. —北京：中国商业出版社，2018.6

ISBN 978-7-5044-8893-0

Ⅰ.①大… Ⅱ.①靳… ②刘… Ⅲ.①大学生-职业选择-高等学校-教材 Ⅳ.①G647.38

中国版本图书馆 CIP 数据核字(2015)第 030966 号

责任编辑:蔡凯

中国商业出版社出版发行

010-63180647 www.c-cbook.com

(100053 北京广安门内报国寺 1 号)

新华书店经销

北京市兴怀印刷厂印刷

* * * * *

开本:787×1092 毫米 1/16 印张:15.5 字数:300 千字

2018 年 6 月第 2 版 2018 年 6 月第 1 次印刷

定价:36.80 元

* * * *

前　言

目前，随着我国高等教育进入大众化阶段，高校毕业生人数逐年增加，就业形势严峻，给大学生带来了很大的思想、心理压力，也使部分大学生产生这样或那样的障碍，这既不利于就业，也影响了大学生的工作和学习，因此能否顺利就业是绝大多数毕业生所面临的重大人生抉择；也是高校就业指导者所面临的重大课题。

国务院办公厅于2007年12月下发的《大学生职业发展与就业指导课程教学要求》进一步明确了做好高校毕业生就业工作的重要途径，即大学生职业生涯规划课程的教学目标、内容和评估手段。自此，职业生涯规划和就业指导作为独立课程，进人高校教育教学体系。要求高校就业教育要注重科学化、规范化，应该有与时俱进的就业指导教材。

根据教育主管部门的文件精神，为了帮助大学生解决在择业过程中遇到的种种困惑，更好地引导大学生规划职业生涯，提升职业素养，掌握求职的基本技能，完成由校园人到社会人的转变。为此，我们组织了一批从事大学生思想政治教育、就业指导理论研究和实际工作，并且担任该门课程教学任务的，以及对毕业生工作非常熟悉的教师和教务人员一起编写了这本高职高专就业指导教材。多年的学生工作和就业工作经验，让我们深知学生在就业课程中需要什么，会遇到什么问题，应该如何来应对。希望能通过本书帮助大学生朋友们解除困惑，更好地准备求职、顺利就业，在大学期间为将来的职业发展奠定良好的基础。

《大学生职业指导与就业》共分12章，该书以树立正确就业观为核心，以职业生涯规划为主线，以大学期间及初入职场阶段的能力培养为拓展，吸收了当前就业指导、职业指导的一些新的观点、新的理论、新的方法，结合学生普遍的心理特质和就业特点，围绕大学生在校期间如何规划职业生涯、明了目前就业形势、做好择业心理准备、掌握求职材料编写规范、提高面试技巧、了解就业法规政策和自主创业途径等作了全面阐述，并以此提升大学生在就业过程中的预见力、应变力及创造力。

本书既有理论概括，又有案例引导、附有思考题和实战演练题，融理论知识、趣味知识和思维创新于一体。旨在通过贯穿大学阶段的课堂教学和实践环节，提高大学生的成才能力、求职能力、职业适应能力和自我提升能力等职业发展能力，希望本书能为大学生就业提供系统化、实用化、全程化的启迪。

本书以实用性为主要特色，兼具指导性、衔接性。实用性是指以学生在就业过程和职业发展中的实际需要为出发点，以学生的视角和语言为载体，穿插大量真实案例，为大学生的求职提供最为实际的指导。指导性是指本书可以作为学生求职前、求职中、求职后的操作指南，不但可以帮助学生清晰求职过程，而且还可以架起学习、就业和职业发展间的桥梁，指导学生科学定位职业目标，有效完成求职过程，合理进行职业选择。就业知识具有很强的实践性，要求学生在学习时不断实践、不断思考，才能收到成效。在阅读本书时，希望大学生朋友们能充分调动自身的积极性和主动性，从长期职业发展的角度看待目前的学习、求职，做一个关注自身成长的有心人。

本书由淮北职业技术学院靳慧（第三、四章）、淮北职业技术学院刘辉（第七、八章）担任主编，副主编由淮北职业技术学院王海峰（第一、二章）、淮北职业技术学院刘红松（第五、六章）、淮北职业技术学院王海波（第九、十章）、淮北职业技术学院马兰（第十一、十二章）担任。靳慧、刘辉对本书进行了总纂。在编写的过程中，我们参考了有关同仁的一些资料，在此表示衷心感谢。

编　者

2018年6月

目　录

✻第一章　导论✻

☆开篇导语

一般来说，工作三到五年，很多职场人士就会面临职业发展方向的困惑。在这个时期，职场的现实与残酷已经消磨了他们初涉职场时的壮志雄心，而代之以难言的焦虑和深重的无奈。但更关键的，在于他们缺乏对职业市场和自我发展的全面了解和基本定位。

就业是民生之本。大学生接受了高等教育，其是否实现充分就业，并在工作岗位发挥应有的作用，是国家实现人才强国战略的根本保障。因此，大学生就业无疑是国家就业政策的晴雨表，是衡量高等院校办学质量的重要标志，倍受各方关注。

现在，随着高等教育大众化进程的推进，大学毕业生在就业人口中所占比重日益提高，而就业岗位的存量又不可能在短期内无限扩充，这就势必造成大学毕业生适时就业与工作岗位不足的矛盾，大学毕业生的就业问题也渐渐浮出水面，成为令举国上下为之瞩目的问题。

曾几何时，大学生是天之骄子，其就业享受国家政策，由国家统一分配，大学生也是满怀“皇帝女儿不愁嫁”的良好心态，稳坐中军帐，随时可以找到自己的岗位。到了工作单位后，又以其高学历而受到青睐，很快得到重用，逐渐成为单位的骨干和领导。今天，这种趋势发生了变化，大学生面对的是庞大而陌生的就业市场，他们必须学会放下架子，毛遂自荐地递上装订精美的简历，向一家家用人单位求职，终获录用，又往往不是自己所期望的单位，或是只有大大缩水的报酬，令他们有苦难言。当然，大部分大学毕业生都能及时调整心态，认认真真地把握机遇，踏踏实实地从头做起，百折不挠地实现自己的人生理想。

同时，由于国家对大学生创业政策的扶持，许多高校都及时调整政策，通过工学结合制、弹性学分制等有效手段，使大学生获得宽松的学习时间，便于他们开展创业活动。而且，许多高校在教学过程中更加提倡实践环节，鼓励本科生提早进入科研领域，使得大学生增强了动手能力和创业技能，目前，大学生的创业活动方兴未艾，一批由大学生开办的公司如雨后春笋般建立起来。

不过，由于独生子女的增多，他们虽然个性张扬，但面对选择和承受挫折的能力相对较差，加之就业市场的不完善、大学人才培养方向不明确和就业过程中存在一些不公平公正现象，使得部分大学毕业生不能正确面对就业压力，或对就业中存在的问题过于扭曲夸大，从而产生一些意想不到的后果。这些都妨碍了大学生的充分就业，造成人力资源的浪费。

本书正是针对大学生的就业和创业，提出自己的指导性意见，以帮助更多的大学生顺利完成就业，并引导更多的大学生成功走上自我创业之路。

第一节 大学生就业形势调查

【形势】:据人力资源和社会保障部数据显示，2014 年全国高校毕业生人数 727 万人。相比 2013 年 699 万毕业生增长 28 万人次，再创历史新高，被冠以“更难就业季”称号。2014 年面向毕业生的职位发布量相比去年增长 10.14%，毕业生就业竞争指数有所下降。所以各类院校都要合理定位，努力形成自己的办学理念和风格，在不同层次，不同领域办出特色，争创一流。注意大学生的专业知识和职业技能培训，适应社会需要。

【现状】:“蚁族”生活在劳碌奔波中寻求改变“蚁族”，大学毕业生聚居群体，被称为继农夫、农民工、下岗工人之后出现在中国的又一群体。之所以把这个群体形象地称为“蚁族”，是因为该群体和蚂蚁有诸多类似的特点:高智、弱小、群居。据统计，仅北京一地就有至少 10 万“蚁族”。上海、广州、西安、重庆等各大城市都有大量“蚁族”，在全国有上百万的规模。

【专业】:调查结果显示，目前在理科专业中，就业率最高的当属建筑专业，除建筑专业外，就业率最高的其他 4 个专业分别是安全工程、地质工程、机械电子工程和护理学。除了护理学外，其他均为工科专业。此外在高职专业中，就业率最高的 5 个专业中 3 个与轨道交通有关，其中第一名是城市轨道交通运营管理，毕业半年后就业率高达 97.6%，而排在第三名、第四名的电气化铁道技术和铁道工程技术，毕业半年后就业率也都超过了 96%。就业率最低的十大高职专业中，法律事务上榜。

【薪酬】:调查结果显示，在薪酬预期上，有 66.10% 的大学生将月收入定位在 1000 元 - 2000元，甚至还有 1.58% 的学生愿意“零工资”就业。而在调查中，77.3% 的用人单位却认为大学生仍存在期望过高的现象，主要表现在薪酬、地域、个人发展机会和要求专业对口等方面。其中，在就业地区的选择方面，大学生“重东部，轻西部”、“重大城市，轻中小城市和农村”的想法仍没有得到明显改观。

【方式】:调查结果显示，长期以来人们一直讳言人际关系网络对于用人环境的影响，但此次调查显示，人际关系网络仍是大学生进入就业市场、寻找就业机会的理想途径。有 41.61% 的学生认为，通过家庭和个人社会关系、托熟人是最有效的求职途径。

【企业】:报告中显示，有 77.3% 的用人单位认为大学生存在期望值过高的情形，主要表现在薪酬、地域、个人发展机会、职位要求、行业要求、假期要求和要求专业对口等方面。

【问题】:接受问卷调查的大学生普遍认为，缺乏工作经验成为就业最大的门槛。有59.1%的用人单位认为当前大学的课程设置不合理，其中50%的用人单位明确提出，当前大学的课程设置不合理，制约了大学生就业。

【态度】:调查结果显示，64.09%的大学生认为，在大学期间要更重视自身能力的全面培养和调整个人心态，而27.14%的大学生则以降低择业标准作为解决就业问题的方法。即使在经历了求职过程中的一些挫折后，也有高达76%的学生认为“找工作的过程是一次必要的人生历练，可以丰富人生经验并使自己更成熟”。

【其他】:调查结果还显示，七成企业不看重外语能力。在受访的44家企业中，只有四分之一的企业看重外语能力，而要求最多的是环境适应能力和人际交往能力，这些都在60%左右。企业对毕业生自我表达能力和专业能力的要求，也都在50%左右。

现在大学生就业心态存在哪些问题？调查表明:82.6%的人首选“眼高手低，定位过高”，73.7%的人指出存在“怕苦怕累，想不劳而获”的心态;63.2%的人认为是“被动依赖，缺乏独立与积极主动”;55.4%的人觉得是“缺乏主见，盲目从众”;50.5%的人选择“一味焦虑迷茫，无法把握机会。”还有37.9%的人认为“自卑胆怯，低估自己。”之所以产生这些就业心态问题，68.5%的人认为原因在于“学校教育与社会需要脱节”，65.3%的人认为是“自我认知判断不正确，不全面。”此外，还有人认为“缺乏长远的职业规划”和“社会相关政策不完善”等因素。

第二节　大学生就业难的原因分析

大学生就业难正困扰着中国高等教育，潜伏着一定的社会危机。那么，中国的大学生真地到了饱和状态，真地就无法驱走就业所面临的寒流吗？就业是构建和谐社会的大事，而大学生就业更是牵动国家的大事中的大事，它引起了党和国家的高度重视。要想解决大学生的就业难题，我们不妨从高等教育和大学生自身先查找原因，以便对症下药。

一、结构性矛盾，供求错位

调查实证研究证明，“就业难”不是供给大于需求，而是就业结构性矛盾突出造成的一种阶段性社会现象。

(一)高校专业设置与快速变化市场需求错位

我国四年一个周期的高校专业设置决定着专业人才的产出量，大学生就业与产业结构的调整以及地区经济发展周期有较大的关联。调查中发现，产业结构调整的后面带来的是职业、职位、岗位的变化。虽然教育部在2012年新设置或调整1730多个本专科专业，但是企业对各类专业技术人才和管理人才的需求变化速度是高校专业培养人才的2～4倍，形成了人才供需市场配置的时间差。四年前还是社会需求的热门职业，四年后变成了滞销专业，供给与需求错位在一定程度上造成了大学生就业难的主要原因之一。

（二）是人才结构失衡，供求矛盾加大

近年来的人才市场需求供给情况反映，各技术等级的劳动力呈现供不应求的局面，以机械加工为主的技术、技能型人才短缺，致使出现了部分工科类大学生在校期间又到劳动部门开设的技工培训学校学习拿到技能等级证书。

农业人才需求错位问题是结构性矛盾的最突出问题。据统计，我国目前平均每百名农业劳动者中只有科技人员0.023名，每百亩耕地平均拥有科技人员0.0491名，而发达国家每百亩耕地平均拥有1名科技人员，农业从业人员中接受高等教育的达45%～65%。

在人才分布上，我国东部与西部、沿海地区与偏远山区、经济发达地区与欠发达地区，每万人中大学生占有量差距也很大，结构性矛盾仍然突出。解决这个矛盾，要从“三教”（教材、教学、教师）入手，教育要以市场需求为导向，要从宏观经济走势、中观经济变化、微观经济需求为着眼点和落脚点，高校要研究所在区域的社会发展和经济变化，着眼整合师资资源，提升高校专业设置的科学预测和规划能力，调整教材，创新教学方法，用就业率、学生综合适应能力两把尺子衡量高校的运行质量。

二、知识陈旧，转化率低

被调查的60%企业反映，应届大学生到岗工作，学什么专业干什么工作，实际知识应用率不足40%，而且多数学生表现出所学过的知识转化不出来，不能变成自己在岗的实际能力。我国大学生一般适应周期在1～1.5年才能独立完成工作，而发达国家的大学生到岗适应期是在2～3个月。

知识经济时代，知识生产率已逐步替代了劳动生产率，生产知识的经济与用知识生产的经济正在悄然改变着人们的就业方式。“知识就是力量”已被“转化了的知识才是力量”所替代，知识的时效性在快速缩短，20世纪50年代大学生知识能用30年，90年代大学生知识能用10年，近几年统计，大学生所学知识能用3年。这种趋势愈加明显。

大学以基础设施和师资为依托，以大学精神为共同愿景，在识别和提供优势的知识体系中培养专业人才。衡量大学生的综合素质指标之一就是学到了什么、掌握了什么、学会并转化成为自己生存发展的能力是什么。在对近2000多名已毕业的大学生调查，30%的学生反映，在校学习的知识离市场需求较远；30%的学生认为所学知识沉旧，要想在所学专业掌握更前沿的知识，还得自己通过上网、到书店、去企业、进图书馆、听讲座来补充新知识。据国内一所较为知名大学计算机和外语两个专业学生抽样调查反映，部分教师的实际知识占有量不如应届的学生。计算机专业学生讲，摩尔定律9个月一个周期，不到社会上学习，毕业后所学知识多数都过时了。

在调查中我们发现，大多数学生反映，在校学习多数精力都应付考试，考试结束后，知识都忘得差不多了。上大学学什么，读大学读什么，多数大学生都没思考过这个较为深层的问题。

农业经济时代人们就业靠体力，工业经济时代就业靠技能，知识经济时代人们就业靠知识转化率的高低，大学生在市场中与各群体人在一个平台上竞争岗位，核心竞争力是学得多、学得快、转化率高。当代大学生要学会鉴别知识(哪些是基础知识，哪些是应用知识，哪些是当今世界前沿知识)，敢于抛弃知识(筛掉过时知识、垃圾知识)，善于转化知识(把握知识点，形成量到质的转变)，用智慧统帅知识才能在现实社会中靠自己的实力生活，用自己的能力赢得胜利。

把知识和才能物化为真正的行为才是真正的人才。就业率在统计过程中，应多元化确定其概念，大学生就业问题应以市场化视角来认识，并鼓励支持多元化就业。如:非单位就业、非组织就业、隐形就业，随着产权多元化、社会生活日趋复杂化，评价大学生就业的指标体系也应不断创新和完善，改变培养与就业信息不对称的统计方法。

三、准备不足，目标模糊

大学生就业不是到了大四才开始准备，而应在读大学的第一天就有思想基础。一年级了解自我，二年级锁定感兴趣的职业，三年级有目的提升职业修养，四年级初步完成学生到职业者的角色转换。我们在调查后的比较分析中发现，美国的学生为了能从大学毕业，上了大学才开始认真学习，在读大学时也在研究市场，把知识放在实践中学习感悟(如斯坦福大学)，中国学生为了能考上大学拼命学习，上了大学就不再认真学习了，对市场变化、社会变化关心度较低，注意力和精力都应付考试了。多数学生对职业目标相对模糊，没有把兴趣、爱好与自己所学专业很好结合。

美国职业生涯理论专家萨珀讲:“生涯是生活里各种事件的方向，表现个人独特的自我发展形态;是人生自青春期到退休所有有酬给或无酬给职位的综合;生涯发展是以人为中心的。”中国也有俗语:“人无远虑必有近忧。”在调查中我们发现，60%的大学生没有“生涯”概念，更不知道自己的优势和劣势，对自己适合做什么，不适合做什么，哪些职位能成功，自己潜能有多大一概不知，到了大学毕业才“临时抱佛脚”，一大批学生有就业恐慌表现。

可见，生涯(目标)模糊与准备不足在一定程度上影响和制约了市场配置成功率。据国内各大城市举办大型人才交流会统计，多数学生参加人才交流会都有一种“赶集”的感觉，没目标、没准备，全凭碰运气，结果造成了有意向的没信心，有信心的准备不足。大学生交流会对接成功率一般在30%，解决这一问题，大学生入学前就应做生涯规划，在确定所学专业前，进行自我评估→生涯评估→职业选择→职业生涯→路线选择→确定目标→确定行动计划→执行→评估与反馈，做这样一个流程运作，并在校期间进行不间断的完善和补充，进而使自己与社会发展，所学知识与专业进步，自身潜力与将来职业发展能够同频共振。

四、依赖性强，创造力弱

18 岁标志着人生进入了成人阶段，“独立”这一概念应是很强的，近年来我国也经常组织“成人节”、“成人仪式”，宣传鼓励青年人成为社会有用之人。而在现实生活中，“独立”在青年人身上只有小事自己做主，大事还得家长拿主意，我国部分大学生表现出“五靠”：考大学靠压（家长监督学习）；报志愿靠拍（家长定）；上大学靠供（家长投资）；找工作靠关系（家长运作）；选择职业靠感觉（没有科学的分析，家长凭经验）；大学生完全独立完成自己的意愿选专业、定职业、找工作的在被调查的群体中占 40%。我们经常看到人才市场找工作的大学生后面经常有家长陪伴，与用人单位谈话，家长急于先介绍，这种长期以来养成的依赖性，严重影响了大学生就业意向成交率。在发达国家，到 18 岁生日时，家长就会主动提醒，“孩子，从今天起，自己的事要自己拿主意，自己处理问题。”我们的大学生自己做了一件独立完成的大事，家长反而会说：“小子长大了！但别忘了长出胡子也是我的儿子。”这种反差，在深层次上影响着年青人的创造力和创新意识。

我们的家长在培养子女问题上应做到不管少管，支持发展，大学生的成长是家长一次次放手的过程。

五、理念滞后，能力危机

理念是核心价值观，正确的理念带来正确的行动，正确的行动才会有正确的结果。在调查中，大学生就业理念受社会各种价值取向的影响，指导就业理念也存在四大误区：(1)“宁愿出国带光环，不在国内做职员”，据不完全统计，我国部分重点院校三分之二学生毕业首选出国，不研究家庭、自己所学专业是否适应和承受力大小，结果“海归”变成“海待”；(2)“宁到外企做职员，不到中小企业做骨干”，我国就业市场反映，承受力最大、需求量最大的是中小企业，我国中小企业已超过 800 万家，占全国企业总数 99%，工业新增产值 76% 是中小企业创造的，工业总产值和创税分别占全国的 60% 和 40%，中小企业的发展空间、个人职业发展机会以及易于产生成就感等都大于外企；(3)“创业不如就业”，近年来政府鼓励大学生创业出台了一系列政策，在多方面为大学生创业创造环境，而多数大学生感到创业艰难，很多方面准备不够，缺少充足的勇气和决心去创业，只有少数大学生认为就业找饭碗不如创业谋发展，大树底下长不出大树，勇于从误区中走出；(4)“就业难不如再考研”，在校大学生在就业难的压力下，选择了继续读书考研，虽不情愿，却又别无选择，在大学里流传“大四不考研，天天都过年”，学习已不成为乐趣，但还是选择了再学习之路。社会实践证明，本、硕、博连读不利于人才的成长，发达国家对一些专业限制连读，要求有两年以上工作经验，才允许读研。人才市场反映，近年来研究生与本科生同时进入市场竞争，硕士生找工作成功率也开始下降。

树立正确就业理念是大学生走好人生的第一步。到哪就业，干什么工作都应辩证地、发展地、全面地看待。小企业有重要岗位，偏远地区有最适合发展的机遇，最艰苦的地方最能磨练人的意志，国家需要的地方也是青年人成长最快的地方。

能力是人就业、从业的核心支点。当今社会已开始从身份社会向能力社会转变，职业再生能力一直伴随着大学生就业和从业的职业生涯始终。提高就业率要从提高就业能力入手。我们在日常人才市场运行中发现，就业率高的专业毕业生和易于找到工作的大学生，自身的就业指数都很强，这些大学生平时很注重自己适应性的培养；按就业岗位说明书指标进行修炼；不断增强自己与目标企业需要的岗位能力；善于挖掘自己从事岗位工作的潜力，这些都属就业指数，把握这些并不断提升，就业就变成了快乐的事情。

六、选人用人，缺少标准

据有关方面统计，目前我国企业使用的技术和设备已达到发达国家上个世纪 90 年代后期水平，但管理方面是发达国家上个世纪 20 年代水平。1000 ~ 9000 万资产的中小企业中严重缺乏现代企业管理，人力资源管理更是缺少。在调查中发现，中小企业选人用人基本上没有导入人力资源管理技术，多数企业是缺什么人找什么人，在企业快速发展阶段，长期处于救火式选人用人方式，没有人力资源发展规划。组织架构设置及岗位的科学设定、岗位需求计划都属空白，多数企业选人用人凭经验靠感觉，不科学。这种现象的存在，制约了企业发展，也影响了选择人才的成功率，在我国现阶段有一种现象，越是小企业越不愿意选大学生，不注重自己培养和储备人才。而外企，特别是500 强企业，企业发展中愿意选择大学生进企业，从头培养。这种用人上的差异与企业文化、企业规模、CEO 战略、企业的可持续发展有着深度关联。因此，解决大学生就业难，重要的解决我国中小企业的选人、用人思想观念问题，培养战略性思考，养成正确选人、科学用人、合理择人的习惯，使我国中小企业在发展和成长过程中有较为充足的人才资源保证。

七、市场配置，简单粗放

目前，我国大中城市人才市场运营分析证明，大学生进市场的总量每年都在递增，而人才市场的服务手段、服务方式以及社会各中介服务部门为大学生就业的服务还处于初级阶段，与日趋增长的总量配置需求和个性化服务需要还有差距，具体表现为定位初级、管理粗放、产品粗糙。

现代服务业快速发展告诉我们，以人为服务主体派生出来的职业很火爆，如:形象包装师、美容师、色彩设计师、职业推荐师等。但从社会供需双方看，每年度 280 万大学生的服务，从业人员和专业性公司都很少，造成这种现象主要原因有三:一是大学扩招速度和大学生总量的增长快于为人才服务的中介机构的增长；二是人才服务机构过去一直由政府所属机构独立经营，缺少竞争性，发展较慢；三是人力资源服务业传入我国较晚，其技术性、技能性、理论性以及专业化的公司还没有成长起来。

大学生资源是我国经济发展社会进步的重要资源，也是经济建设中的稀缺资源，在发达国家大学生占从业人员37～40%，而我国占5%。合理配置有效开发好大学生资源是我国人才战略中的重要工作。当前需要从三方面研究与实践:(1)大力培育发展专业化公司，为大学生就业提供指导性、技能性、专业化的服务。目前我国大学教育还处于知识型教育，四年的大学缺少能力培养和技术的培训，从校门到厂门还有一段距离，这段路要由专业化的公司为大学生设立不同职业的能力模型，通过测试、咨询、培训来提高大学生的上岗前的职业能力，以快速适应岗位需求;(2)规范就业市场，提升中介机构服务能力，要在逐步规范中设定人才中介机构的服务产品标准化、规范化、个性化、多样化，以满足大学生就业市场的需求;(3)整合就业信息资源，形成全国统一的就业发布渠道，在全国真正形成就业代码规范，就业信息统一开放，就业指导科学合理，区域性就业信息与全国就业信息互动，充分发挥网络优势，定期由专门机构发布大学生就业资源和相关政策，在公益性和公共化服务中把大学生就业工作做细、做深、做好。

第三节　大学生就业与创业指导的作用

在调查中还发现，当代大学生在就业期间即缺少社会、校方的指导服务，更缺乏对就业、择业的自身研讨，在走向社会前，大学生应像报考大学时应对高考准备一样拿出更多精力和时间，形成研讨习惯，分析人才市场需求信息，研究信息的分类及适用性，把握自身专业与区域经济发展，产业变化及企业产品的情况，知己知彼，在充分调研分析后选择地域、行业、企业来就业。

高校应加强就业与创业指导课程建设。为适应当前大中专毕业生就业形势发展需要，深化就业指导与服务，努力提高毕业生的就业、创业能力和职业素养，各高校应加强就业与创业指导课程建设，把就业与创业指导课作为公共必选课，纳入教学计划，总课时不少于20课时，有条件的高校要力争开设职业生涯教育与规划、就业指导、创业教育等课程，逐步形成完整的就业与创业指导课程体系;加强就业与创业指导课程教学机构建设，充分发挥就业与创业指导教研室在课程建设、师资培养、教学管理等方面的积极作用;加强就业与创业指导课师资队伍建设，在确保专职就业与创业指导教师和专职工作人员与在校大学生的比例不低于1:500的基础上，配备足够数量的专职就业与创业指导课教师，以保证教学需要，就业与创业指导课教师职称评定办法要与其他课程教师同等要求;积极开展就业与创业指导教学研究和科学研究，提高教学质量，促进就业与创业指导学科建设。

开展就业和创业指导，学校应从几个方面入手:

第一，注重调查研究，增强促进大学生就业工作的责任感。

学校应把帮助大学生实现就业，看作是自己应尽的社会责任，是服务大学生的现实要求，深入实际，认真开展调查研究，进一步了解大学生就业的现状和形势，对存在的重点问题展开讨论，进行分析，进一步就如何推进大学生就业促进行动理清思路，增强做好就业工作的责任感和使命感。

第二，营造就业氛围，转变大学生就业观念。

目前，大学生在择业观念上存在着对基层就业缺乏正确认识、岗位选择视野狭窄、自主创业信心不足等突出问题，在一定程度上造成了大学生就业的思想障碍。做好就业创业指导工作首先就要积极营造氛围，帮助大学生树立科学的人才观和正确的就业观，向大学生介绍当前就业形势，企事业单位用人要求，自主创业、失业救助等有关政策，鼓励学生面向基层、面向西部就业，对高校毕业生就业创业进行指导。在营造创业氛围上，把培养创业精神、增强创业意识，作为转变就业观念的重点。可以为广大同学树立就业创业榜样，通过一些看得到摸得着的就业创业典型帮助大学生转变就业观念，激发他们的创业热情，树立“先就业、再择业、创大业”的理念。

第三，完善就业体系，搭建大学生就业平台。

在大学生择业过程中，大学生认为社会提供的岗位不理想，而又缺乏找到理想工作岗位的能力和机会，是择业难的重要原因之一，同时，用人单位由于信息不畅，又苦于招不到理想的大学生，造成了大学生“无业可就”、“有业不就”的现状。学校可通过与用人单位建立长期合作关系，收集提供大学生就业岗位，拓宽就业渠道，推动就业岗位与大学生就业的有效对接，帮助大学生找到合适的就业岗位。就业指导工作也应面向企业，倾听来自社会需求的声音。我们可以向企业反馈我们的见解，或将学生的心声向他们传达，帮助他们实际就是帮助我们自己。再者，和企业保持一定的联系，他们的建议往往对我们有一定的借鉴价值，比方说他们对课程设置的某些建议，对学生动手技能方面特殊的要求。

第四，推动创业实践，提高大学生就业能力。

学校应提供保障，创造条件，鼓励广大青年学生参与就业创业实践，大力实施“大学生就业见习行动”，为企业引进人才、大学生发挥作用提供一个平台，让大学生与企业充分融合，提高就业成功率。同时依托大学生就业实习基地，大力实施素质拓展计划，根据他们的专业特点、爱好和能力，分析其择业心理，对其进行职业设计指导，并就提高素质的具体方法和途径提出合理化建议，帮助树立成才目标，引导他们有意识、有选择地参加各种素质拓展计划，有针对性地提高自身素质，以此来促进就业择业能力的增强。

据了解，共青团河南省委与13名在就业创业上颇有建树的人士签订了聘书，聘请他们成为首批河南省“大学生就业创业指导师”。包括中国大学生创业网总裁赵长升在内的13名首批“大学生就业创业指导师”，将经常性地走进高校，为大学生宣讲就业、创业政策。同时，他们还将对大学生创业的专业化训练提供具体指导和帮助。这说明，我国的大学生就业创业指导工作正向专业化和专职化迈进。

为此，首批“大学生就业创业指导师”之一，郑州大学学生处处长戴国立介绍，目前国外大学毕业生创业人数占毕业生总数的比例最高可达30%，但在我国，这个比例尚不足1%。“要培养创业精神，就要使学生突破传统的就业观念，有自信心，敢于承担风险。”赵长升认为，严峻的就业形势下，国内大学生的创业意识和创业能力亟待加强和提高，这需要社会环境和高校的引导。除了改革大学教学模式、对大学生加强创业教育外，有关部门还应积极构建创业服务体系，加强创业指导，增加资金扶持，加强中介服务、信息交流的平台建设等。“要鼓励有志创业的大学生。这既能缓解目前严峻的就业形势、把大学生从求职者变成岗位创造者，又有利于进一步营造全社会尊重创业、积极创业的良好氛围。”赵长升说。

当前我国高等院校实施就业创业指导尚处于起步阶段。虽然取得了一些成果，但对在实践和探索中存在的问题还需认真总结、研究和妥善解决，特别是对思想观念、制度规范、组织领导、舆论环境等事关全局发展问题更要高度重视，只有这样，就业创业指导才能更好地存在和发展下去，发挥其应有的作用。

✻第二章　认识自我提升自我✻

☆本章旨要

认识自我属于自我意识范畴，它包括自我觉察、自我认知、自我分析、自我评价等。可以从“我是谁”、“我从哪里来”、“我要到哪里去”三个问题人手进行说明。提升自己，一直被视为培养大学生在德、智、体、美、劳全面发展的有效途径。当代大学生面临巨大的的就业压力以及生活的压力。在即将踏入社会之前，正确认识自己和提升自己就显得格外重要。

第一节　认识自我的意义

庄子说:“知人者智，自知者明”。从古代起，认识自我就成为认识的一个重大目标。认识自我也就是自我认知，是自己对自己的看法，是通过对自身行为的观察，而对自己的形象和心理状态的认识，包括对自己的动机、意图的验证与评价。正确认识自我是正确对待自我、激励自我、发展自我的前提和基础。

第一个问题——我是谁？在心理学上，自我是一个独特的、持久的同一身份的我，主要包括作为认知对象的我和行为主宰的我。进一步可细化为物质自我、社会自我和精神自我三个部分。①物质自我:是对自己生理状况如身高、体重、形态，以及住房、财产、衣物和装饰等的认识。一个人对自己的外貌长相、服饰打扮的定位和评价是物质自我的认识反应。这一部分有形的“自我”可以说是每个人对于“自我”最直接的感受和理解。②社会自我:社会自我是对自己在社会关系、人际关系中的角色、地位、作用和权力等的认识和体验。社会自我使个体在社会化过程中得以发展和成长。③精神自我:精神自我是自我认知中最核心的部分，它是对“我”的内部主观存在的认识，是自身心理特征如需要、动机、价值观、能力、气质、性格等方面的认识。

第二个问题——我从哪里来？包括自己的籍贯、家庭状况，自己的学历、阅历、现有知识储备、能力如何、社会地位和社会资源等方面。

第三个问题——我要到哪里去？包括对自己未来的人生设计。如自己希望在情感上、经济上、社会及人生上达到什么样的目标，以及实现目标的具体方法。大学生正确认识自我好提升自我，是迈向成功的第一步。

1. 如何认识自我

①通过自己与别人比较来认识自己。一个人对自己价值的认识，是通过与他人的能力和条件的比较而获得的。在与他人比较的过程中，应注意比较的标准和对象，而且标准应该是相对的，例如一个人的容貌与出身是不可更改的，若以此为标准同别人比较是没有意义的；比较的对象应该是与自己条件相类似的人。

②通过自我比较认识自己。与过去的自己相比，自己是否进步、还是落后了；与理想中的自我相比，自己还有哪些差距等。前者可以发现自己的成绩和进步，提高自尊和自信；后者可以明确努力的方向，进一步完善自我，大学生可以通过对自己的学习、文学、艺术、体育、社会工作、人际交往等各方面的能力和成效加以自我认识，获得关于自己能力、意志、兴趣和投入角度等多方面的信息，进而对自己加以评价。

③通过对方的的评价来认识自我。从对方的态度和情感中认识自己。一个人对自己的认识难免有偏差，特别是自己的不足有时注意不到，有必要根据对方对自己的评价来认识自己。别人的评价就像一面镜子，但镜子不一定能反映事物的本来面目一样，别人对你的评价，由于受多种因素的影响，不一定是完全正确的，所以不能把别人的评价和态度作为唯一的衡量标准，一定要同过多方面进行综合评价。

④心理测试来认识自己。心理测试是通过回答有关问题来认识自己、了解自己。测试题目是由心理学家们经过精心研究设定的，只要如实回答，就能大概了解自己的有关情况。这是一种简便易行的自我剖析方法。国内外常用的几种测试方法有：人格测试、智力测试、能力测验、职业倾向测验。为了最大限度地发挥心理测评的效用，首先应该选用一个较为权威的心理测量工具；其次是在做测验的过程中，选择一个安静没有干扰的环境。一定要按自己的真实想法回答。

2. 认识自我的途径。大学生应该培养交际能力，学习能力，自理及自立能力等。大学生是祖国的未来，需要在培养能力，同时还要提高自己的综合素质，为将来打下良好的基础。因为21世纪需要的是有综合素质与多种能力的复合人才，因此在培养能力、提高素质方面多花一些经历。

①加强学习，提高素质。君欲善其事，必先利其器。要做好本职工作，首先要学好本领。能力是知识的翅膀，作为新时代的年轻人，更要加强学习，勤于思考，大胆创新。要树立终身学习的理念，盘点自己的技能及专业知识，自觉把学习作为自身的迫切需要和基本的素质要求。

②爱岗敬业，履行职责。作为当代大学生，要不断的提高自己的思想道德素质水平，牢固地树立科学的世界观、人生观和高尚的职业道德，在工作岗位上遵守各种规范制度，遵纪守法，敬业爱岗，爱岗敬业。只有爱岗敬业，严谨的工作态度，才能潜心钻研业务，勤奋工作，不断创新，取得成绩。工作的快乐来源于对工作的热爱，来源于孜孜不倦的思索创新，来源于自身能力不断得到提升的满足感。作为一名大学生，进入工作岗位，要树立起高度的事业心、责任心，热爱本职、尽心尽力、尽职尽责，真正做到"干一行，爱一行，专一行"。在实际工作过程中，不断学习新知识、新技能，掌握过硬的为人民服务的本领，不断适应社会的发展和时代的变化，不断促进工作登上新的台阶。工作职责是企业员工在工作时赖以存在的前提，在企业组织内，没有不存在职责的员工，也没有不要员工执行的职责。因此，工作职责就是员工的职业生命，它贯穿着员工在一个组织内部全部的活动过程。因此，你必须牢记自己的工作职责，牢记自己的工作职责，经常想起自己的工作责任，人才有紧迫感，才有进取的动力。

③互相协作，乐于奉献。不同的人只有和谐相处、互相协作、才能实现共赢。这就要求我们在工作中不计名利，做到互相支持而不是互相拆台，从而共同进步，携手发展。大家为了共同的目标走到一起来，也都渴望在这个领域获得成功，有所作为，很多人也为此作出了巨大的努力。然而，虽然大家都同时在努力，但当你拿自己的工作业绩和别人比较时，总会觉得别人盛开的花朵格外鲜艳。实际上，有这种想法是人之常情，无可厚非。但也显现了一个人的思想境界。高境界是一种宠辱不惊、去留无意的胸怀，一种淡泊名利、一种全心全意为人民服务的追求，一种为民鞠躬尽瘁、死而后已的精神。在工作中，要追求的正是这样一种境界，用良好的心态和工作态度，鼓励自己脚踏实地的努力工作，乐于奉献！

一、环境是塑造自我的外在条件

目前在大学校园里，除了正常的上课，还有各种各样的讲座、讨论会、学术报告、文娱活动、社团活动、公关活动等等。这些活动对于大学新生来说，的确是令人眼花缭乱，但许多大学生一时难以适应，心理矛盾加剧，学习缺乏动力，人际关系紧张，这些活动和变化，虽然影响了一些大学生的学习生活，同时也是锻炼和塑造自己的机会。

1. 塑造自我性格。塑造自我性格有些青年学生经常为自己不善言谈和交际、性格内向而苦恼。有的是多年养成的性格。那么能改变这种性格，培养起善于交际的能力吗？俗话说："江山易改，秉性难移"。"难移"不等于不能移。人是发展变化的，随着社会的改革开放、个人交际的频繁和社会实践的增加、知识面的拓宽，个人的观念、意识以及性格都会有大的变化。只要你有意识地注意改变自己的性格，则会收到好的效果。另外，要确立信心，摆正位子，寻找自我，正确估价自己，不可盛气凌人，也不可妄自菲薄，不可没有自尊心，也不能被自卑感压倒。应该谦虚谨慎、不卑不亢地生活在人们中间。改变内向性格、学会交际的办法还要扩大自身的信息量，多读书，多看报，关心世界大事、国家大事，扩大知识面与开拓视野，注重丰富自己的业余生活，如打球、书法、下棋等，都可以在这些活动中增加交往，潜移默化的改变自己的性格。

2. 塑造自我形象。一个人的形象绝不仅仅是单纯是长相、外貌，而是由他的修养以及为人、处世、谈吐等诸多方面来综合体现的。美好的外在形象固然会在社交中对一个人有所帮助，但最终决定一个人形象的关键因素是他的内在品质。如果你具有以优秀品质为支撑的良好的自我形象，相信人人都会愿意与你密切相处。德国诗人歌德曾经说过这样一句话："外貌美只能取悦一时，内心美方能经久不衰。"所以，良好的自我形象更多需要的还是后天的塑造。

二、文化是自我形成的内在因素

自我表达独特的内心态度来寻求和维持自己与他人的区别。而东方文化则强调人与人之间的互相依赖，个人的存在价值要通过与他人的相互关联性、个体承担和实现的社会责任来评价，上述评价越高，对自我的认同就越积极。对于西方人，自我意味着更多的个性特质、独特性和区别性；对于东方人，自我包含更多关联性、归属性和社会性。许多学者对自我观的划分都是基于东西方对自我边界范畴理解的不同，东方人比西方人对"自我"的界定更不明确。fMRI 的数据表明，自我参照和母亲参照记忆激活了共同的脑区（如内侧前额叶），这从脑机制上为自我观的文化差异提供了佐证。

三、对自我能力的认识

能力，是指顺利完成某一活动所必需的主观条件。能力是直接影响活动效率，并使活动顺利完成的个性心理特征。能力大体可划分：

1. 分析解决问题的能力。首先应该是发现问题的能力，二是分析问题的能力，三是解决问题的能力。先是从复杂的各种活动中，发现问题的矛盾，分析矛盾的主次，分析它们形成原因，最后是找出解决问题的方法。在分析判断问题时，很容易造成误解。一个是正确与错误，对待事物，喜欢一刀切，对是对，错是错，但实际上不是这样，只是程度的不同。实际上所谓的正确与错误，正确与错误可能处于一条线上，也可能是一个面上，还可能是异面的，甚至处在不同的时空中都有可能。所以列宁说真理向前迈进一步，哪怕是一小步，也可能成为谬误。另一个是偶然与必然。偶然是问题的表面现象，必然是事物活动一般的规律性。偶然是点的相交，相交为一个点；必然是面的相交，相交为无穷多个点。最后是解决问题能力。解决问题的方法很多，但最重要的是要对问题要扎准穴位、针到病除。同时要提高锐力，应做到智勇双全、胆识结合、谋略为上；在破解难题时，既要有锐气，又要有力度，既要有特技，又要有良法。要具备"耐力"。耐力是直接面对问题的耐心和解决问题的恒心。解决问题是个无止境的过程。一则问题随着社会的发展层出不穷；二则有的问题极其复杂，极为棘手。这种情况下，需要有耐心和恒心，不急不躁、不愠不火、不厌不懈。要学会打"持久战"，要有不解决问题誓不罢休的韧劲。

2. 专业知识能力。目前社会上不仅关注学生的专业知识结构，更注重学生的适应社会的能力。符合社会需要的人才要具备以下的能力：专业学习能力。包括主攻专业、计算机和外语水平。学习的能力就是学会如何学习，掌握有关技巧，培养各种学习的方法和能力。培养各种学习的方法和能力。在学校学到的知识是很有限的，而且相当一部分内容随科技和社会的发展而逐渐淘汰，因而掌握获取知识的途径和方法，培养学习的能力，就成为大学阶段的最重要部分。

3. 沟通表达能力

第一，沟通表达能力。有人认为，沟通分两个层次，第一层是信息的交流，即你能听懂别人的意思和别人能听懂你说什么，这是正常人都能做到的；第二层是即在沟通之后，对方能接受你的想法（注意第一层中是“接收”）或按你的期望行动，比如说服、谈判、调解等。我们所说的沟通表达能力，更多一般指的是后者。著名成功学大师卡内基这样说：“所谓沟通就是同步。每个人都有他独特的地方，有的学生不太爱说话，但是内心的表达欲望还是很强的，只是苦于不能生动形象的发达出来，苦恼。而与人交际则要求他与别人一致。”从更广义的角度，沟通表达能力可以分为三个部分。

①口头表达能力。即我们平常所说的沟通，通过话语传达信息或实现目的。口头表达能力中有两个很重要的方面：一是演讲能力，一是谈判能力。这里的演讲，不是那种演讲比赛中的“正式”演讲，我指的是更为普通意义上的陈述，如果你有 90 分的本事，但只能表达 50%；而你的同事只有 70 分的本事，但他能表达 80%，在别人看来，你的表现就是 45 分，而他是 56 分。于是大家认为，他比你有本事。这就是表达的重要性。

②书面表达能力。即所谓“笔杆子”的能力。我一直觉得学院没有安排语文或写作课是很大的失误。很多同学到大四了，才发现自己连论文的格式都没掌握，或者连求职信也不会写！这里说的写作能力，最基本的要求就是两个：流畅，清晰。

③英语的听说读写能力。将英语放在最后，但它却是非常非常非常重要的。一个最基本的要求是：四六级一定要过！就像前面说的，过了四六级，没有人会说你牛，但如果没有过，大家都会认为你的英语很烂！而且，在找工作的时候，四六级是一个门槛，很多单位看你没有四六级证书，在简历关就将你淘汰了。更高一层是实用英语的能力了。我们能改变的是自己的态度。这是对大学英语学习最大的感悟。

第二，如何提高自己的沟通表达能力。首先明确沟通情境和沟通对象。这一步非常简单。闭上眼睛想一想，你都在哪些情境中与人沟通，比如学校、家庭、工作单位、聚会以及日常的各种与人打交道的情境。再想一想，你都需要与哪些人沟通，比如朋友、父母、同学、亲戚、领导、邻居、陌生人等等。开列清单的目的是使自己清楚自己的沟通范围和对象，以便全面地提高自己的沟通能力。其次，评价自己的沟通状况在这一步里先后向自己提出如下问题：对哪些情境的沟通感到愉快和哪些情境的沟通感到有心理压力？最愿意与谁保持沟通和最不喜欢与谁沟通？是否经常与多数人保持愉快的沟通？是否常感到自己的意思没有说清楚？是否常误解别人，事后才发觉自己错了？是否与朋友保持经常性联系？是否经常懒得给人写信或打电话？客观、认真地回答上述问题，有助于了解自己在哪些情境中、与哪些人的沟通状况较为理想，在哪些情境中、与哪些人的沟通需要着力改善。再次，评价自己的沟通方式有主动沟通与被动沟通。主动沟通者与被动沟通者的沟通状况往往有明显差异。研究表明，主动沟通者更容易与别人建立维持广泛的人际关系，更可能在人际交往中获得成功。沟通时保持高度的注意力，有助于了解对方的心理状态，并能够较好地根据反馈来调节自己的沟通过程。没有人喜欢自己的谈话对象总是左顾右盼、心不在焉。在表达自己的意图时，一定要注意使自己被人充分理解。沟通时的言语、动作等信息如果不充分，则不能明确地表达自己的意思；如果信息过多，出现冗余，也会引起信息接受方的不舒服。最常见的例子就是，你一不小心踩了别人的脚，那么一对不起就足以表达你的歉意，如果你还继续说："我实在不是有意的，别人挤了我一下，我又不知怎的就站不稳了……"这样罗嗦反倒令人反感。放松自己，多多微笑，大家自然觉得你很亲切会很喜欢和你交往。

4. 理财能力。大学生"理财"这一以前闻所未闻的新鲜事物也如雨后春笋般遍地开花，银行、网络中到处可见"理财"这一名词。在西方国家，家长会教孩子如何理财，而一人是否具有理财能力也成为他(她)能否成功的判断标准之一。在中国，这方面似乎仍未能引起足够重视。大学生参加一些理财方面的讲座，有利于学生理财能力的培养和今后的发展。相对"财富"而言，很多人认为理财就是生财、发财，是一种投资增值，理财的目的在于学会赚钱、花钱和管钱，使个人与家庭的财务处于最佳的运行状态，从而提高生活的质量和品位。大学生如何理财：

①投资定期存款是节流的第一步。学生也可以开一个个人储蓄账户，采用跟银行约定的零存整取的方式，每月定期从生活费中拿出几十元存入银行，或者将每个月用剩的钱全部存入银行，这样一学期下来也有百来元的结余。这种零存整取的方式对学生存钱有一定约束力，也有利于养成节俭的好习惯。

②投资保险，实现保障增值。保险向来就是理财的重要工具，因为它本身就具有保障的功能，而且它投资起来非常方便，也不需要花太多的时间去打理。如中国人寿保险，除了能保障重大疾病以外，还有最终保底收益，与银行单利计息的投资收益相比，此险种的还有每月收益复利计息的优点。因此，大学生平时学习之外也没有多少时间和经历，适当的投资这样的保险，不仅能保障自己的人生安全，还能获得比定期存款更高的投资收益。

③合理使用信用卡。"没有信用卡，出了校门就不能潇洒了！"一些大学生对信用卡的依赖。时下大学生手持多张信用卡的现象十分普遍，少则一两张，多则七八张。不少大学生已成为"卡奴"。有的甚至把拥有一张高透支额度的信用卡看作富裕的标志、成功的象征。而有了信用卡之后，他们对透支已经习以为常。月光光，月光一族在当代大学生中可谓阵容庞大，时至今日，其势头依然有增无减。父母原本给我们的生活费已经够用，但很多人却没有认真为自己做好预算，有些同学每个月的前十天吃香的喝辣的，春风得意容光焕发！可到后十天却只好馒头加白

开水勉强度日。为了生活，于是只好举债。大学生持卡应提倡理性消费。

④学会记账，建立个人现金流量表和资产负债表。某大学有一位同学，是个典型的“月月光公主”。她说：“我从来都没有记账的习惯，钱都是稀里糊涂地花，等去 ATM 机取款时才知道已经没钱了。每个月近 1000 元的生活费往往熬不到月末，最后只好向家里‘求救’。”据调查，目前在各高校，半数以上的大学生都存在“钱不够花”的现象。大学生应该有自己的“账簿”，养成记账的习惯，按月份和类别，简单记录每天的开支情况，合理分配生活费用；将生活费用按所需分成若干部分，留一部分作课外学习辅导，留一部分作后备资金。

⑤兼职是一种理财经历。据美国的大学一份调查显示，约有 56% 的大学生有较为稳定的兼职工作，曾经或打算兼职的同学超过了 90%。从经济投资学来说，兼职是一项不需要预付任何资本的纯增值方式，而且几乎没有什么风险性。找一份合适的校外兼职，会进一步扩充自己的财务本金。这种理财“增值”方式，应该成为大学生理财的一个重要组成部分。21 世纪的大学生不应该仅仅只有“智商”，还应该具备一定的“财”商，在大学时代就应该养成很好的理财习惯，为自己在现在和将来精打细算，这样对于以后走向社会收益巨大。

5. 管理能力。自我管理能力是大学生个人能力发展的重要组成部分，是开展其他活动的基础，学会自我管理对大学生的发展有着非常重要的意义。一位新加坡海峡时报记者说：“我看到很多文章中写到，现在中国大学毕业生在毕业以后很难找到工作，他们说他们虽然手中持有文凭和学位，但是他们实际能力不够，不能胜任工作岗位的需要。”大学生的自我管理，主要有自我认识、自我计划、自我组织、自我控制、自我监督、自我学习、自我教育、自我发展等方面。自我管理是一种自觉的社会行动。因此，大学生学习生活的自我管理，应该包含着社会发展目标、高校教育目标、个人学习生活目标和个人有效行为四者之间的关系及其有机的统一。其中自己学习与生活目标是自我管理的核心，人生不能没有目标，而在于有没有目标！目标有多远，我们就能走多远。目标是指引大学生成长的方向。每天的生活与工作，其实都可以理解为：一个不断地提出目标，不断追求目标并实现目标的过程。

6. 参与能力。①参与政治能力：是政治个体在基本知情状态下，为实现自己的利益与权利，能作出自主理性的抉择。政治参与能力是个人自治的决定条件，也是个人自治的核心。只有有了政治参与能力，才能理性提出自己的利益要求，实现自己的权利，在政治过程中表现出和谐社会的个人自治。②参与社会实践能力：因为大学生即将要毕业，迟早要进入社会，社会实践可以帮你在还未毕业之前先适应社会中生存法则，所以有必要，而读书是为你以后步入社会的基石，学习和社会实践同等重要，不过学习还是要放在首位，只有学得好以后才能找到好工作。

第二节　认识自我的方法

通过感悟、交流、体验、行动等活动，学生逐步了解自己的能力、兴趣、情绪，在活动中学习生活技能，逐渐养成自理、自律、自省的习惯，不断在活动和学习中完善自己。提供下列问题作为选择课题:我校学生生活自理情况调查研究，我校学生行为规范现状调查，我们的闲暇娱乐，科学锻炼与身体健康研究，假如我来做市长等等。大学生自我意识的不良心理由于心理尚未成熟，大学生自我概念的发展也不是一帆风顺。总体上讲，大学生自我意识发展水平较高，但尚未完全成熟。因而容易出现各种发展偏差，引起自我意识发展问题。致使大学生自我意识过强或过弱。影响他们的健康成长。因此，探讨自我意识不良心理因素以及表现，有助于促进大学生自我意识的健全发展。

一、反思自己的行为审视自我

1. 正确认识自我。古人云“人贵有自知之明”。“贵”字不仅表明一个人有自知之明是多么的难能可贵，而且意味着一个人要有自知之明也不是一件轻而易举的事情。要想认识自己，需先了解自己。了解自己不是一件容易的事情。这不是因为当事者迷，而且还因为人的确难以客观的观察和把握自己。

2. 客观的对待自我。客观的对待自我包括两个方面:积极悦纳自我和有效的控制自我。悦纳自我是发展健康的自我体验的关键和核心。悦纳自我就要接受自己，喜欢自己，觉得自己是独一无二，有价值感，自豪感，愉快感和满足感。有效的控制自我是健全自我概念，完善自我的根本途径。应建立合乎自我实际情况的水平，确立合适的理想自我。增强自尊和自信。培养顽强的意志和坚强的性格，发展坚持性和自制力。

3. 积极的改造自我。认识自我决不是你的最终目的，认识自我是为了扬弃自我，改造自我，超越自我，使自我达到一个更高的水平。认识自己改造自己最简单，最可靠的方法，就是在别人面前，如实的表现出自己的本来面目。

4. 走向完善的自我。就是要做一个“自如的我，独特的我，最好的我”完善是一种境界，更是一种过程。只有坚持正确的方向，本着科学的态度，投身于火热的社会实践中，辨证的看待社会，分析自我，把握自我，才有可能最终超越自我。要知道，每天的太阳都是新的，每个清晨中醒来的自我都是新的。你缺少的并不是前进的力量，而是彻底摆脱昨天阴影的力量;你不能前行是因为你不能轻装，是因为你习惯于向后看。请转过身吧，你会发现一个全新的自我。

二、对自己进行测试评价自我

自我评价与测试是心理学中自我意识的一个方面，是指人对自身条件、素质、才能等各方面情况的一种判断。大学新生对自我的评价得当与否，将直接影响到大学生的学习、职业选择和事业进取中的自信心。

1. 自我评价的原则

评价活动本身已经构成了有规范性的活动，有其自身的准则和要求。正确地进行自我评价一般可以通过两种渠道：直接的自我评价和间接的自我评价。进行直接的自我评价，首先要认识到自己的自然条件，包括健康情况、心理状态、情感特点、兴趣倾向、知识水准、专业特长、智力情况、能力特点，还可以测定一下自己的生物节律周期、智商指数、气质类型、性格类型等。其次，是用自己在不同领域的实践中（如对各个科目的学习）取得的不同成绩相比较，以发现自己的长处，确定奋斗的目标。间接的自我评价法，是指通过与他人行为的对照及情况的对比，发现自我认识的错位。“不识庐山真面目，只缘身在此山中”，这是一些人不能对自己作出正确的自我评价的原因之一。当事者迷，那么就不妨用与他人相比较的方法及用自己在不同领域中取得的不同成果比较的方法鉴别一下。正确的自我评价是帮助我们作出正确的奋斗方向的前提。在实践的鉴别中，在与他人的比较中，要使思维方法尽可能地全面些、辩证些、灵活些。人的知识、才能通常是处于离散、朦胧状态的，需要人们不断地挖掘、发现和开发。从个人兴趣爱好、思维方式的特点、毅力的久恒性、已有的知识结构、果敢献身精神与魅力等多方面进行全面的考察和测试，将为你作出科学的自我评价提供有益的帮助。

2. 自我测评的方法

（1）采取科学的方法。用科学的方法对自己进行评价，是利用哲学的方法，通过反映事物本质，事物的基本面貌和规律，反映出事物各组成部分的结构和联系，具有相对完整性。但是由于大学生个人的思维方式、知识结构与专业素质、能力与特长、心理品质与个性差异以及个人经历等都不同，在评价过程中，大学生要充分考虑自己所处的特定环境，并根据自己的具体情况来评价自己以及学习活动，要充分反映和体现自己的特长和学习活动的特色，并致力于通过评价寻找出最适合自己实际情况的，而且能更有效地发挥自己长处的学习方式。大学生在自我评价中，不能采取形而上学的做法，对自己及其学习活动进行孤立的、片面的静态分析与评定。这样做不利于准确地把握和了解自己在学习活动中存在问题的根源和内在实质及其演变过程，也不能正确地评价自己有关方面的发展变化幅度和努力程度。大学生应将自己的认识及活动的整个过程做动态分析。通过充分阐述自己及学习活动起始状况以及原定目标与设想、在学习活动中认识到的问题和自己的不足以及自己在克服不足与解决问题方面付出的努力，自己所取得的成就与今后要达到的改进目标和方向等来判断自己思想认识的提高、学习能力的发展和努力的程度，鉴定自己掌握学习规律的水平。

（2）客观的自我评价。客观性是评价活动的生命所在。客观性原则要求评价活动必须尽可能客观地、严格地按照科学规律办事，抓住反映事物的本质特征和主要因素，体现高等教育客观规律的基本要求和发展趋势。客观性是科学性的基本保证。自我评价必须采取实事求是的态度，尽可能客观地反映出自己的真实情况，不加任何美化、修饰和掩盖。自我评价的结论应以事实判断为基础，在对学习活动的状况和结果的客观测量、客观检验和客观描述的基础上进行客观地分析，以求得出一个真实、准确的评价结论。所谓目的性原则是指在进行自我评价时必须有明确的目的。目的性原则还要求大学生通过自我评价确定学习目标，建立自我评价的指标体系，规划自己的奋斗目标和努力方向。在自我评价过程中，要紧紧依据学习目标来衡量和评价自己的学习活动和学习成果，并把评价结果与预定的学习目标相比较，以此作为依据来调控自己的学习活动，克服学习活动对目标的偏差，使学习活动保持稳定、健康地发展。

三、在群体活动中认识自我

大学生经常参加群体活动，不但能够促进自己生动活泼地全面发展，增进对社会、对自我的认识和理解，还有利于提高自己解决实际问题的能力和水平。活动是在参与社会、做事情的过程中被激发、被挖掘出来的，参与社会的广度和深度也会决定行动能力的强弱。很多想法，只有去做，才会澄清；只有简单地去做了，才发现很多事情并不复杂；也只有在行动中，才能感觉到生命的力量和活力，才能感觉到我能做到的与我想要做的。因此，行动是一种积极的人生态度和生活状态。某种程度而言，行动比知识更重要，高行动力是更重要的人才素质。我们习惯去外部寻找答案，去别人那里寻求力量和帮助，却忘记了力量就在自己身上，就在自己的行动中。

第三节　提升自我

在注重素质教育的今天，如何提升自己，一直被视为高校培养德、智、体、美、劳全面发展的跨世纪优秀人才的重要途径。众所周知，当代大学生都必须面对着一个现实，那就是巨大的的就业压力，以及涉及到生存压力。在即将踏入社会之前，掌握各种能力就显得相当重要。所有的人都希望取得成功，但如何才能成功呢？正如鲁迅先生在一篇文章中所讲述，一个人是不可能通过读《如何写小说》而成为小说家那样，这个课题也不可能被说得非常具体，因为一个人事业的成功不可能被归结于简单的几个要点。同样，在社会实践中可以学到在书本中学不到的知识与经验，一份耕耘，一份收获。它让我们更加开阔视野、了解社会、深入生活、回味无穷。

第一，无论是在学生时代，还是以后到工作岗位上，只要是在社会上走，都要诚实、守信用，这样在社会上成功的机会就会增多。

第二，在社会上要善于与别人沟通与相处。人在社会中都会融入社会这个团体中，人与人之间合力去做事，使其做事的过程中更加融洽，事半功倍。首先要学会互相学习。别人给你的意见，你要听取、耐心、虚心地接受。肖伯纳曾经说过："两个人在一起交换苹果与两个人在一起交换思想完全不一样。两个人交换了苹果，每个人手上还是只有一个苹果；但是两个人交换了思想，每个人就同时有两个人的思想。"只有善于与人交流、学习的人，才能集众家之所长，在机会出现的时候，才可能比别人做得好。其次要尊师和重道。只要能够给予你指导和帮助的都可称之为师和友。人类社会的发展是一代人站在另一代人的肩上往前走，学会尊重老师对于取得成功至关重要，因为你不仅要向老师学习一些知识，最重要的是要站在老师的肩上向前走。再次就是要乐于助人。乐于助人使你在社会上受到欢迎，使你无论在生活、工作中，比较容易得到大家的理解和支持。

第三，在社会中要有自信。自信不是麻木的自夸，而是对自己的能力做出肯定。在多次的面试中，明白了自信的重要性。你没有社会工作经验没有关系。重要的是你的能力不比别人差。社会工作经验也是积累出来的，没有第一次又何来第二、第三次呢？有自信使你更有活力更有精神。

第四，在社会中要克服自己胆怯的心态。在社会中你要学会"厚脸皮"，不怕别人的态度如何的恶劣，也要轻松应付，大胆与人对话，工作时间长了你自然就不怕了。其实有谁一生下来就什么都会的，小时候天不怕地不怕，尝试过吃了亏就害怕，当你克服心理的障碍，那一切都变得容易解决了。战胜自我，只有征服自己才能征服世界。有勇气面对是关键，如某个名人所说："勇气通往天堂，怯懦通往地狱。"

第五，要具备广泛的知识面和一定的表达能力。书面表达能力就是写文章，口头表达能力就是写报告、与人聊天、谈话。表达能力要靠平时的积累，一种方法就是经常与别人讨论问题、谈话。现代人因为追求的东西太多，往往忽略了人类几千年的很多历史知识，这也是知识面窄的一个原因。我之所以强调这一点，是因为如果没有历史知识，大家对文化的了解只是一个平面和投影，不够完善，而这些文化正是人类为了改变命运、抓住机遇而取得的经验的积累。

第六，必须重视在社会上的独立生活能力。现在的很多在校青年学生在家里娇生惯养，到了学校之后才是进入社会的第一步，如果你连独立生活的能力都没有的话，将来很难想象能够抓住机会取得成功。

第七，不但要有过硬的专业知识，还要加强实际的操作能力。学以致用，社会需要的是实际工作能力，而怎样将理论转化为这样的社会能力，那就需要更多锻炼。

第八，工作中要学会思考问题，解决问题，不断地丰富知识。自身的知识犹如人体血液。人缺少了血液，身体就会衰弱，人缺少了知识，头脑就要枯竭。知识又源于思考，善于思考的人总能在社会上博得更大的成功。记住一句话：生命就是思考，生命没有一刻停止过思考，我们需要的是提高思考的境界。

大学生在中国仍属受过良好教育的少数群体，占中国总人口的比例不足10%。但是大学生在人才市场上“失宠”却是不争的事实。人才市场未来长期的方向是，有新知识、高技能和良好品质的人才得到社会的青睐，而非“大学生”的身份。大学生需要以这种认识尽早规划自己的职业，并且使自己处于不断学习，让自己在职场中成熟起来，提高和保持自己在职场的竞争优势。

一、思想内涵的提升

1. 提升认知能力。自主性学习有利于提高学习效率，培养大学生的创造力。大学生元认知能力的高低对大学生学习的自主性有重要影响。在教学中，要转变教学观念，注重大学生元认知能力的培养和提高，这是促进大学生自主学习的途径之一。1996 年 4 月 11 日，联合国教科文组织“国际 21 世纪教育委员会”正式提交了题为《学习——内在的财富》(Learningth-eTreasurewithin)的报告，强调要通过持续的学习，让像财富一样隐藏在每个人灵魂深处的全部才能(记忆、推理能力、想象、体力、审美观、与他人交往的能力)。从认知的逻辑体系说明人的理想、信念、价值观的形成过程，人的认知从对自然界的认识开始，然后是对社会的认识，最后形成自己的世界观、人生观和价值观。认知包括对自然的认知、社会的认知、对自我的认知、对自身的总体评价。

2. 提升分析能力。对当代大学生人生价值观的状况分析，包括自我价值的实现与社会价值的实现；当代大学生自我认知的价值观差异分析，包括人生理想观、集体主义价值观、择业观、政治思想方面、以及在人生价值实现态度上的差异分析。价值观教育以科学的理论武装大学生，引导他们树立正确的价值观，用马列主义、毛泽东思想和邓小平理论武装学生头脑。把“三个代表”和社会主义核心价值观贯穿于价值观教育的全过程，在大学生中深入持久地开展爱国主义、集体主义和社会主义教育。提高专业基础知识与社会知识的认识，提高分析能力与水平，提高判断与处理问题的能力，是提高大学生素质中的重要组成部分。

3. 提升自尊能力。自尊，也称自尊心或自尊感，是指一个人悦纳并尊重自己，对自己抱肯定态度的情感体验。它反映了社会评价与个人的自尊需要之间的关系，是一种既自尊自爱，又希望别人尊重自己的心理倾向。人刚生下来是无自尊可言的，随着个体大脑的发育和自我意识的发展，人产生了自尊的需要。自尊需要是同自我意识同步发展的。应该说每个人都有自尊心，有的人自尊心强，有的人自尊心弱；当代大学生正处于青年中期，自我意识发展迅速，独立意识大大增强，争强好胜、不甘落后的心理十分突出，他们日益明显地关心自己的社会地位和他人对自己的评价，表现出强烈的自尊需要。主要表现在以下几个方面：

(1)对平等和尊重的强烈要求。大学生的独立意识强烈，认为自己已经长大成人，不想别人再把自己当作不懂事的孩子看待，希望别人像对成人一样对待自己，要求取得跟成人同等的权利和自由，表现出对平等的强烈要求。同时，他们极需要别人的尊重和理解。当他们的言行受到称赞、尊重和鼓励时，便产生一种满足感而更加积极向上，很有信心；即使批评他们，只要是诚恳的、善意的，他们都能虚心接受。如果你高高在上、盛气凌人地对他们讲话，他们对之是极反感的，即使不直接顶撞你，也不会买你的“账”。

(2)渴望表现自己。有意识的自我表现是大学生强烈自尊心的又一表现。他们的自我表现不同于中学生，他们通过积极的自我设计、自我奋斗来表现自己、完善自己。同时，他们还把别人对自己的评价与自我表现联系起来。积极的、客观的他人评价促进他们的自我表现，鼓励他们奋发向上、不断完善自我。经验表明，当一个青年被有意无意地剥夺表现的机会时，他的自尊心会用情绪激愤或情绪低落表现出来。

(3)非常注重关心自己的形象。青年大学生对自己的外表是相当重视的，都希望自己有较好的外表和风度。特别是有些学生，过分关注自己的外在形象，会因为自己长相、身材不佳而产生自卑心理。但是，大学生更为关注的是内在的自我形象，希望树立一个性格开朗、博学多才、富有开拓精神的当代大学生形象。

(4)自尊的情感反应强烈，具有明显的波动性。当社会评价满足个人的自尊需要时，便产生肯定的自尊感，促进大学生积极向上，以追求更高的社会期望。但有少数大学生容易就此而自以为是、沾沾自喜、自高自傲，则可能走向反面，形成“过强的自尊心”。如果社会评价不能满足个人的自尊需要，甚至产生矛盾时，可能导致两种截然相反的结果：一种是产生自我压力感，从而使自己积极努力、迎头赶上，变压力为动力；另一种是产生自卑心理，怨天尤人，妄自菲薄，甚至自暴自弃。绝大多数大学生都能较正确、恰当地表现自己的自尊心，强烈的自尊心不断激励他们奋发向上，采取实事求是的态度，虚心请教，扬长避短，积极进取，最终走上成才之道。有的大学生表面上自尊心极强，其实是自负，其内心深处常常体验到自尊未能满足的失望和痛苦。自尊心过低，则会使人意志消沉、丧失自信、无事可成。那么，什么是正当的自尊心呢？首先要悦纳并尊重自己，不卑躬屈膝，也不许别人歧视和侮辱自己；其次，相信常人可以达到的目标，自己也有能力达到，对自己抱肯定的态度，而不妄自菲薄、自轻自贱。第三，有正当的自尊心，还要尊重他人，只有互相尊重才能自尊自爱；否则，只能是自高自大、虚假的自尊。正当自尊心的建立，要有一个过程，必须对自己有正确的认识，不断提高自我评价的自觉性和客观性。离开了这一点，就有可能把个人的虚荣、骄横和妄自尊大误认为自尊心强，而这种情况对一个人个性的发展是有害的。同时，社会和学校应关心和保护学生们自尊心的表现和发展，要尊重和信赖他们，以平等的态度对待他们，教育和引导他们正当地表现自尊心。在他们遭受困难和挫折时，要予以适当的鼓励和支持，并在可能的情况下为他们创造满足其自尊心的条件。

4. 提升情绪的控制力。情绪由刺激所引发，当我们有情绪产生时，在心理、生理、行动等几个层面都会有所表现，而且表现的方式也会因人而异。情绪对每个人而言都很重要，它可以传递信息，了解引发情绪的刺激可让人更了解事实的真相，因此更能掌握主动权。同时，情绪也是一个调适系统，压抑、沉溺或过度反应都会有问题产生。情绪管理是通过有效的方法，合理地控制和调节自己的情绪，使自己总是处于一种积极的状态。如果人们能够在日常学习、工作和生活中有效地进行情绪管理，挖掘和培植自己的情绪智商，培养驾驭自己的情绪能力，建立和维护良好的情绪状态，就能时时刻刻体会到积极的情绪带来的心理和生理上的变化，不断提高自己的身心健康水平。

进入青春期的大学生，处于特殊的身心发展期，首先是多样性，随着自我意识的不断发展，各种新需要的强度不断增加，具有多样性的自我情感，如自尊、自卑、自负等。其次是冲动性，表现在对某一种情绪的体验特别强烈、富有激情。随着大学生自我意识的发展，对各种事物都比较敏感，再加上精力旺盛，因此情绪一旦爆发就较难控制。虽然，同中学生相比，大学生对自我情绪具有一定的理智性和控制能力，但在激情状态下，表现得容易感情用事。再次是矛盾性，大学生情绪的外在表现和内心体验，并不总是一致的，在某些场合和特定问题上，有些大学生会隐藏、文饰和抑制自己的真实情感，表现的含蓄、内隐。同成年人相比，大学生的情绪仍带有明显的波动性，有时情绪激动，有时平静如水，有时积极情绪高昂，有时消极情绪颓废。同学关系的好坏或学习成绩的优劣，都能引起情绪的波动。最后是易于心境化，即尽管情绪状态有所缓和，但拉长了这种情绪状态，其余波还会持续相当长的时间。由于大学生的这些情绪特点，容易产生一些常见的情绪困扰。情绪困扰是一种心理状态，是个体受到外界事物、事件等客观环境的影响或个体内部发生矛盾、冲突而无法及时有效解决而产生的一种负面的、消极的情绪体验。大学生常见的情绪困扰表现为：

①焦虑。即对将发生的某种情景或事件感到担忧和不安，又无法采取有效的措施加以预防和解决时产生的情绪体验。如考试焦虑、适应焦虑、健康焦虑、选择焦虑等，使人处于一种无所适从的状态，总是担心将要发生的事情，容易导致坐立不安、忧虑、担心、恐惧或过度警觉等不良反应。

②自卑。由于某种心理或生理上的缺陷或其他原因而引起的自我轻视的情绪体验，主要表现为对自己的学识、能力等自身因素评价过低。由于生活环境、学习环境的改变，部分大学生由高中时期的“佼佼者”变成大学校园中的“普通一员”，这种地位的改变是造成部分大学生自卑的重要原因，还有一些学生由于家庭条件差或自身某些不足而自卑。

③抑郁。大学生对自己某一方面的需要得不到满足而引起的一种持续稳定的心理状态。当个体感到无法面对外界压力时，常常会产生这种消极情绪。一部分大学生由于不喜欢所学的专业，感到前途渺茫，或是由于人际关系处理不当、失恋等问题而导致情绪低落，甚至委靡不振，自暴自弃，体验不到生活、学习的乐趣，并伴有食欲减退，失眠等。

④人际交往障碍。在人际交往中常常表现出紧张、不自然，讲话缺乏逻辑性，有时甚至不知所措，缺乏自信心，或是对他人的言行敏感、多疑、不信任等。

⑤易怒。研究表明，青春期的大学生内分泌系统处于空前活跃时期，大脑神经过程的抑制和兴奋发展不平衡，内制力较差，容易冲动。有的大学生因为一件小事或一句话便暴跳如雷，或出口伤人。

大学生情绪困扰的直接后果是导致行为和社会适应不良，进而导致心理疾病。研究表明，人在生气的时候，体内免疫细胞的活性下降，人们抵御病毒侵害的能力减弱，这样会引发有机体本身器官功能障碍，甚至躯体疾病。消极情绪会干扰人的理性判断，而且，消极情绪还具有感染性和弥散性，故学会情绪管理对情绪稳定、适应能力和心理健康水平有一定的促进作用。通过加强情绪管理，使学生对自身心理状态加以有效调节，保持良好、健康、积极的情绪状态，将有助于提高学生对外界环境的适应能力和心理健康水平。

5. 发展情绪智力。情绪智力（emotionalintelligence）的概念是由萨洛维（Salove）和玛伊尔（Mayer）提出，指“个体监控自己及他人的情绪和情感，并识别、利用这些信息指导自己的思想和行为的能力”。主要体现在以下五个方面：A. 认识自身情绪的能力，就是能认识自己的感觉、情绪、情感、动机、性格、欲望和基本的价值取向等，并以此作为行动的依据。B. 妥善管理自身情绪的能力，指对自己的快乐、愤怒、恐惧、爱、惊讶、厌恶、悲伤、焦虑等体验能够自我认识、自我协调，主动摆脱焦虑和不安情绪。C. 自我激励，指面对自己欲实现的目标，随时进行自我鞭策、自我说服，始终保持高度热忱、专注和自制。使自己有高度的办事效率。D. 认识他人的情绪，即对他人的各种感受，能设身处地地、快速地进行直觉判断。了解他人的情绪、性情、动机、欲望等，并能作出适度的反应。E. 人际关系的管理，指管理他人情绪的艺术。一个人的人缘、人际和谐程度都和这项能力有关。作为学校教育的管理者和决策者，应充分认识到提高学生情绪智力的重要意义，从以上五方面把情绪智力的培养纳入学校的整体运行机制中，将其作为一项教育内容和考核指标，在课程活动的安排、制度的建立、校风的建设等方面，有针对性地开展一系列能发展学生情绪智力的工作。

6. 提升礼仪文明程度。当代大学生理解现代礼仪文明，掌握人际交往中的基本礼仪，塑造良好的个人形象和职业形象，了解和掌握现代礼仪和商务礼仪的知识和实务。我国是世界文明古国之一，富有优良的文明礼貌传统，素有“礼仪之邦”的美称，几千年光辉灿烂的文化，培养了中华民族高尚的道德也形成了一整套完善的礼仪。礼仪是一个人外在美与内在美的有机结合，是一个民族进步的标志，也是一个公民思想道德文化素质的标志。在社会生活中，人们常常把礼仪看作是一个民族精神面貌和凝聚力的体现，把文明礼貌程度作为衡量一个国家和民族是否发达的标志之一；对个人而言，则是衡量道德水准和有无教养的尺度。一个人以其高雅的仪表风度、完善的语言艺术、良好的个人形象，展示自己的气质修养，赢得尊重，将是自己生活和事业成功的基础。“礼仪”一词，最早见于《诗经》和《礼记》。现代社会“礼仪”一词有了更加广泛的含义，其内容包括行礼仪式、礼节及仪式、风俗规定的仪式、行为规范、交往程序、礼宾次序、道德规范等等。社会上对“礼仪”的理解和认识是多层次的，主要包括以下几个层次的含义：礼、礼节、礼貌、礼宾、礼俗、礼制。

礼仪作为一种文化，是个人乃至一个民族素质的重要组成，是人们在社会生活中处理人际关系，用来对他人表达友谊和好感的符号。礼仪可以使一个人变得有道德，可以塑造一个理想的个人形象，可以使一个人的事业成功，也可以使得社会更加安定、文明和和谐。学习礼仪首先是个人的需要，因为礼仪是不可缺少的个人素质，人人都学习礼仪，掌握礼仪，自觉执行礼仪规范，就容易沟通感情，使人际交往获取成功，进而有助于人们所从事得各种事业顺利发展并取得成功。其次，学习礼仪是社会需要，文明的社会是一个安定、和谐的社会。人人重视礼仪，遵守社会公德，注意遵守人与人交往的基本礼貌准则，社会就会更加和谐和安定。掌握规范的社交礼仪，能为交往创造出和谐融洽的气氛，建立、保持、改善人际关系。通过礼仪教育，可以让当代大学生们认识到应该积极适应社会，自觉参与社会活动，改造、变革社会环境，促使社会发展进步，同时改造、发展和实现自我。

二、外在能力的提升

大学生要把自己培养成为符合社会发展需要的“社会人”。从自身不仅要在校园内完善知识结构，并应走出校园，到社会的广阔舞台中经受锻炼。深入社区，利用所学的专业知识，在服务社会的过程中接触社会，了解社会，增强了社会适应能力，在奉献才智的过程中大大加速了自身的社会化进程。

1. 提升表达能力。大学生的表达能力主要包括外语能力、专业能力和人际交往能力。大学生的表达能力决定了应聘者给用人单位的第一印象：应聘者首先要向用人单位递上一份简历，表现的是文字表达能力；与用人单位一见面，开口就是口头表达能力的展示。人才交流中心有关负责人谈到，性格内向、不善于表达成为大学生就业困难的主要原因之一。表达能力在实际工作中是很重要的，如果不善于表达，必定影响人际关系，影响自己其他能力的发挥。很多单位最看重的并非毕业生的业务能力和专业知识，而是毕业生的口头表达能力和书面表达能力。“现在求职竞争太激烈了！那些口才好、擅长表达的同学，求职的成功率会高得多”——很多毕业生都这么说。有的大学生学习成绩在班里一直名列前茅，但口头表达能力、沟通技巧却是自己的弱项，在求职竞争中屡屡碰壁。据一家职业测评咨询机构的负责人介绍，用人单位在选拔人才时，越来越重视求职大学生的综合素质，特别是良好的沟通能力。也有专家认为，讲话也是生产力。拥有良好的表达能力，求职成功率自然要高出一筹。为了提高职场竞争力，不少高校的求职大学生趁着周末去参加“口才训练班”、“讲话训练班”。但是，大学生的口才培养不应“临时抱佛脚”。

2. 提升交流能力。21 世纪是全球经济一体化发展的世纪，我国与国际接轨的贸易经济，迫切需要大批熟悉国际贸易、金融、财会、法律、文化等知识的外向型专业人才。这些人才不仅要精通英语以及相关的经贸业务，而且要具有全球视野、国际思维和处理国际事务能力，英语作为世界性的语言被普遍地用于国际交流的各个方面。美国国际教育工作者协会曾于 2005 年 12 月在美国进行了一项全国调查，结果显示 90% 以上的美国人认为“培养具有全球意识和国际视野的下一代很重要”。为此，美国制定了 21 世纪全面的、综合的新国际教育政策：加强外国语言和国际、地区性问题研究，使国际教育逐渐成为大学本科教育的有机组成部分；通过研究生教育，加强国际和区域问题、国际商务和外语等方面人才的培养，以适应美国全球领导地位和国家安全的需要；鼓励学校建立国际交流伙伴关系，以促进国际化课程建设、合作研究以及教师与学生的流动；保证至少50%取得学位的美国学生具有国外学习经历等。

21世纪是多文明交汇的世纪，人类正在进入一个不同文明必须学会在和平交往中，共同生活的时代。多文化交流是大学生今后人际交流和工作的需要，每一个不同文化背景的人必须相互学习，研究彼此的历史、理想、艺术和文化，丰富彼此的生活。否则，在这个拥挤不堪的狭小世界里，便会出现误解、紧张、冲突和灾难。各个文化和组织中日益增长的多样性已经成为全球化进程中的事实。这要求人们应该具有跨文化交往的知识、态度和技巧。对于大学生来说，要在这个科学技术飞速发展的时代不落伍，需要有较强的跨文化交流能力来获取国际上最新的科技发展信息和了解最新的科技发展动态。一些国际性企业和单位的管理者就更需要跨文化管理的技能。管理本身就是一个在很大程度上受到文化影响的行为。世界上有近200个国家，只有10%是单一民族。中国有56个民族，不同民族的职工共事的情况越来越多，因此国内公司、企业也有跨文化管理的问题。

3. 提升交友能力。我国古代大教育家孔子在《论语》中写道：有朋自远方来不亦乐乎。他认为交友是人生的乐事，认为从与朋友的交往中可以获得情感的交融，知识的互补。孟子也说："天时不如地利，地利不如人和"。这里讲的"人和"就是指人与人之间十分协调的关系。孟子把追求"人和"，创造一个良好的人事环境放在首要的地位，可见良好的人际关系是多么的重要。

古代的教育家如此注重交往，是当时社会人际交往重要性的体现，而现代社会是信息经济高度发达的社会，任何人都必须在与他人的人际交往中获得能力的提高，所以，现代社会对人际交往的能力提出了更高的要求。世界卫生组织公布的人体健康的新标准："五快""三良"。"五快"是身体健康的标准；"三良"即良好的个性，良好的处世能力，良好的人际关系。"三良"是心理健康的标准。

良好的处世能力、人际关系是心理健康的标准，即良好的人际交往能力与人的心理健康是息息相关的。作为大学生应具有健康心理，因此应加强人际交往能力的提高。那么，当代大学生的人际交往能力又如何呢？从大学生的自身特点分析，他们渴望得到真正的友谊，愿意与人交往，加上远离亲人，大多数同学渴望在大学期间有一个能充分交流思想，表达情感，获得温暖的人际环境。另一方面，他们又涉世不深缺乏人际交往应有的心理素质及适宜的方法，交往能力有待于进一步提高。大学生中因环境不适应、人际关系不协调而诱发精神病的也不乏其人。

大学生在与人交往的过程中，与谁交往、如何交往是与自己的心理反应有着密切的关系。人际交往是建立在心理上的活动，所以大学生要顺利地进行人际交往，首先要学习掌握一些交往心理学、交际思维学等心理学方面的知识。了解人际交往中的心理规律，应用规律去指导实践，并不断提高心理上的准备，为进一步提高交际成功率，奠定良好的基础。其次要增强自信心。常言道：世上无难事，只怕有心人。这个"心"就是自信心，就是以自信、主动的意识去学习实践、提高，最后成为有作为的人。世界上任何一个伟人的成功都不是一帆风顺的，之所以最后成为伟人，凭借的无非是他们自己超凡的毅力与超强的自信心。相信自己能成功而不怕失败，不断去努力。对于人际交往能力的提高更需要自信，只有相信自己才能克服恐惧心理，才能与人相处的融洽。勇敢地去与人交往，增加自己的交往经验，提高交际能力。提高大学生的人际交往能力一方面靠个人的不懈努力，另一方面是更需要学校的关怀，帮助。特别是如今社会主义市场经济体制的建立及教育体制的改革，对当代大学生的心理带来了前所未有的冲击，社交增多，冲突加剧，因人际关系不良而引起的苦闷，忧郁的情况增多，高校必须在认识上高度重视。

三、外表形象的表现力

外表形象的表现力主要表现在：待人接物、仪容、表情、举止、谈吐、服饰等几方面。个人形象是通过自己的努力，不断地充实和提高自身的道德修养，通过他人的评价而反映出来的。良好的个人形象是通过自己的日积月累，把好的一方面不断展现给他人，把不好的地方逐渐改善的一个过程。想要树立一个良好的个人形象，就必须注意自己的一言一行。然而，在我们的身边却不乏看到这样的现象：有的同学开口就是脏话，一句话似乎离开“脏”字就说不成一句话。其实，对于这些生活中的细节，我们只需记住一句话：己所不欲，勿施于人。并且努力去践行这句话就足够了。

首先，让人感觉到你是一个懂礼貌的人，同时注意服装的搭配。你的面部表情如诸如眼神微笑等，尽量给你所交往的人一种亲切感和可信任感，还应当注意交往中手势技巧的配合使用。其次是说话的方式和技巧，同一件事不同的说话方式可能达到不同的效果。有些同学喜欢转着弯儿骂人，认为这就是幽默，这就能够展现他的聪明和才智。这样恐怕只能是适得其反，谁也不希望在别人面前把自己说的一无是处的。要知道，你做了很多好事，可能别人并不能把你记住；但是你若做一件对不起别人的事，别人可能会记你一辈子。总而言之，良好的个人形象是通过成功的人际交往来逐渐树立起来的。而我们要做到成功的人际交往，就必须做到使被交往的对象感到舒服，愿意和你交往，并且认为和你交往是一件很快乐的事。只要你为之努力，终究能体会到良好个人形象所带来的无穷魅力。个人形象在交往中之所以深受人们的重视，主要是每一个人的个人形象，都真实地体现着他的个人教养和品位。

其次，每个人的个人形象，都客观地反映了他个人的精神风貌与生活态度。每个人的个人形象，都如实地展现了他对待交往对象所重视的程度。每个人的个人形象，都是其所在单位的整体形象的有机组成部分。当人们不知道某一个人的归属时，他个人形象方面所存在的缺陷，顶多会被视为个人方面存在着某些问题。但是，当人们确知他属于某一单位，甚至代表着某一单位时，则往往将其个人形象与所在单位的形象等量齐观。最后，每一个人的个人形象，在国际交往中还往往代表着其所属国家，所属民族的形象。基于以上原因，在涉外交往中，每个人都必须时时刻刻注意维护自身形象，特别是要注意维护自己在正式场合留给初次见面的外国友人的第一印象。

四、注意不同场合装束的表现力

关于大学生的着装，教育部颁布的《高等学校学生行为准则》以及各高校制定的《学生文明行为规范》要求大学生"服饰简洁、大方，在进入教室、图书馆等地，参加集会、演出，参加集体活动以及在各公共场所不穿着跨栏背心、吊带背心、拖鞋、运动短裤、超短裙等不适宜学生穿着的服装"。

在不同的公共场合应有不同的着装。

1. 社交服。社交服分为下午装、傍晚鸡尾酒派对和晚餐正装或晚礼服。在晚间较为隆重的正式场合中，女性以穿晚礼服为宜。晚礼服强调艳丽、华美，光彩夺目和与众不同，可以用简练的造型展示天生丽质，也可用繁复的结构刻画万千仪态。无论是哪种形态都带有夸张的格调，显露胸、背和臂是晚礼服独特风格的体现手段之一。在正规的宴会场合，女性要以典雅、华丽的装束为主。这样的打扮不但显得风雅，且能脱去了一份威严感。走亲访友时的服装应尽量正规，不妨保守些，面料以挺括有悬垂感的毛料、丝绒、绸缎为主，颜色应淡雅些，款式上没有什么规定。但拜访长者或比较尊敬的朋友，应尽量避免袒胸露臂，以免给人造成不礼貌的印象，因此可以穿西装、套裙、连衣裙等。

2. 婚宴服。每逢欲赴喜庆婚宴之时，经常会在服装选择上变得漫无目标，只要遵循"典雅、不过分暴露"这一原则，纵然婚宴不断，也能应付自如。穿着淡灰色套装会显得稳重，如将色调改成粉色系列也是不错的选择。在国外，典型的正式长礼服，均是长袖、弓型领的款式，腰间系上腰带，裙长及膝盖以下，再配上精致的小包和帽子，便显得十分的恰当。赴婚宴时，色彩选择很重要。红色是东方人的喜庆色彩，作为佳宾，色彩选择贵在搭配得当，蓝色、白色、米色、粉红色等色系是较佳选择。

3. 户外运动服装。户外运动的着装不是以美观为主，而是首先要考虑到实用性，应以宽松、舒适、耐磨、随意为基本原则。贴身的衣服，应选择柔软吸汗的纯棉制品，切忌尼龙纤维织物，这样对保护自己的皮肤是很有益处的。外衣方面，防风衣是必备的。防风衣是目前国际上非常流行的户外服装，它通常都以防水透气的面料制成，有很好的抗风及保暖性能，最主要的是这种高科技产品有着雨水渗不进来而汗液产生的蒸汽能散发出去的功效。这类防风衣大都制成较为宽松的带帽短风衣式样，穿着方便随意。如果在里面加上一件纯毛衫或野外专用毛衣，足可抵御零度以下的风寒。当然，在冬季里，或是到高寒地区活动，诸如攀登高海拔的山峰等，还需预备一件质地优良的羽绒服。裤子的耐磨程度异常重要，牛仔裤是不错的选择，但注意不要穿很紧、立裆很短的牛仔裤，那样会行动不便，坐卧也很痛苦。宽松式的牛仔裤和棉制的休闲裤都是合适的选择。鞋袜的选择也是非常重要的。参加一般的户外活动，旅游鞋是较明智的选择；参加山地旅行时，地形比较复杂，尤为常见的是碎石坡路，这时穿着旅游鞋会显得得心应手，因此进行山地旅行应选用硬底皮面的高腰登山鞋，这类鞋的底部是由硬橡胶制成，且有较大的轮胎形花纹，鞋面通常用质地优良的牛皮和硬尼龙帆布制成。

五、注重仪表谈吐的亲和力

亲和力是指“在人与人相处时所表现的亲近行为的动力水平和能力”。表现在仪容、表情、举止、谈吐、等几方面。亲和力的高低常常取决于一个人的性别特征，如有的人生来不爱笑，有的人从小不爱亲近人，有的人天性爱热闹，有的人具有丰富的幽默细胞等。但亲和力又与“亲和动机”密切相关，亲和动机强，比如迫切需要得到他人的友谊，得到同学之间的支持与合作，其亲和力就高；相反就差。有的同学，性格稍内向，想主动亲近周围的人，希望与别人交往，但不知怎样去做。孔子在周易《十翼》中写道：“物以类聚，人以群分”。古语有句话这样说：“同声相应，同气同求。”说的都是一样的道理：类似的人彼此之间比较容易相处与亲近。

1. 配合别人的感官方式。我们有各种不同的方式来感受世界，如视觉、听觉、触觉、味觉、嗅觉。前三种我们用得比较多，所以，我们一般说人有三种主要的感受方式。不同的人，倾向使用哪个感官也是不同的。视觉型的人喜欢快节奏，说话很快，思考也很快，喜欢阅读图表，行动力强。听觉型的人喜欢秩序，说话较慢但很有条理，喜欢交谈与聆听，行动力稍次。触觉型的人重视感觉、爱好舒适，说话有时是不看对方的，速度也慢。知道了这些之后，我们与别人交谈时，就可以观察下对方是什么型主导的，然后配合他的特性来沟通。如，对说话速度极快的人，要强调行动与成果；对说话时要分成一二三个要点的人，要强调逻辑与条理；对于慢吞吞的人，多谈谈你的产品会带来什么感受。

2. 配合别人的兴趣与经历。戴尔·卡耐基的著作《人性的弱点》被称为世界上销量仅次于《圣经》的超级畅销书。他在书中就提到：“我们要对他人真诚地感兴趣，聆听对方的谈话，就对方的兴趣来谈论以及鼓励他人谈论他自己。”在从事直销的活动中，有一些朋友说自己与准客户无话可说，或没有切入点。这就是因为在这点上没有下足功夫。当我们对他人真诚地感兴趣时，我们就会去关注他的一举一动，他的每一个细节都可能是我们与他交谈的切入点。例如你在公车上看到一个人提着一束特别的盆栽，你就可以说：“哦，您的花真漂亮，它叫什么名字呢？”如果对方愿意说，局面就打开了。这时，你可以做准备是，避免谈论自己的欲望，鼓励他人谈论他自己。

3. 使用“我也”的词句。如果对方的经历或见解中有你类似的部分，我推荐你使用一个有神奇力量的短语，它就是“我也……”“啊，您去过泰山啊，我也去过呢！是去年四月的事了。您是几时去的呢？”“哦，你也认同爱就是要给对方自由，我也这么想的。”“你同意产品的质量是最重要的对吧？我也这么想，所以您可以比较一下我们的产品与其它同类产品的质量。”

六、提高当代大学生的创新能力

创新（Innovation）概念，是一个经济学概念。广义理解的创新概念是指力求将科学、技术、教育等与经济融汇起来，即创新表现为不同参与者和机构（包括企业、政府、大学、科研机构等）之间交互作用的网络。在这个网络中，任何一个节点都可能成为创新性为实现的特定空间。创新行为因而表现在技术、体制或知识等不同的侧面。当代经济和科技发展的很多成果都是在大学中进行研究并在实际运用中得到转化的，可以看出，大学拥有着良好的创新氛围，而大学生作为大学主体的一部分具备着良好的条件和优势从事创新活动，因此重视培养大学生的创新能力存在现实中的可能性。

大学生创新能力的提高是项艰巨的历史任务，作为这项工程的主体，大学生更应该积极主动地参与到其中来，并与国家的创新体系相配合，形成呼应，拉近互动，最终为创新工程的建构共谱胜利之曲。

提高大学生创新能力，首先要主动营造活跃的创新氛围。创新氛围的营造能为创新行为提供环境支持，积极热烈的创新场景可以使大学生本身产生创新的意识和灵感。一方面，在大学里面大学生应该主动配合营建自己的创新团体，如宿舍文化、班级文化、社团组织文化等；另一方面，大学生要积极利用好大学里的各种硬软件方面的环境资源，如图书馆、实验室等，这些场所通常是培育和激发创新灵感的绝佳环境；同时，大学生不应该仅仅囿于大学校园，还应该主动走出校门，参加社会调研，让理论和实践相结合，在社会实践中发现问题、思考问题、解决问题，并在实际活动中及时反馈，形成最后的成果。

其次是提高大学生的创新能力，关键是要培养科学的学习习惯和思考习惯。朱清时院士在总结创新能力提高的技巧的时候称，出色的科学家之所以能源源不断地有新成就，在于他们有从不枯竭的兴趣，并不断地培养自己的知觉，最后聚精会神地去研究它。由此看来，新发明新发现和发明家的思维习惯和学习精神是分不开的。要摒弃社会中的不良风气迷惑，切实发现自己的真正兴趣，并把自己的兴趣推而广之，坚持不懈地沉醉在发现问题和解决问题的思考当中；另外，要善于用逆向思维考虑问题的症结，不断地培养自己的直觉，并把思维的灵感火花及时保存，成为研究的新发现；科学的态度也很重要，这需要在思考问题的时候要聚精会神，真正深入到一个问题的每个层次中，否则效率的下调只会使瞬间的灵感顷刻溜走。

最后，持续积累夯实基础知识，是培养创新才能的根基。可以肯定，良好的基础知识是创新成果诞生的良好基点。优秀的创新成果都是饱含科技含量的，没有坚实的知识积累和深厚的知识底蕴，是不可能孕育出优良发明的。李开复认为，在大学期间，同学们一定要学好基础知识其中包括数学、英语、计算机和互联网的使用，以及本专业要求的基础课程（如商学院的财务、经济等课程）。其原因是创新成果大都来源于基础知识的深层次组合，另外，如果没有打下好的基础，大学生们也很难真正理解高深的应用技术。因此，打好基础知识的根基，对于研究新发现起着至关重要的作用。切不可因为基础知识的学习就一味埋头苦钻基础而放弃了对基础知识的延伸和新知识的发现，否则就陷入了片面论的泥潭。

总之，大学生自身创新能力的提高是件任重而道远的的任务，但它对于提高我国自主创新能力，振兴民族科技和发展民族经济起着重大作用，也是提高大学生自身综合素质，担负建设中国和谐社会重任的必然要求。作为大学生，更应该刻苦学习深入钻研，积极主动地成为创新活动的重要角色，为成功推进自主创新战略的实施作出自己的应有贡献。

一、思考题

1. 作为一名大学生，如何正确认识自我？

2. 作为一名大学生，如何提升自我？

3. 大学生应具有哪些能力？

4. 自我评价的方法有哪些？

5. 交流与表达能力对你的今后就业与各种有那些帮助？

6. 如何面对不同场合下言谈举止与仪表？

二、实战演练

提升自信度

1. 自省

(1)总结自己外形、人格和技能方面的优点和缺点。

(2)反思自身的态度，你是如何看待这些优缺点的。

2. 实践

请根据本节的知识点，设计一套适合自己提升自信度的计划，计划中尽量把行动具体化。

3. 评价

一个月后，请对自己的执行情况做个评价。评价指标包括，执行度、心态变化、生活态度变化，人际关系的改善，自信度提升等。

✻第三章　树立远大志向规划发展目标✻

☆本章旨要

大学是教育阶段的重点，也是社会教育的前奏，对一个人的发展有着举足轻重的作用。大学生从迈进大学校门那一刻始，就应该思考该如何度过宝贵的时光，如何立志成为对国家对社会有用的人才，如何实现人生的价值。作为大学生，应该有独立思考的能力。根据自身的条件，通过独立思考，制定出未来人生规划，是对大学生的基本要求。何谓“规划”？规者，有法度也；划者，戈也，分开之意。规划就是指为完成某一任务而作出比较全面的长远打算。有了长远打算，把长远打算作为“法度”，认真加以落实，就一定能实现既定目标。明确规划大学生发展目标的意义，制定大学学习、生活规划，在实践中锻炼自己，提高综合素质，对完成大学学业、继续深造或走向职场，都具有重要意义。

第一节　规划发展目标的意义

大学生规划生涯发展目标有着十分重要的意义。制定合乎实际的规划，在今后的生活中朝着既定目标一步一步走下去，就是不断实现自己人生价值的过程。在明确了自己的职业目标的前提下，制定相应的学习生活规划，合理安排实施每一步行动计划的时间、顺序和方向，并根据自己的实际情况随时调整规划，是大学生踏入社会前必要的一步。

一、意义

大学生活在人生的道路上只有很短暂的几年。大学生和中学生相比较，独立性更强：独立生活、独立思考、独立完成学业。作为大学生，一定要有远大的志向和目标规划。“人须立志，志立则功就；天下古今之人，未有无志而建功”。制定一个切合自身的良好目标和规划，不仅有益于完成大学学业，还将影响自己的一生。确切地来说，制定规划，就是知道自己的人生道路在哪里，目标是什么，适合做什么，找到自己的潜能，对自己有个定位。大学生对自己的未来及时作好规划，有所设计，现实的学习和生活就会指向这一目标，每一天就会过得很有意义，就会成为对未来已经有所准备的人。

二、内容

1. 大学生职业目标规划。大学生职业目标规划，是大学生在对自身主客观条件进行测定、分析和总结的基础上，确定个人的事业奋斗目标，并选择实现这一目标的职业，制定相应的学习、培训、实践的行动计划，对每一步骤的时间、顺序和方向做出合理的安排和实施，以实现个人的职业理想。

职业生涯规划，可以看做是人生发展的“总路线图”，在这个“总路线图”的导向下，制定出个人近景和远景蓝图，将个人的理想具体化，变成可操作的“实施方案”；只有按照“实施方案”分阶段地、一步步地加以落实，最后才有可能达到“总路线图”确定的目标。大学生活的目标是“总路线图”中的一个分目标，是阶段性目标。把长远目标与阶段性目标结合起来，就能够增强学习的自觉性和积极性，顺利完成学业，圆满地实现阶段性目标。

2. 大学学习生活目标规划。大学生的首要任务是学习，在学好专业知识的同时，应树立做人、做事的正确态度，学会自我管理，自我教育，利用各种途径充分调动和开发自身各方面的潜能，使之转化为前进的驱动力。树立正确的学习生活目标，对大学生实现完美人生具有重要意义。主要体现在：①大学生学习生活规划可以发掘自我潜能，增强个人全方位的实力；②增强自身发展的目的性与计划性，提升就业成功的机会；③提升应对社会竞争、顺应社会发展的能力。

三、方法

1. 认识自我。通过对自己的兴趣、爱好、能力、特点进行综合分析，以及老师、朋友、同学、家人对自己的评价，还有自我反省，对自己做一个全面透彻地了解和分析，正确定位。

2. 确定目标及发展规划。目标分为长期目标和短期目标。长期的学习目标反映了自己长远的方向与规划。短期目标又分割成每周、每月、每年的目标。在卡片上写出自己的远期目标和短期目标，随身携带，每天自己朗读两遍。

3. 实践调整。实现目标的过程就是不断地修正、调整目标的过程。定期检查目标进行到哪一步，掌握时间节点，适时调整。在不断达到目标的过程中，别忘了给自己一点奖励。

【案例 1】目标与人生成功的关系

美国斯坦福大学曾经对目标与人生成功的关系作过一项调查，他们随机抽取了一群年龄、条件、学历等都大体相同的人，调查发现：27% 的人没有什么目标，60% 的人目标模糊，10% 的人有明确目标，3% 的人不仅有明确的目标，而且能把目标写下来，经常对照检查。25

年之后，再次对这群人进行调查，结果发现：

当初27%的没有目标的人都处在社会的最底层，他们贫困、潦倒，靠社会救济金过日子，有的甚至成了流浪汉。

60%的目标模糊的人，普普通通，没有什么作为，处在蓝领阶层。

10%目标明确的人成为白领阶层，属于专业人士，进入上流社会。

那些占3%把目标写在纸上并经常检查的人，成了社会的顶尖人士及各行各业的领袖。

调查者因此得出结论：目标对人生具有巨大的导向作用，有什么样的目标就会有什么样的人生。

【案例2】蚯蚓的目标阶梯

蚯蚓是我从小到大的朋友，蚯蚓并不是原名，由于他长得黑矮瘦弱而得名。

我们18岁分开后，我在外为生活四处漂泊奔波；蚯蚓却上了大学，什么事都挺顺当，在这分开的十年里，我们几乎每隔两三年见一次面，每一次我都喜欢问他同一个问题：他将来的目标是什么？而我得到的答案总是不相同，下面记录的是蚯蚓谈及目标的原话：

18岁，高中毕业典礼上：我发誓要当李嘉诚第二！我要当中国首富（好大的口气！）。

20岁，春节老同学团聚会上：我想创立自己的公司，30岁前拥有资产2000万元。

23岁，在某市工厂当技术员，第二职业是炒股：我正在为离开这家工厂而奋斗，因为在这里工作太没前途了，我将全力炒股，三年内用5万元炒到300万元（似乎有点实现的可能）。

25岁，炒股失意而情场得意，开始准备结婚：我希望一年后能有10万元，让我风风光光地结婚（挺现实的想法）。

26岁，不太风光的结婚典礼上：我想生一个胖小子，不久的将来当个车间主任就行，别的不想了（是不是结婚都会使人成熟）。

28岁，所在的工厂效益下滑，偏偏正是妻子怀胎十月的时候：希望这次下岗名单里千万不要有我的名字。

第二节　学习规划的制定与实施

大学生如何做学习规划，以及怎样实施拟定的规划并及时调整规划，需要经过深思熟虑。只有做好科学的学习规划，才能明确学习方向，保持持久的学习动力，实现自己的学习目标。

一、学习规划的主要内容

所谓学习目标的规划主要是指，根据对所学的专业在未来就业时的发展趋势进行预测，以及根据未来企业需要什么样的人才而对大学学习生活进行设计，有计划地获得自己所需要的知识和能力的一种管理活动。科学的学习规划，可以帮助大学生确立在大学期间的发展目标、发展前景以及发展道路；可以帮助大学生合理分配学习的时间和精力，以获得最优学习效果。

二、规划的实施与检查

1. 要有学业规划的意识。大学里面的学习气氛是外松内紧，和中学相比，在大学里老师很少布置作业，很少有人监督你，也很少有人主动指导你，自觉性差的人就容易感到无事可做，要想提高学习的自觉性，首先就应该设计好自己的学业规划。

2. 了解自己的现状。通过老师、朋友、同学、家人，还有自我反省，对自己在兴趣、爱好、能力、学识、特长、智商、情商以及思维习惯、从业倾向等方面做一个全面透彻的了解和分析，对自己进行合理、正确的定位，以明确“你想干什么？”“你能干什么？”“环境允许你干什么？”，为自己制定出合理的学习规划。

3. 设定一个切实可行的目标。这是整个目标规划中最难把握的一步，直接关系到大学生活的整体规划，关系到在大学期间取得成绩的优劣。在确立目标的过程中一定要慎重，目标的设定不可过大或过小，应该量力而行。目标过大显得空洞，容易使人失去信心，而且没有可操作性；目标过小又会显得琐碎、太简单，完成后也没有成就感。

4. 拟订方案。拟订方案就是将大目标分成几个小的目标，分阶段完成，这样便于实施。

5. 执行方案。方案制定了就要认真实施，一丝不苟。人都是惰性的，执行目标最大的阻碍就来源于惰性。切记：不要给自己任何松懈的理由，不管如何，要在你的任务完成之后才可以休息。当然，合理的休息也是为了更好地学习。

6. 目标的检查。目标检查的过程，就是反省、思考的过程。在计划的执行过程中要对制定的目标进行核对，看其是否完成，完成情况如何，是否完全符合原来的设想。

三、规划的调整

要学会调整，一味地只是蒙头前进而不检查前进方向是否正确是很危险的。随着时间的推移，计划应该根据具体情况及时修订，要不断地进行阶段性的反省，查看你的阶段目标是否达到，是否出现过什么问题，能从中得到什么教训，计划将做出什么调整等等。

第三节 生活规划的制定与实施

上大学，除了学习书本知识外，还要交友、沟通、娱乐、运动、消费、清洁……。很多中学生上大学都有离开父母、独立生活的愿望。如何规划大学的生活，以及怎样实施规划并及时调整规划内容，是大学生一门新的“课程”。大学生活规划的内容因所处年级的变化侧重点也有所不同。大学新生应尽早适应大学生活；老生应以提高综合生活素质为主。时间一晃而过，只有做好规划，才能充实而有意义地度过每一天。

一、生活规划的主要内容

大学生活规划是人生规划的一部分。它是指学生个人结合自身实际情况和大学环境等因素，为自己确立大学在校四年的学习、生活以及择业、就业的计划和打算。其目的绝不仅是帮助个人按照自己的资历条件找到一份合适的工作，更重要的是帮助个人真正了解自己，为自己定下事业大计，筹划未来，确定一生的发展方向，根据主客观条件设计出合理且可行的职业生涯发展方向，只有做好了规划，才能坦然地面对大学和未来的生活。

规划内容根据个人长期目标因人而异，但一般来讲，新生要尽早适应大学生活，找到适合自己的学习方法。要初步了解职业，特别是自己未来所想从事的职业或自己所学专业对口的职业，提高人际沟通能力；二年级应考虑未来是否继续深造或择业就业，了解相关的应有活动，并以提高自身的基本素质为主；三年级应锁定在提高求职技能、搜集公司信息、确定自己是否要考研方面；四年级主要是就业、出国或继续深造。

二、规划的实施

1. 确定学习生活目标。学习目标是学习的出发点，也是学习的归宿。确立具体明确的学习目标是每位学生的首要学习任务。目标越明确、越切合自己的实际情况，其学习行动的每一次努力越能够获得成功。在成功中体验到了学习的喜悦，人生从此充满了活力、激情。大学生学习目标的树立是大学生学习内部动力系统中的重要环节，如果没有明确的学习目标，大学生的学习动力就不稳定持久，就容易导致学习过程方向不明，学习需要不强烈。同时，没有一定的学习目标，大学生就不容易发现和感觉到自己的收获和成功，从而缺乏学习成就感的激励和推动，从而失去学习兴趣，学习动力受到严重的冲击和影响。

2. 适应大学的学习方法。正确的方法是成功的捷径。大学生进人大学后碰到一个普遍问题，就是学习方法的不适应。他们习惯老师天天陪伴、督促、被动接受知识的中学学习方式，对大学的学习特点和规律一无所知。进入大学以后，面对生活需要自理、学习需要自主、大量的学习时间要求自己安排等，他们感到无所适从，学习成绩明显下降。因而大学新生迫切需要通过向老同学取经、向老师取经等各种渠道，尽快了解大学学习特点和规律，并根据自己的特点和经验，迅速摸索出一套适合自己特点和大学学习特点的学习方法。谁能最快地适应大学学习方法，谁就能尽快地适应大学生活。

3. 社交上的能力锻炼。要多与同学、老师及专业人士交流，参加多方面的社会活动，包括演讲比赛、征文活动、辩论赛、知识竞赛、各类球赛、文艺晚会以及加入学生社团、竞选学生干部等，提高自己的人际沟通和交往能力。

4. 培养兴趣、爱好，保持身心健康。制订一份休闲计划，对一些较重大的节假日和休闲项目做出妥当的安排，这样能使休闲和学习有条不紊地交叉进行，使身心得到有效地放松和调适。此外大学新生要善于利用课余时间，开展一些有益的文娱活动，如唱歌、跳舞、下棋等等;尽量培养自己有多种兴趣爱好，如集邮、剪贴、垂钓等，这样可以增添活动和情趣，使大学生活充实丰富、生机勃勃。尝试兼职、社会实践活动，并要具有坚持性，最好能在课余时间后长时间从事与自己未来职业或本专业有关的工作，提高自己的责任感、主动性和受挫能力。

三、规划的检查

规划并不是一成不变的，每个人都应该根据评估反馈的信息及时做出调整。可能会出现不合实际的规划，或者符合制定时的实际，但后来情况发生了变化。因此，规划中出现需要调整的地方也是理所当然的。此时，要能冷静地思考，分析问题到底出在哪个环节，要有推翻重来的勇气，切不可“一条道走到黑”。

第四节　综合能力规划的制定与实施

企业需要啥样的人？深圳的一次毕业生“双选会”的调查显示:学历过线、专业对口、责任心强、正直诚信、善于合作、综合素质高的应聘者是用人单位最愿意选用的人才。因此，以就业为向导，大学生应注重自身综合能力的培养。综合素质的提高主要是提高思想道德、打牢专业基础知识、各方面能力培养、具备良好的身体素质和心理素质。大学生根据自身特长，爱好、个性来制定提高综合能力的规划。

一、综合能力规划的主要内容

大学生的综合素质包括思想道德素质、专业素质、能力素质和身心素质。大学生综合能力的提高，既是民族强盛的需要，也是大学生自身迫切的愿望。大学生综合能力规划主要内容包括：

1. 树立科学的世界观、人生观、价值观，具有良好的道德修养。

2. 掌握专业知识，为今后成才立业打下基础。

3. 培养自学能力(即思考问题，分析问题，解决问题的能力)，语言表达能力，组织管理能力，动手能力，交际能力，创新能力等。

4. 具有强健的体魄和良好的心理素质。

二、综合能力规划的实施

1. 注重理论学习，提高思想政治修养。积极要求进步，严格要求自己。重视道德实践，从小事做起，日积月累，积善成德，以先进人物为榜样。进行批评与自我批评。

2. 养成科学严谨的学习方法，重视外语、计算机的学习。

①学会听课和阅读。课前预习，课上要紧跟教师的思路，课后要对所学内容及时复习整理，师生互动，才能共同发展。用精读法认真阅读教材，运用泛读法有选择地阅读相关书籍。

②学会科学用脑，合理支配时间。大学校园里有读不完的书。大学生要处理好学习内容的主次和身心劳逸关系。学习时精力集中，不搞疲劳战术。休息时要抛开一切思虑，达到真正的放松，制定短期、中期、远期的学习计划，科学合理运用时间，切实提高学习质量。

③突出重点，循序渐进地学习。大学所开设的课程，一般都是学生成才所必需的。随便忽视某一环节，可能形成知识面的断层。因而不能因自己的喜好去决定对学习内容的取舍，而应在老师的指导下学好各门功课，学会抓住重点，通过高起点、严格要求的自我约束，丰富自己的学习内容，促进知识结构的均衡发展。

④重视基础课的学习，坚持外语的学习，经常参加外语沙龙，提高口语能力，避免哑巴外语。熟练掌握计算机基本操作、语言以及软硬件知识的学习。

3. 积极参加社团活动、专业学术活动、文体娱乐型活动、社会服务型活动。

①社团是大学生发展个性、发现自身存在的不足、展示才华的舞台，是培养能力的重要途径。

②通过专业学术型活动学会分析问题、思考问题、解决问题的能力，充分挖掘潜能，培养创造能力。

③在文体娱乐型活动中学会与人交往，认识新朋友，可调整生活节奏，陶冶性情。

④在社会服务型活动中锻炼生活自理能力和动手能力，增强社会责任感和独立意识。

4. 积极锻炼身体，每天进行适量的体育活动，可按自己的兴趣选择，增强体质。学会处理好人际关系，克服自卑、多疑、虚荣、自私等阻碍个性发展的不利因素。学会面对失败和挫折，从而笑对人生，学会怎样去做人!

第五节　继续深造规划与实施

就业还是继续深造？这是每个毕业生面临的问题。毕业生如何作抉择，对今后人生有着重要影响。是专升本？进行专业资格考试？还是考研或出国留学？要掌握继续深造的实施途径，还应对继续深造各方面的影响因素做客观分析，包括社会因素、家庭收入状况和对自身实力的正确判断，只有得出明晰的答案，为实现计划奠定基础，才能够为实现计划做锲而不舍的努力。

一、继续深造规划制定的前提

1. 了解国家就业政策，关注社会就业形势。这是继续深造规划指定的社会因素。国家每年会颁布相关的就业政策及规定，如当年高校毕业生就业创业政策、公务员政策、西部志愿者计划等等。同时，我们要通过各种渠道了解当前社会就业形势，或是参加人才招聘会，亲身感受就业形势。当我们得到就业的社会氛围的第一手信息，我们需要进行综合分析和判定。当然，在此形势下更高学历和高水平的人才也将会有更好的机会和更大的施展空间。鱼和熊掌，二者不可得兼，取鱼还是取熊掌？选择就业还是选择继续深造？合理地评估就业环境和较为准确推测一些领域的未来几年就业形势，将益于自己的抉择。反观 2008 年爆发的世界金融危机，影响面很广，世界经济发展趋缓，社会就业形势相当严峻。在不利的就业环境下，选择继续深造不失为一种上策。深造之后再择业，届时会有更多的选择余地。因此，社会因素是左右继续深造规划的前提之一。

2. 充分考虑家庭和家庭经济状况。家庭和家庭经济状况是继续深造规划制定前提中的经济因素。得到家人理解与支持是继续深造规划的必要条件。征得家人的同意为自己继续深造创造宽松的家庭环境。继续深造准备期和今后的继续深造都需要一定数额的费用，这对于一般的家庭无疑是不小的经济负担。天下父母都希望儿女成材，我们为自己的未来作计划的同时，我们就更应该考虑到家庭经济因素。

3. 对自己的实力做客观定位。上述提到的社会、家庭及经济因素都是继续深造规划的外因，而自身的实力才是继续深造规划前提的内因。自身的实力是继续深造规划的基础，也是继续深造规划的源泉和动力。具体地来说，自身的实力就是自己平时的学习实力。可以根据自己的学习成绩和实力来制定相应的继续深造规划，真正做到有的放矢。

总而言之，要将继续深造规划制定前提的内因与外因有机地统一在一起，才能为继续深造规划打下坚实的基础。

二、继续深造规划的主要内容

继续深造可以通过专升本、出国留学、考研等途径实现。

1. 专升本。专升本是中国教育体制中专科层次学生升本科学校或者继续专业学习的考试制度。这一考试在大多数有专升本教学系统的高等教育学校实行，一般每年举行一次。专科生进入本科深造，可以分为以下三种情况：

①成人高考升本：专科毕业后，可通过全国成人高考中的专接本考试进入成人院校学习，一般不脱产或半脱产。考试时间一般在10月，颁发成人本科毕业证与学位。

②自学考试专升本：高教自考中有独立本科段考试，每个专业有10多门课程，全部通过可获得国家承认本科学历。考生可自学，也可参加业余辅导班，适合边工作边学习。考试时间与当地自学考试时间同步。自考专升本是专升本途径中最难、最耗时的一种，每个专业有10多门课，需要全部通过和毕业答辩，方可获得国家承认本科毕业证和学位。

③普通高校专升本：招生对象为省内普通高等学校、高等职业技术学校（包括电大普专班）的优秀应届专科毕生。考试时间由当地主管部门通知。

2. 报考硕士研究生。凡国家承认的大学本科毕业学历人员，或国家承认的大学专科毕业学历后，经两年达到与大学本科毕业生同等学力人员可以报考硕士研究生。硕士研究生考试报名时间在每年11月份，硕士研究生全国统一入学考试时间是在第二年的1月份；笔试成绩合格则可参加3～4月份的复试。

3. 出国留学。本科生出国留学有三种途径：一是公费留学，二是自费留学，三是移民。一般地说，公费留学的研究生给每个大学提供的名额很少，如果成绩优秀，可以推荐出国留学的话，花费不会很多。大多数学生采取自费出国留学的途径，各国留学费用不尽相同，学生可根据家庭收入状况酌情选择。

另外，不少欧美国家实施高福利政策，外国移民及其子女均可享受与本国公民的同等待遇，包括免费或低学费学习。因此，有些人通过“先移民后留学”的模式出国。

三、规划的实施与调整

（一）专科升本科

了解了上述专升本的基本情况后，将有助于我们专升本规划的实施。首先要确定自己是参加高校专升本还是自考专升本，确定报考哪所学校；其次了解考试的课程和购买教材与相关资料，制定相应的学习计划；最后持之以恒地实施自己的学习计划，确保自己顺利地通过考试。

（二）专业资格考试

大学生参与专业资格考试、获得各类专业资格证将提高自己的综合素质，增强自己的核心竞争力。专业资格考试种类繁多，如计算机等级、经济师、报关员、会计职称、雅思、托福、质量认证等等。面对纷繁复杂的各类专业资格、洋证书考试，大学生常常难以抉择。不同的证书适用对象各不相同。哪个更知名？哪个更有有权威性？不同层次、不同需求的人又应该如何做选择呢？对于涉世不深的大学生来说，的确是个难题。

首先，要对自己未来的职场规划要有充分的认识。不同的专业资格证作用于相应的职业。在明确了自己的职业选择之后，才能参加对应的专业资格考试。其次，对各种专业资格证进行调查与考证，了解其的社会认知度和实用度。对不同的从业人员及有意涉足某一职业领域的人员来说，要想通过考证而有所收获，应先了解清楚不同证书的适用对象及含金量。“兼听则明，偏听则暗”，这就需要多方面去获取信息，达到兼听则明。最后，积极准备并参加专业资格考试。在前期工作做好之后，选择相应的专业资格考试，购买权威的复习备考教材和资料，进行系统地自学备考。在自学过程中，多向他人请教和探讨，“它山之石，可以攻玉”，有条不紊地实施自己的学习计划，保证能够顺利地获得专业资格证。

（三）硕士研究生的报考

1. 确定考研目标。立志考研切不可盲从跟风，如果决定考研，请先问一下自己为什么：我是否真的喜欢考研？三年的研究生生活是否真的能给我增加砝码？考研能否真的能为我带来理想的专业和工作？考研应与所有的人生规划一样遵循“择己所爱，择己所长，择世所需”这条规律。

2. 确定报考专业、报考学校和报考的导师。这些信息可从各个学校公布的招生专业目录获得。招生专业目录是报考及全部复习计划的依据，一般在每年 8 月底 9 月初由各招生单位公布，考生应及时与招生单位联系购买招生目录，或者在其网站上查阅。

3. 制定分阶段复习计划

①每年的 4 月到 6 月初，在前一年考研结束之后，新一年的考研准备就该开始了，这是一个打基础的阶段，政治、英语、数学都应该从基础做起。准备合适的复习参考书，进行第一步的打基础工作，把各科的参考书看过一遍。

②考试大纲一般在六月底就可以出版，相应的种类众多的参考书也就及时的出现在市面上，大家应该挑选一本适合自己的、比较权威的参考书作为自己复习的参考资料。参考资料的选取一定要慎重，一定要是根据新大纲编写的资料。

③9 月中旬月到 11 月中旬，这个阶段要进行第二轮复习。第二轮复习的主要任务是将大纲所有的知识点进一步的理解，增强记忆效果，在理解的基础上，做到可以用自己的语言讲解大纲的内容。这个阶段不但涉及理解，而且涉及到记忆的内容，所以也是至关重要的时期。同时，要做一些习题来加深理解，同时在做题的过程中总结解题技巧。

④11 月下旬到考前，在这个阶段要进行第三轮复习，主要任务是归纳总结、适量模拟。首先对前两个阶段学到的知识进行总结归纳，形成知识体系，然后做一定量的模拟题来巩固知识、掌握做题技巧。同时，在这个阶段可以去报名参加相应考前辅导班和名师讲座，为考研作最后的冲刺。

4. 准备复试。一般考研成绩会在第二年3、4月份公布出来，如果考试成绩上线，接下来就是准备复试。复试的相对不确定的特点使得了解复试主要内容及方式显得尤为重要。同时由于招生单位很少公布这方面情况，因此容易产生信息的不对称，未掌握此信息者将会在竞争中处于劣势。因此，如果能在备考过程或复试时与自己所报考的导师取得联系，知悉导师对所招学生的偏好将是极为有利的，可以让备考复试针对性更强。

5. 调剂。当考试成绩低于报考学校的话，就需网上填报调剂志愿。在网上填报调剂志愿时，选择调剂的招生单位、专业科类与自己的考试成绩必须符合国家的调剂政策。

（四）出国留学

全球金融危机的出现，出国留学掀起了新的热潮，越来越多的大学毕业生采取走出国门留学海外。去哪个国家？哪个城市？读哪个学校？什么专业？这是学生关注的问题。

1. 选专业。学生既要根据自己的特长和兴趣爱好，选择自己喜欢的专业，还要选择有发展潜力、未来好就业的专业。不应看什么时髦读什么，盲目追捧热门专业。

2. 选国家。目前就英语系国家来说，主要留学国家有：美国、加拿大、英国、澳大利亚、新西兰、爱尔兰等；非英语国家但是以英语授课为主的是荷兰；瑞典、希腊用当地语或英语授课；非英语国家用当地语言授课的主要是法国和德国。此外还有一些小语种的国家，如西班牙、意大利等，每个国家都有自己的优势和劣势，选择哪个国家要根据个人及家庭的需要做出决定。

3. 选学校。选择了专业再确定学校，选择学校不一定完全看大学的排名，好的大学不一定所有专业都是强项。如何判断大学的某个专业是不是强项呢？在确定了专业的前提下，可以参考这所大学在该专业领域的学术声誉、研究成果、师资水平、录取难易、毕业生就业、起薪等指标来衡量。

留学专业、学校确定了以后，如何能顺利申请到奖学金呢？首先对自己有一个粗略的评判，包括自己符不符合申请的基本硬件，自身的优势在哪里。

①硬件：最好是重点大学。首先是毕业院校，最好是国家重点大学尤其是进入国家211工程的大学，其次是大学专业成绩，要求各学科成绩优异，最好获得过奖学金；语言成绩，托福或雅思等考试成绩是否优异。

②软件：获得过什么奖项。主要考虑有哪些研究成就，获得了什么奖项，有什么特殊才能或贡献，是否有过专业领域的实习经历，在沟通、适应能力等方面的综合素质等。

此外，要熟悉申请留学国大学的流程，了解学校在申请材料方面的要求和学校看重的地方，有的放矢，突出表现出自己的优势，吸引学校注意。

第六节　在社会实践中锻炼提高

实践出真知，大学生只有把所学知识和社会实践有机地结合起来，才能学以致用，开阔眼界。实践活动的内容主要包括研究型社会实践、养成型社会实践和服务型社会实践;实践活动的形式要根据年级不同进行分类指导。

一、社会实践的含义与内容

大学生社会实践活动，是指高等院校的学生在校期间利用假期有目的、有计划、有组织地走向社会、深入实际、了解国情、接受教育、增长才干、获取报酬、服务社会的相关物质与精神活动过程的总称。

大学生社会实践的内容是构成大学生社会实践活动的内在诸要素的总和，具体是指大学生按照培养目标要求，有目的、有计划、有组织地参与社会政治、经济、文化活动，尤其是与所学专业相关联的一系列教育活动。其形式总体上可将其分为研究型、养成型、服务型三类。

1. 研究型社会实践。所谓研究型社会实践是指大学生从学校和社会选择和确定研究课题，主动地获取知识、解决问题的学习过程。研究型社会实践强调学生的研究能力，强调社会实践与学校的发展定位、专业特色相结合，与课程教学环节相结合，与学生兴趣爱好相结合，在“考察”、“探究”、“创作”等一系列活动中发现和解决问题，提高实践能力和创新能力。研究型社会实践一般包括教学实践、专业实习、科技服务(创新创业)等。

①教学实践是高校提高教学质量的必要环节，是教学体系中不可缺少的重要组成部分。通过教学实践使学生深化对理论教学的理解、掌握科学研究的基本方法和基本技能，培养学生科学的思维方法，提高分析解决实际问题的能力。

②专业实习是专业教学的重要组成部分，是一种实践性教学环节。通过实习，接触实际，增加感性认识，加强学生对专业知识的了解，弥补课堂教学的不足。加强专业实习是强化学生实践能力、培养创新能力的重要环节。

③开展科技服务是大学生社会实践活动的一项重要内容。大学生利用假期，运用所学知识，从事一些技术服务工作，目的是在学生中形成热爱科学、相信科学、运用科学、勇于创新的学术氛围，锻炼学生的科学研究能力。开展科技服务，可以很好地体现“办实事、做贡献、受教育、长才干”的指导思想。

2. 养成型社会实践。养成型社会实践是指有利于培育大学生整体素质，发挥教化功能的一类社会实践。养成型社会实践在内容上强调与思想政治教育相结合，与大学生基础文明教育相结合，与学生自立自强意识培养相结合，与提高学生整体能力素质相结合，旨在提高学生的政治理论素养、提高学生的基础文明和自立自强的意识。养成型社会实践一般包括军政训练、勤工助学、生产劳动等。

①大学生军政训练是高等学校教学工作的一个重要环节，是对在校大学生进行有目的、有组织、有计划的国防形势政策教育和军事理论与军事技能教育的主要形式，是由学校和驻地部队共同完成的一项贯彻思想政治教育要求、培养大学生综合素质的实践性教育活动。军训是对大学生进行爱国主义教育，增强爱国主义思想的最好的途径。

②大学生勤工助学是指在校大学生利用课余或假期时间，在校内或校外参加的各种有偿实践活动。新时期的勤工助学，与过去的勤工俭学相比，不仅在经济上发挥着帮困助学的作用，更重要的是通过勤工助学这样一种特殊的社会实践活动，对学生进行思想上的锤炼、知识上的补充和能力上的培养，促进学生综合素质的全面发展。

3. 服务型社会实践。服务型社会实践是指高校学生立足于地方经济建设和社会发展，以服务求支持，以贡献求发展，为区域发展贡献力量的一类实践活动。它主要包括暑期“三下乡”、“四进社区”、志愿服务和社会调查等形式。

①公益活动是指涉及科学、教育、文化艺术、体育、医疗卫生、环保、社会福利、社区服务，以及其他一切关心社会的活动。通过志愿服务公益活动，教育大学生树立热心公益、自觉承担社会责任的观念，培育市场经济环境下的公益意识。

②社会调查是实现理论与实际相结合的重要途径，它有利于树立大学生正确的世界观、人生观和价值观，培养科学的思维方式，教会大学生正确做人、适应社会的本领，全面提高大学生的综合素质。

二、社会实践的开展

大学生社会实践是高等教育学校实现教育目标的重要途径，它与课堂教学相辅相成，共同完成高校人才培养任务，实现学生全面发展的目的。那么，怎样有效地开展大学生社会实践活动呢?

1. 各部门通力协作，齐抓共管是搞好大学生社会实践的条件保证。社会实践，不仅仅是思想政治教育部门的事，而是高校各级领导、各部门和广大教职工大家的事。大家要通力合作，齐抓共管，在统一思想的基础上，学校各部门特别是学校的领导应当高度重视，通过适当的组织形式把各主要职能部门负责人组织起来，组成学生社会实践领导小组，加强对此项工作的领导和综合协调工作，明确各部门在学生的社会实践活动中的必须履行的职责。

2. 根据年级特征，分类指导是搞好大学生社会实践的关键。不同年级的大学的心理需求、思维方式、知识水平、实践能力等方面是各不相同的。因此要遵循教育规律，在社会实践中贯彻因材施教原则，对不同特点的学生应安排不同的实践内容分阶段、分层次地进行。

一般来说，一年级的学生入学时间较短，多数尚未接触专业课，运用专业知识解决问题的能力比较低，但他们具有较为强烈的热情和好奇心，可以组织开展社会考察、社会服务活动和爱国主义教育活动，重在发挥社会实践的思想性作用，同时为专业课做好准备。二年级学生已接触一些专业课，有一定的专业知识和分析问题、解决问题的能力，可以开展一些社会调查和一部分科技文化活动，将专业课初步与思想性结合起来。三、四年级的学生已经较为深入、系统地学习了专业课程，可以依托专业知识广泛开展科技文化服务活动，以及科技发明和创业实践，促进自身的提高。

三、社会实践的总结与拓展

总之，大学生的社会实践活动广泛、深入、持久地开展，能使大学生了解国情、民情，加深对改革的认识，增强大学生的社会责任感，不仅能激发他们的学习热情，使他们开阔视野、丰富知识，而且能锻炼提高他们独立工作的能力和社会适应能力。因此，如何更好地组织大学生的社会实践活动是值得广泛关注和深入探究的重要课题。

一、思考题

1. 结合【案例1】《目标与人生成功的关系》回答：

(1)我有没有目标？有多长时间的目标？

(2)我的目标清晰吗？有没有写下来？

(3)我是否经常检查自己的目标？

(4)我愿意成为27%、60%、10%、3%中的哪一类人？

2. 结合【案例2】《蚯蚓的目标阶梯》回答：蚯蚓的目标阶梯案例说明目标的设定应注意什么？

3. 制定你的职业目标规划，并坚持执行下去。

4. 怎样来提高你的综合能力？具体通过哪些途径？

5. 结合自己的实际情况，谈谈"面对严峻的2015，是就业还是继续深造？"的看法。

6. 在考研的大军中，不乏考生只是盲目跟风、随大流，或想暂时逃避就业压力，请谈谈考研的正确的心理态度。

7. 出国留学应慎重考虑哪些因素？

8. 大学生参与社会实践的意义？

二、实战演练

演讲——我的梦想

(一)演讲步骤

1. 学生按顺序上台演讲。

2. 要求听众认真倾听。

3. 结束后提交演讲稿

（二）演讲内容(75 分)

1. 简单描述自我个性、特长和职业倾向。(25 分)

2. 讲述事业方面最想实现的梦想。(25 分)

3. 论述实现目标需要哪些方面的努力。(25 分)

（三）演讲技巧

1. 有较吸引人的开头与结束语。

2. 语言生动、形象。

3. 语言精练。

4. 内容充实。

5. 肢体语言自然、丰富。

✻第四章　确立发展目标，树立职业意识✻

☆本章旨要

职业是人谋生的手段，也是人生存和发展的工具，在某种意义来说还是生命价值的体现。职业是人们参与社会分工，用知识技能去创造财富，拿到属于自己的合理报酬，满足自己的物质生活、精神生活的工作。对绝大多数人来说，在茫茫的人生旅途中，可以有金色的童年，也可以有幸福的晚年，但是一个人一生中最宝贵，最富有生命意义的，最具有生命活力的，也可能是最长的一段黄金时间是在从事某种或某些职业中度过的。也正是有了这段时间，才能体现一个人生命的价值。因此如何树立正确的职业意识，选好自己的职业，是人生命旅途中的一件大事。

第一节　确立自身发展目标的重要意义

一、自身发展目标的含义

人总是在希望、理想、追求中生活的，“人往高处走，水往低处流”，体现了人生目标追求的运行轨迹。

所谓自身发展目标是指人作为社会的一员对自己人生中的学业、工作、事业、生活等针对未来的由小到大、由简到繁、由低到高所想要达到的境地和标准。理想、职业理想与自身发展目标既有联系又有区别。理想是人们在组织、管理和计划自己生命的活动中，建立在对现实发展的种种可能性的认识上所形成的对人类未来社会共同生活关系的一种想象和希望，是人们对美好未来的向往和追求，是人们的立场、观点在奋斗目标上的表现。理想可以包括社会理想、道德理想、职业理想和生活理想等。职业理想是人生理想的重要组成部分，是人们对未来职业的向往和追求，包括工作部门、工作种类和工作成就三个方面。三者的共性都是对未来的向往和追求。它们之间的区别是在内容、范围上广度和深度的不同，依次分别是理想、自身发展目标和职业理想。对于自身发展目标的含义我们可以从以下几个方面理解。

——目的性。与希望达到的境地和标准相联系，具有明确定目标性。例如想成为一个拥有数亿财产的董事长或想成为在某领域具有什么样成就的科学家、作家或工作者……。

——主体性或职业性。即人的自身发展主要体现在职业的发展上，以职业发展为主渠道。在某种程度上，职业的发展可以带动其他的发展。

——关联性，由于职业发展的需要，使人应该具备相应的能力（包括一般能力或特殊能力），实现的环境和条件等。因此在制定目标时就必须把实现目标所需要的相关的时空、物质和能力等考虑进去。

——发展性（或叫动态性）。在职业生涯的道路上，由于人的知识和技能的积累和兴趣的发展，目标的追求，会不断呈现出一种由小到大，由简到繁，由低到高的变化，这种变化是一种发展的过程，是一种动态变化的过程，同时还体现在速度的变化上。

——阶段性。由于有发展性（动态性）的特征，当它处于某一个相对稳定状况时，也就凸现了它的阶段性，由于能力、经验、条件的积蓄，会使它再提高到另一个相对稳定的时期，这种变化使得阶段性显得更加明显。

二、自身发展目标确立的基本原则

富兰克林有句名言："宝贝放错了地方便是废物。"一位扬名海外的中医用生动地比喻告诉人们草药的功效，用对了是救命治病的药，用错了就是一文不值的草。经营自己的优势能使你的人生增值，经营自己的劣势会使你的人生贬值，就犹如将一颗种子洒在肥沃的土壤里，会长成枝茂叶盛的健壮大树，结满了累累硕果，而把种子和汗水撒到盐碱地里，可能会颗粒无收。

哈佛大学有一个著名的关于目标对人生影响的调查，调查的对象是一群智力、学历、环境等条件都差不多的哈佛毕业生。毕业时，27%的人没有目标，60%的人目标模糊，10%的人有清晰但比较短期的目标，3%的人有清晰而长远的目标。25年后的就业跟踪调查显示：3%有明确目标的人，几乎都成为社会各界的成功人士，其中不乏行业领袖和社会精英；10%有短期目标的人，成为各个领域中的专业人士，大多生活在社会的中上层；60%目标模糊的人，他们安稳地生活与工作，但都没有什么特别成绩；剩下27%没有目标的人，他们过的很不如意，并且常常抱怨他人，抱怨社会，抱怨这个"不肯给他们机会"的世界。

孙子兵法曰：凡事"预则立，不预则废"。在确立自身发展目标时，只要你确定了最能使你品格和长处得到充分发挥的目标，锲而不舍的走下去，终会获得成功。人生的路漫漫，曲折和弯路难免，上一步走得不好已过去，下一步要走对才更重要。大家同时走向职场，为什么有的风生水起，有的却波澜不惊？微软公司总裁比尔·盖茨的最高学历是中学，原因是他在哈弗大学没有读完就毅然放弃学业，转而去经营电脑公司，成了世界首富。关键是他在最合适的时间点(抓住时机)发现自己的优势并果断去经营，发挥了自己的长处。因此，我们不但要学会确立自身发展的目标，而且要善于经营自己的优势，还要准确地抓住时机。在确立自身发展目标时要遵循的基本原则:一要符合个体的基本素质;二要符合社会的需求;三要符和未来的发展;四要把现实和未来结合起来;五要把潜能与技能结合起来;六要符合职业的要求。

(一)符合个体的基本素质

素质是人的先天生理解剖特点，主要是感觉器官和神经系统方面的特点，素质只是人的心理发展的生理条件，不能决定人的心理内容和发展水平。人的心理来源于社会实践，素质也是在社会实践中逐渐发育和成熟起来的，某些素质上的缺陷可以通过实践和学习获得不同程度的补偿。素质可以表现为人的习惯行为，它是受心理作用支配的，同时具有先天继承和后天养成的特征。素质有广义和狭义之分。广义的素质是指完成某类活动所必须具备的基本条件，如心理素质、品质素质、文化素质、政治素质、身体素质、军事素质、工程素质等。狭义的素质是指人的生理上的原来的特点，主要包括兴趣、气质、性格等，也就是个体的基本素质。由于先天的继承和后天的养成，所以就像世界上没有两片完全相同的树叶一样，世界上同样也没有两个基本素质完全相同的人。但是如果确立了的自身发展目标符合基本素质时，就会表现出极大的努力或者达到神奇的效果。人们常常用“废寝忘食”来描述这类现象，也有专家说:“如果某项工作符合人们的兴趣，结果会使该工作的效率提高三倍”。马克思在他的毕业论文里说道:“如果我们选择了最能为人类的福利而劳动的职业时，我们就不会为她的重负所压倒，因为这是为千百万人所做的牺牲。我们得到的不是一点点自私而可怜的欢乐，我们的幸福是属于全人类的。到那时，热情的人们将会在我们的遗骸上洒下崇高的眼泪……。”所以在确立自身发展目标时，应该尽量符合个体的基本素质，以达到成效的最大化。现在的劳动人事部门也充分认识到这一点，在具体安排员工的工作时体现出自愿、兴趣与需要相结合的原则，不再一味地强调“一切服从党安排”。

1. 兴趣与自身发展目标的确立。兴趣是指人们对人或事物的认识和需要在情绪上的表现，也是人们积极探究某种事物或进行某种活动的心理倾向。兴趣是在一定的需要的基础上，在社会实践中形成和发展起来的。一个人稳定的兴趣是社会需要多元化的反映，把社会需要变成个人需要，就形成了具有个人倾向性的兴趣。人对某种目标或某种职业感兴趣，就会表现出肯定的或积极努力的态度或行为，如果从事自己感兴趣的职业或者追求某种目标。人的注意力、思维和能力都会得到最大限度的发挥，从而提高工作的积极性和效率，同时也使自己的身心感到愉快。多方面的兴趣可以使人善于适应职业的要求与变化，应付多变的工作环境，很快地熟悉与原来性质不同的新工作，顺利地进入职业角色，引导人们的职业与专业的定向，并导致决定人的目标或职业的选择。爱迪生，达尔文等都是由于兴趣踏上了人生成功之路的。

人的兴趣是多种多样的，人在各种实践活动中可能形成各种兴趣。按照兴趣的不同内容可将兴趣划分为物质兴趣、精神兴趣和社会兴趣等。物质兴趣主要是指对物质的迷恋和追求，如收藏的兴趣；精神兴趣主要是指对文化，科学，艺术等活动的迷恋和追求，如对文学创作，戏曲，音乐，旅游等的兴趣；社会兴趣主要是指对社会工作和组织活动的喜好和迷恋，如热心社会公益事业，热心于社会活动等兴趣。按照兴趣的发生、发展，又可将兴趣划分为直接兴趣和间接兴趣。由事物或活动本身引起的兴趣是直接兴趣；由事物或活动的目的和结果而引起的兴趣就是间接兴趣。直接兴趣可以转变为间接兴趣，间接兴趣也可以发展为直接兴趣。此外，从兴趣的持续性上看，产生于活动过程中而在活动结束后即消失的兴趣称之为短暂兴趣；而成为个人心理特征的为稳定兴趣。

大学生正处于兴趣、爱好与思维最活跃、最丰富的时期，他们有着不同层次的、丰富多彩的、极富个性特色的兴趣。根据兴趣的广泛性和多样性，集中性与稳定性，社会性与情绪性等特点，在不同程度上影响着自身发展目标(包括职业)的选择。

①广泛性与多样性。兴趣的广泛性是指兴趣范围的大小。一个人的兴趣越广泛，其求知欲望就越强烈。兴趣的多样性是指兴趣指向的客观事物的具体内容和对象的多样性。具有广泛多样兴趣的大学生，在校期间，多方位地投入生活，较全面的生活感受与经验累积，为其自身发展目标的选择准备了多方面的知识与能力的积累，相对于兴趣狭窄的同学而言，他们更宽广的选择范围。兴趣的多样性还可以表现在个人兴趣有高尚兴趣与低级兴趣之分。凡是有利于满足人们健康、文明的精神文化需要的兴趣就是高尚的兴趣；为了满足个人狭隘私利和不健康的精神需要而损害社会及他人利益所产生的兴趣就是低级兴趣。一个人的兴趣可以反映出其个人品质的优劣和道德水平的高低。努力培养健康、文明、高尚的兴趣，可以使人脱离低级兴趣，选择健康的个人发展目标，成为一个有益于社会的人。

②集中性与稳定性。兴趣的集中性是指兴趣对某一事物倾注的稳定和深入的程度。兴趣的稳定性是指一个人的兴趣能长时间保持在某一特定对象或某些对象上。兴趣的集中性与稳定性在现实生活中具有重要的意义。我们不但要有广泛多样的兴趣还必须有一个中心兴趣，并以此为主导形成良好的兴趣品质。这样既可以在学习中掌握宽厚扎实的基础知识和广博精深的专业知识，又可以在自身发展目标的追求和实际的工作中能经受住在所难免的困难和挫折的考验，经受住各种客观因素的干扰，百折不挠地实现既定的目标，取得事业的成功。反之，只能是“蜻蜓点水”、“浅尝辄止”，朝三暮四，见异思迁，事业只会半途而废。

③社会性与情绪性。社会性又称时尚性，人的兴趣的产生和发展，要受客观的社会历史条件的制约，个人所处的时代，社会地位不同，所感兴趣的客观价值也就不同，人的兴趣不是天生的，是在社会时间中形成，必须随着社会生活的变化而变化，同时受到社会环境，教育背景和家庭因素的影响，大学生的目标兴趣的发生要经过有趣、乐趣和志趣三个阶段。有趣是目标兴趣的第一阶段，往往是由新异现象或新颖刺激所引起，带有短暂性、盲目性和易变性等特点。有趣进一步发展，就产生了乐趣。乐趣又称为爱好，使目标兴趣向专业的、深入的方向发展。当大学生把乐趣与奋斗目标相结合时便发展为志趣，具有社会性、自主性、方

向性等特点，表现为行为或意志的一种倾向。应该说明的是，如果一个大学生对某一特定的发展目标感兴趣，并不意味着他一定能实现这一目标。但对某一目标不感兴趣，那么实现这一目标的希望就微乎其乎了。因此目标与兴趣的统一，不仅可以愉悦精神，而且有利于个人能力的发挥和工作效率的提高。为此，大学生在确定自身发展目标前必须分析自己的兴趣。

情绪性。人的情绪和精神状态对人的兴趣有很大的影响，俗话所说的"一时心血来潮"，就是指因受情绪影响而对某种事物或活动产生的特别倾向性。人的兴趣经常会受到情绪的影响。事实证明，当人的情绪低落时，对某一事物或活动的兴趣往往就会降低或转移；而当人的情绪高涨时，对某一事物或活动的兴趣往往就会加强或扩大。一般来说，受情绪影响的大多是暂时性的兴趣，但也有可能发展成为稳定的个人兴趣，许多的某种兴趣正是由偶然情况下一时的兴趣发展出来的。受情绪影响变化的兴趣会导致目标选择的冲突，个人的兴趣会由于多种原因而发生转移和变化，这种不稳定性和变动性，会很自然地对目标的选择产生影响，使行为主体产生矛盾与冲突。如最初确定目标志向是根据当时的兴趣，而后来有了新的兴趣。这种现实的兴趣变异，使得大学生的自身发展目标发生转移，又有了新的兴趣目标又转移，目标与目标之间会产生矛盾，也使自己的内心交织着多种矛盾与困惑的烦恼。多目标等于无目标。兴趣的情绪性往往会导致一个人一生一事无成。因此，建立良好的目标和职业兴趣对于大学生确立自身发展目标、选择职业和适应职业都有着十分重要的意义。

2. 气质与自身发展目标的确立。气质是指人的典型的、稳定的心理特征。同一般所谓的"脾气"、"秉性"相近，它是影响人的心理活动和行为的一个动力特征，这些动力特征主要表现在心理过程的强度、速度、稳定性、灵活性及指向上，如情绪体验的强弱与快慢、思维的敏捷性、知觉的敏锐度、注意集中时间的长短、注意转移的难易以及心理活动倾向于外部世界还是内部世界等。气质是构成人们各种个性品质的一个基础。个体间的气质差异形成了各自的独特的行为方式。

气质作为个体典型的心理动力特征，是在先天生理素质的基础上，通过生活实践，在后天条件影响下形成的。由于先天遗传因素不同及后天生活环境的差异，不同个体之间在气质类型上存在着各种各样的差异，这种差异会直接影响个体的心理和行为，从而使每个人的行为表现出独特的风格和特点。如有的人热情活泼、善于交际、表情丰富、行动捷；有的人比较冷漠、不善于言谈、行动迟缓、自我体验较为深刻。气质本身并没有善恶、好坏之分，每一种职业领域都可以找出各种不同气质类型的代表，同一气质的人在不同的职业部门都能做出突出的贡献。但是，人们所从事的职业、不同的岗位，却对从业人员的气质有不同的要求。某种气质特征，往往能为胜任某项工作提供有利条件，而对另一些工作又表现出明显的不适应。研究和实践都表明：气质特征是正确确立自身发展目标的重要依据之一。

心理学家把人的气质分为四类：多血质、胆汁质、黏液质、抑郁质。这四类是典型气质类型，在实际生活中决大多数人都是以某种气质类型为主并有其他类型某些特征的混合型。

A. 多血质的主要特征是活泼，好动，敏感，反应快，善于交际，兴趣与情绪易转换。择业时，积极主动，热情大方，善于推销自己，适应性强，很受用人单位欢迎。通常适合出头露面、交际方面的职业，如记者、律师、公关人员、秘书、艺术工作者等作为自身发展目标。

B. 胆汁质的基本特征是直率，热情，精力旺盛，脾气急躁，情绪兴奋性高，易冲动，反应迅速，心境变换剧烈。择业时，主动性强，具有竞争意识，通常倾向选择适合竞争激烈、冒险性和风险性强的职业或社会服务型的职业，如运动员、改革者，探险家等，甚至到偏远及开放地区从业作为自身发展目标。

C. 黏液质的主要特征是安静，稳定，反应迟缓，沉默寡言，情绪不易外露，善于忍耐。择业时，沉着镇定，目标确定后，具有执着追求、壁坚持不懈的韧性，从而弥补了其他因素的不足。一般适合于医务、图书管理、情报翻译、教员、营业员等工作为自身发展目标。

D. 抑郁质的典型特征是情绪体验深刻，孤僻，行动迟缓，感受性强，敏感，细致。择业时，思虑周密，有步骤，有计划，一般较适合从事理论研究工作等作为自身发展目标的选择。

每个大学生都应从自己的实际气质特征出发，认真考察职业气质要求与自身气质特征的对应关系，选择能使自己气质的积极方面得到发挥的职业与岗位确立自身发展目标，避开消极的一面，追求人生最大价值的实现。

3. 性格与自身发展目标的确立。性格是指一个人比较稳定的对现实的态度和与之相适应的习惯化的行为方式。它是人的个性中最重要、最显著的心理特征，它通过对事物的倾向性态度、意志、活动、、言语及外貌等方面表现出来，是个体本质属性的独特组合，是人的主要个性态度的集中体现，是一个人区别于其他人的主要心理标志。人的性格是受一定思想、意识、信仰和价值观的影响和制约的。由于个人的生活道路不同，每一个人的性格会具有不同的特征。性格是在个人生理素质的基础上，通过社会实践活动逐渐形成、发展和变化的，它具有复杂性、独特性、整体性和持续性的特点。气质与性格是互相渗透、互相作用的，两者都以人的高级神经活动类型为生理基础。气质与神经系统较为密切，它对性格的形成和发展有一定的影响。性格更多地受社会生活条件的制约，因此，具有明显的社会性。性格一经形成就比较稳固，其稳定性特征，对于人的选择倾向、活动方式及成功与否有深远的意义。一个人的自身发展目标、职业选择和职业生活往往带有浓厚的性格色彩。

第一，性格特征构成影响自身发展目标的选择。大学生性格的差异，在不同程度上影响着个体目标选择的倾向和成功与否。比如说，有的人性格坚毅，有的人脆弱，坚毅的人会对目标坚持不懈地追求，在整个求职活动中会勇于克服困难，百折不挠，坚定不移地向目标渐进，这种性格特征大大地增加了实现目标和择业成功的机会；而性格脆弱者，经不起挫折和困难，往往一碰困难就打退堂鼓，具有这种性格特征的人，容易放弃目标，择业时也很难获得理想的职业。

第二，性格的独立性程度不同也会影响自身目标和职业选择。性格独立性强的人会认真地选定自身的目标，在求职时有自己的主见，不易受到外界的干扰，能更充分地发挥自己的潜力、自己的所长，目标明确，积极主动地争取成功；而性格独立性差的人，缺乏主见，目标模糊，择业态度模棱两可，犹豫不决，极易受到某种外力的影响，从而大大妨碍了其目标和择业的最佳选择。

第三，性格的倾向性也影响着目标和职业的选择。心理学家荣格把人的性格分为内倾型与外倾型两种。荣格认为，一个内倾型的人想要成为一名汽车推销员，或者一个外倾型的人想要成为一名会计，都是很难办到的。性格外向的人，思维活跃，富于热情，对新事物敏感，善于交际，灵活性强，在择业时，积极主动，善于推销自己，具有较强的适应性，适宜从事社交性强和活动量大的工作，从而容易获得求职成功；而性格内向的人，沉静谨慎，深思熟虑，怯于交际，反应迟缓，困此，在择业时，缺乏主动进取性，不善于表现自己，适应性较差，从而有碍于择业成功，适宜从事文字性和安静型的工作。不同性格的人适合从事不同性质的工作。大学生在确立自身发展目标和选择职业时，一定要注意自己的性格特点，选择合适的目标和适合的职业。

第四，在目标的追求和职业的实践中，人们在原有的性格基础上会形成许多新的性格特征。毛泽东说："人们在改造客观世界的同时也在改造着自己的主观世界。"性格与目标和职业的关系可以说是彼此制约、相互促进的关系。选择自身发展目标和职业的时候必须要考虑自己性格的职业品质，求职者要尽量选择适合自己性格特点的工作。因为，几乎每一种工作都对性格品质提出特定的要求，如作为教师，应知识丰富、热情、正直、谦逊、以身作则；作为医生，应富有同情心和责任心、精益求精、一丝不苟等。适应不同的职业就必须具备符合角色规范的性格特征。大学生应培养良好的性格品质，增强对理想职业性格的适应性，从而增强达到理想职业目标的现实可能性。

（二）符合社会需求

大学生在确立自身发展目标时一定要符合社会需求，因为只有符合社会需求，我们的目标才有价值和意义，才能容易实现，才能有追求和实现的动力。

人类作为百灵之首万物之长，纵观人的一生，可谓既漫长又短暂。说她漫长，以每秒每分、每时每日、每日每月，要度过几十个春秋，特别是艰苦的岁月难熬的时刻，真是度日如年；说她短暂，人的一生在历史的长河中只是短暂的一瞬间，就是百岁老人如果扣除了他生长、读书、年迈力衰后的退休生活，再减去吃饭、休息、娱乐和睡觉的时间，一个人为自己的奋斗时间以不分日夜计算也不过十数年，甚至还没有十年。一个人既没有来生，也没有前世，好不容易来到人世间何不奋斗一下来创造人生的辉煌呢？大凡有事业心的人都会发出"人生苦短"的哀叹。《康熙大帝》里唱道："我真恨不能再活上五百年"。因此，我们每一个人都必须很好地确立自身的发展目标，并且一定要符合社会的需求。

1. 符合社会需求就是体现人民的意愿，可以使目标价值最大化。谁都知道，商家的第一要务就是满足客户的需求，真正抓住了客户的需求，企业就有了生存和发展的基石，就有了取之不尽用之不竭的滚滚财源。在历史的长河中，有多少英雄、伟人，他们把毕生精力献给了社会，写下了可歌可泣的诗篇，留下了不朽的英名。符合社会的需求是人生的最大价值。

2. 符合社会需求，目标就容易实现，事业就能够成功。孙中山先生说："世界潮流，浩浩荡荡，顺之者昌，逆之者亡。"他所倡导的推翻帝制，恢复中华的民主革命运动，得到了广大人民拥护和支持。共产党领导全国人民所进行的新民主主义革命就是以孙中山所倡导的民主革命的主张为最低纲领，通过了二十八年的奋斗，终于赢得了中华人民共和国的诞生，彻底实现了孙中山先生的目标。水稻专家袁隆平为了解决中国人存在了几千年的吃饭问题，确立了以水稻基因研究为目标，得到了党和人民的支持，经过了几十年的努力，终于实现了他的伟大目标，为人类做出了巨大的贡献。新中国成立以来，千百万以人民利益、以符合社会需求为目标的人在党和政府以及人民的支持下，取得了不平凡的伟大成就，圆了一生美好的梦想，成了各条战线上人们学习的榜样。反之，那些逆历史潮流而动、为谋取少数人或一己私利为目标的人，尽管他们有的人不乏聪明才智，甚至不惜努力奋斗，到头来，不是成为历史的罪人被人民打倒，就是得到应有的制裁，很少没有不被碰到头破血流的。

3. 符合社会需求必须体现时代精神和社会发展阶段的不同需求。事物发展的规律，总是存在着主要矛盾和次要矛盾，存在着矛盾的主要方面和次要方面。社会在不同的发展阶段都有着不同的主要矛盾，如鸦片战争以后到新中国成立，社会发展的需要就是要以革命的手段推翻压在人民头上的三座大山：帝国主义、封建主义和官僚资本主义。新中国成立以后，社会的需求就是要巩固人民的政权，改变中国一穷二白的面貌，建设富强的社会主义民主法治的现代化国家，而这些需求又可以根据每一阶段的中心任务，突出不同的重点，分成不同的社会发展阶段。每个阶段又有不同的具体任务需要不同角色的人，从不同的角度围绕中心从事不同的工作。问题的关键是你能否把住时代的脉搏，从自身的条件出发确立发展目标并能做出突出的贡献。如：解放前，最大的社会需求就是投身革命参加推翻三座大山的战斗；解放了，最大的社会需求就是当个劳动生产模范；改革开放以来，全党全国人民以经济建设为中心，社会的最大需求就是要有一大批知识丰富、能在各条战线上把经济建设搞上去的能人。俗话说："三百六十行，行行出状元"，世界上没有没出息的工作，只有没出息的人。对大学生来说，关键是要发挥创造性思维找到冷僻的而又是人们迫切的需求，做到这一点，就会使人生增值。

4. 符合社会需求，要求确立自身发展目标时起点要高，实施起来要巧干实干加苦干。时代已进入到"知识爆炸"、"经济全球化"的剧烈竞争时代。与世界经济相比，虽然我国的 GDP 已排列世界第三位，但人均 GDP 几十年一直徘徊世界一百位左右，要缩短与发达国家的差距，历史赋予当代大学生的任务是在确立自身发展目标时起点要高，同时在为目标奋斗的道路上要以中国人传统的精神，吸取外国人先进的经验，以勤劳智慧、脚踏实地、艰苦奋斗、勤俭节约的精神干好每一件事。前国家副主席荣毅仁的父亲荣德胜在无锡梅园诵豳堂挂着这样一幅他为人处世的楹联：上联是"发上等愿，结中等缘，享下等福"；下联是"择高处立，就平处坐，向宽处行"。意思是说人在立志发愿、确立自身发展目标时起点要高；在追求目标的路上，要勤奋学习、广交有学识的人，向他们学习；在生活上不能贪图享受，生于忧患，死于安乐。在处理事情的时侯首先要站得高，看得远，胸怀全局；其次考虑问题要缜密，方法措施要得力，平稳妥贴；最后是要少树敌人，共同获利，把事业越拓越宽。今天无论是站在持续发展的立场，还是从国情出发建设节约型社会，或是参与世界竞争，都需要这种立志处事的精神。中国人民还没有到能好好地享受的时代，十三亿人口的大国人均 GDP 一直徘徊在世界一百位左右，远远没有取得欧美消费水平的资格，我们还需要几代人甚至十几代人的艰苦奋斗和快速的积累发展，然后才能称得上强大。

5. 符合社会需求的自身发展目标，可以起到指引、推动和支持的作用。如前所述，自身发展目标在某种意义上来说是以职业理想为主导的目标。职业理想是人生理想的重要组成，是对未来职业的向往和追求，包括工作部门、工作种类和工作成就三个方面。职业理想是成就事业、推动社会进步的精神力量，而成就事业是实现职业理想的桥梁，是职业理想付诸行动的具体实践。法国科学家巴斯德说过："立志是一件很重要的事。工作随着志向走，成功随着工作来，这是一定的规律。"他还说："立志、工作、成功是人类活动的三大要素。立志是人类活动大门，工作是登堂入室的旅程，这旅程的尽头就有成功在等待着，来庆祝你努力的结果。"职业理想具有如下三个方面的作用：

一是职业理想是职业选择的向导。由于职业理想是人们对未来职业的向往，一个人一旦确立了科学的职业理想，就应当朝着实现这一理想的方向去努力。而为了实现自己的职业理想，首先必须选择一个与之相适应的职业，这个职业可以是所从之业，也可以是所创之业，否则，职业理想就无法或者很难得到实现。因此，青年学生在进行职业选择时，其职业理想将起着非常重要的导向作用。

二是职业理想是取得职业成功的推动力。由于职业理想是人们对未来职业的追求，它不仅包括了工作的部门、工作的种类，还包括了工作的成就。无论是从业还是创业，每个人都有自已的职业理想。为了实现自己的职业理想，从学生时代起，就必须积极进行相关知识的积累和相关能力的培养，为选择自己理想中的职业作准备；走上职业岗位后，还要能够利用自已所学的知识和所掌握的能力努力地、创造性地做好岗位工作，力争取得优异的成绩并最终取得职业成功。

三是职业理想是事业成功的精神支柱。职业理想是成就事业、推动社会进步的精神力量，有了这样的精神力量，无论是在职业准备、职业选择还是在就业或创业的过程中，无论遇到什么样的困难，无论遇到什么样的曲折，就都会朝着已经确立的职业目标前进，直到取得事业上的成功。

（三）符合未来发展

大学生在确立自身发展目标时须符合未来发展，必须面向未来、面向世界。

活着就是在迎送着一天天的日出日落，在不断走向一个又一个的明天，走向一个个即将到来的未来。如果不能正确地面向未来，就不能很好的生存下去。

自从 20 世纪 60 年代系统论的提出，大大地推动了社会的进步和发展，开阔了人们的视野，而后又相应地提出了科学边缘化。也就是说，从客观上看整个社会是一个大系统，是由许许多多相互促进、相互制约、相互联系的子系统构成；从微观上看，任何一个子系统是不能单独存在的，要不断地得到其它子系统的支持或制约而存在和发展。例如：一个国家仅仅把生产搞上去，经济发展了还不够，需要有科学技术现代化作为支撑，需要有国防现代化、农业现代化、管理现代化，特别是作为生产力最活跃的因素——人。人的先进性、适应性和优化组合，更是不可或缺的。只有人的全面发展才能推动社会的进步和发展。未来社会的竞争是全面的竞争。目前的世界是一个多极化的世界，在未来的竞争中谁将胜出尚未定数。总之，这场竞争不但要体现在经济上，还要体现在军事上、科技上、政治文化上，是一场全面的大竞争。

就个人而言，随着科学技术的发展，许多新的职业不断产生，一些原有的职业有的要发展，被赋予新的形式和内容；有的要被淘汰。经济形势、科技发展的变化，使得每个人从一而终的职业已经受到动摇，即使存在，也将随着社会发展的不断变化而提出新的需求而改变。因此，对每个大学生而言，在确立自身发展目标时，要以国家、民族未来发展的眼光，以自身适应未来社会发展的眼光全面地考虑问题，全面地进行规划。

我国是一个发展中国家，目前正处在工业化、城市化的起步阶段，要完成提高社会生产力，增强综合国力和提高各族人民生活水平的艰巨历史任务。在经济高速增长的过程中面临着非常严峻的问题，我国的人口基数庞大，占世界7%的耕地养活着占世界22%的人口，淡水、耕地、森林和草地资源分别只占世界人均水平的28%、32%、14%和32%，资源相对短缺、环境污染、能源及资源高耗的产业结构，给我国的发展发展带来巨大的压力。若仍以高消耗和牺牲环境为代价的粗放型经济增长方式发展，在未来的发展中是难以为继的。因此，我国面临着的是一个如何持续发展的问题。同时，也是当代每一个大学生在确立自身发展目标时需要认真思考的问题。

（四）把现实与未来结合起来

现实是指符合客观情况的，客观实际的。未来是现实的发展，是现实的结果。可能性是事物发展的趋势，是在事物具备了一定的根据和条件的基础上产生的，在一定条件下可以成为现实；现实，是现在存在着的客观实在，是已经实现了的可能性。可能性和现实是对立的统一。任何客观事物在一定条件下都具有发展成为另一事物的可能性。可能性转化为现实后，又引起新的可能性。由于事物内部的矛盾斗争和外部条件的影响，事物的发展往往有各种不同的可能性，但基本可以分为两种根本相反的可能性：一种是代表着事物发展的必然趋向的，因而它最终必然要转化为现实；另一种是违反事物发展的必然趋向的，即使它会转化为现实，也是暂时的，最终必然要被否定。所以，在确立自身发展目标时一定要把现实和未来结合起来，取得目标成为现实的最大可能性。

1. 与社会发展的现实相结合，符合社会发展的阶段性。任何事物都有一个产生、成长、成熟、衰亡的过程，而在这个过程中又出了一个个相对的稳定的时期，这就是阶段性，社会中的各种事物无不是体现出其阶段性。因此，只有当目标适应社会需要时就容易实现目标，就如马克思所说:“革命需要被动因素。”落后于社会只会被社会淘汰;超越的太远就是不现实，需要时间的等待，这是一种无谓的牺牲;不符合现实的超越更是不可取。因此，一定要研究社会发展的趋势，把握住事物发展的阶段性，不要放过少数稍逝即瞬的机会，使得目标实现的价值最大化。

2. 与个人的现实相吻合。个人的条件由于先天的因素、后天的发展和自身的环境是不相同的，因此不能千篇一律地要求大家都有一个同样的自身发展目标，要因人而异。要明确目标与现实之间的差距，要全面的认识和正确的评价自己，既不能盲目自信，也不能畏缩自卑。要从自己的专业知识、能力特长、气质性格、兴趣爱好、生理特征等方面自我分析，了解自己的优缺点，将目标放置现实之中，明确两者之间的距离，调整自己的社会期望值。但一定要用可能性和发展的眼光去看待自身的现实，千万不要唯条件论，爱拼才会赢，沉沦是没有出路的，安于现状是自我束缚，许多奇迹的产生缘之将各种因素巧妙的结合，创新是最大的财富。

3. 与周围的环境相结合。人总是生活在一定的环境中的，有宏观的大环境，微观的小环境。宏观环境有国际形势、国内政治、政府政策、经济发展水平、创就业政策、产业政策等等，微观环境有各单位对人力资源需求状况、某单位职业的现状、单位的发展前景、某种行业对某种职业的需求、人们对某种工种的需求，尤其是还没有实现的需求等等。

(五)把潜能和时能结合起来

潜能，是指潜在的可以得到提高但需要学习和实践磨练的尚未发挥出来的能力。时能，是指时下现有的能力。能力，是指人能够顺利地完成某种活动并直接影响活动效率所必须具备的个性心理特征。人们要们要顺利完成某种活动需要各种能力的结合，需要多种能力共同发挥作用。既需要一般的能力，即在很多活动中表现出来的带共性的基本能力(如观察能力、记忆能力、想象能力、思维能力和注意力等)，也需要一些特殊的能力，即表现在某些专业活动中的能力。能力水平的高低会影响人们掌握活动技能的快慢、难易和巩固程度，从而直接影响活动的效果。因此，在同一活动中，如果某人能力的综合构成与某项活动的要求相符，并且具有较高水平，他往往可以出类拔萃，取得事半功倍的效果;相反，能力较差的人，做事的效果会大打折扣。

能力是指顺利实现活动的心理条件，包括顺利掌握知识和技能的心理条件。它离不开知识、技能的掌握。人们在掌握知识、技能的过程中，同时也发展了自已的能力。总之，能力是掌握知识、技能的前提，又是掌握知识、技能的结果，两者是互相转化、互相促进的。

由于遗传素质不同，后天环境和所受教育以及所从事的实践不同，人与人在能力上存在着个别差异。这种差异可以从质、量和发展水平早晚等方面表现出来。人在学习或工作实践中由于自身的努力可以使得潜在能力迅速转化为现实的能力，而又使原有的能力得到提高。例如，从事绘画的人，通过学习深造和实践锻炼，绘画技术大有提高，而让他学习和实践机器制造就有可能没有绘画的水平提高得快。潜能在某种意义来说是一种天赋，但是只有把它激发出来才能变为时能。认真分析寻找个人的天赋及时地加以激活应用于自身发展目标，实现人生价值的最大化，这就是把潜能与时能结合起来的原则。

第二节 自身目标的确立与调整

“人无远虑必有近忧”。确立人生的自身发展目标是必要的，人生无目标活着也没有多大的价值，有了目标未必都能实现，主要是我们生活在一个充满着许多未知数的动态变化的生活环境中。要实现人生的价值，就必须从长远的的观念出发，根据社会发展的阶段性，变化了的环境条件及时地进行调整优化，争取少走错路，少走弯路。

一、自身发展目标的长远性与阶段性

1984 年，在东京国际马拉松邀请赛中，名不见经传的日本选手山田本一出人意外地夺得了世界冠军。当记者问他靠什么取得如此惊人的成绩时，他说了这么一句话：凭智慧战胜对手。当时许多人都认为这个偶然跑到前面的矮个子选手是在故弄玄虚。马拉松赛是体力和耐力的运动，只有身体素质好又有耐性才有望夺冠，爆发力和速度还在其次，说用智慧取胜确实有点勉强。两年后，意大利国际马拉松邀请赛在米兰举行，山田本一又获得了世界冠军。记者又请他谈谈经验。山田本一性情木讷，不善言谈，回答的仍是上次那句话，但这次作了解释：“每次比赛之前，我都要乘车把比赛的线路仔细看一下，记住主要标志：第一个标志是银行，第二个标志是一棵大树，第三个标志是一座红房子……，这样一直到赛程的终点。比赛开始后，我就以百米的速度奋力向第一个目标冲去，等到达第一个目标后，我又以同样的速度向第二个目标冲去。40 多公里的赛程，就被我分解成这么几个小目标轻松地跑完了。起初，我并不懂这样的道理，总把目标定在 40 多公里外终点线上的那面旗帜上，结果我跑到十几公里时就疲惫不堪了。我被前面那段遥远的路程给吓倒了。”这个故事给我们的启示是：拥有了明确的目标是一个好的开始，但善于将目标分解的人往往会加快成功的进程。山田本一就是通过把一个看似遥遥无期的大目标分解成一个个容易实现的小目标并逐一实现，最终获得了胜利。实践证明：善于利用目标的人是智慧的，这种人获得成功的几率往往很大。人生的目标就像马拉松赛跑，我们必须把长远性与阶段性结合起来。

首先从时间的角度考虑，对一个人的一生来说需要十几、二三十年，甚至更长的时间，象孙中山先生所确立的目标是要后人去完成的。对每个人来说，实现自身发展目标不是一朝一夕的事。因此，要树立长远的观念。

其次从发展的角度考虑，除了考虑事物或目标处于相对稳定状况的阶段性外，还要考虑发展阶段的可能趋向和运行轨迹，筹划每阶段实施的方案，从长计议。这里不仅体现了阶段性还体现了长远性。

二、自身发展目标的实施和调整

“千里之行始于足下”，再好的目标不去奋斗也只能是梦想。对于确立了的目标，一定要根据自身的条件和外在的环境、发展的可能，脚踏实地一步一步地向前奋进，很多事情的成功就在于再坚持一下子之中。但是，并不是所有的目标只需要奋斗不需要改变。调整出于两种可能：一是目标太低，可以轻而易举地实现，这时就需要及时地调整，提高目标的价值；二是目标太高，不能或很不容易实现，需要根据实际环境条件作出相应的调整。目标的调整不是一件随随便便的事，说调就调，调整太多容易浪费光阴或者丧失目标，不要轻易说放弃。有的人是“不到黄河心不死，到了黄河不死心”。

第三节　根据自身特点树立职业意识

竞争日趋激烈，科学技术的飞速发展推动着社会的不断进步，经济全球化的步伐加快，经济结构进入迅速转型期。同时，高等教育的快速发展，更加大了大学生毕业后的就业压力。大学生如何从容面对这种严峻的就业压力？如何找工作？如何找到适合自己的工作？这是每个大学生都必须回答、而且必须回答好的问题。只有根据自身的特点，从实际出发，树立正确的职业意识，才能规划出符合实际的职业生涯，为自己的职业人生开启一个良好的起点。

一、树立职业意识对个体生活的重要意义

职业意识既影响个人的就业和择业方向，又影响整个社会的就业状况。只有树立正确的职业意识，才能树立正确的择业观和就业观。

树立正确的职业意识，首先对职业要有清晰的认识。

1. 职业是谋生需要。职业生活是构成人生的重要组成剖分，人们的职业生活首先表现在必须通过参加社会劳动来获取生存必需的生活资料。人类社会的生存与发展都是基于劳动创造实现的，没有社会每个人的劳动创造，也就没有人类社会今天的进步和发展。在现实社会中，为了取得一定的报酬作为生活资料来源的那一部分劳动，称为职业劳动。人们通过参加一定职业岗位的职业劳动来换取劳动报酬，满足谋生的需要，同时也积累了个人的财富。在社会主义制度下，我国实行的是“按劳分配，效率优先，兼顾公平”的分配原则，每个劳动者参加职业劳动的数量与质量将直接决定其财富的多少。

2. 职业能促进人的个性发展。职业活动对人的个性发展起着十分重要的作用。职业活动是按照一定的社会规范和内在规律运行的，每种职业都有其独特的活动结构，对从业者在生理和心理方面都有特定的要求。人们通过参加职业活动，逐步形成并不断发展与完善自已的个性，随着从业时间的增加，个人的智力、体力、知识与技能水平都得到了充分的发挥和提

高，从而满足自我实现的需要。

3. 职业是劳动者为社会作贡献的途径。职业的本质是动力与生产结合，它体现着人与人之间的社会关系。人们的职业劳动在为个人获得谋生的生活资料的同时，也为社会创造了财富。现代社会的劳动有着十分明确的分工，一个人只能从事某种具体的劳动，不可能从事其所需的全部生活资料的生产劳动，只有通过各自劳动成果的交换，才能满足彼此的需要。在这种平等的相互交换劳动成果的过程中，既体现出为他人服务的程度，又衡量出对社会和国家所作贡献的大小。

职业对每个人来说都很重要，选择一个理想职业是人们的追求，是实现最大限度发挥自己能力的有效途径。要实现理想，要能够在自己的职业生涯中最有效地发挥能力，就要先要树立正确的职业意识。职业意识是职业道德，职业操守，职业行为等职业要素的总和。职业意识是约定俗成的。职业意识是用法律、法规、行业自律、规章制度、企业条文来体现的。职业意识有社会共性的，也有行业或企业相通的。它是每一个人从事你所工作的岗位的最基本，也是必须牢记和自我约束的。职业意识首先是敬业精神。敬业精神是职业意识的本质。只有具有敬业精神，才能够在职业生涯中自觉地遵守法律行规，成为忠于职守的人。而敬业精神不是一天两天就可以树立起来的，必须经过深思熟虑和长期锤炼。在人的职业生涯中，敬业精神是每时每刻都必须身体力行的，它是从每一个行动中体现的。可以说，一个有敬业精神的人，必定是生活中的强者。

二、当前大学生在职业意识上存在的不足

长期受应试教育的影响和社会不良职业观的侵蚀，当前大学生的职业意识尚有许多不足和缺陷，主要表现在以下几个方面：

一是社会责任感淡化。在经济发展快速化、社会竞争激烈化、人际关系复杂化以及利益主体多元化的今天，随着知识层次的提高和社会阅历的增加，大学生受现代性因子的影响日渐明显和强烈，尤其是市场经济意识的蔓延和功利主义思想的感染，在一定程度上导致了一些大学生片面强调经济效益，一味追求物质实惠，进而出现大学生社会责任感淡化的不良趋势。

二是职业定位的主观性。多数大学生对择业问题的考虑较晚，加之受社会经验不足以及就业市场形势多变的影响，造成大学生在未来职业设计时往往带有浓厚、鲜明的个人色彩，而忽视对自我的客观评价与科学定位，难以保证自身素质、特长优势和所选职业要求的一致性。

三是择业观的趋同性。当前，大学生的择业观呈现出趋同性的特点，其主要表现在：1. 择业地区和方位的“亲大排小，亲东排西”。大学生将目光主要放在大城市和东南部经济发达地区，而对于小城市和西部欠发达、落后地区则不太感兴趣。2. 择业单位的“亲高排低，亲私排公”。“亲高”就是追求高收入，“亲私”就是多数大学生热衷于选择在私营和外企中就业。3. 择业岗位和环境的“喜新爱动”。比较喜欢流动性较大的岗位，喜欢接触新事物、新环境，喜欢具有挑战性工作，比如营销工作、公关服务、物流采购、信息收集以及市场调查等等。

四是职业道德的模糊性。很多大学生不仅对职业缺少认识，对职业道德就更加模糊。职业道德是职业意识的基础。在新的历史时期，强调以奉献精神提升职业道德规范，这是我们国家实施以德治国战略，建设高度的社会主义精神文明，推动整个社会发展的需要。确定和树立一种以奉献精神为内核的新的社会道德座标体系，从而建立起与经济和社会发展相适应的健康和谐、积极向上的思想道德规范，才能提高全民族的思想道德水平。对于大学生来讲，要把乐于奉献作为一种自觉追求，有了这种追求，才会对职业道德最核心的内容有认识，才能树立正确的职业意识。

三、职业角色与学生角色

角色是戏剧、电影名词，是指演员所扮的剧本里的人物，或者是指传统戏曲演员所扮演的剧中人物的类型，又称行当，如生、旦、净、丑等。在社会学上它是指一个人根据社会的舆论、规范和约定俗成的习惯，所表现出来的思维、行为方式。如作为一个学生的角色，给人们的印象就是一个在校园读书、生活单纯、精力旺盛、富于想像的形象，作为一名教师的角色，就是学识渊傅、仪表端庄、富有爱心、为人师表的形象等。人的一生都会在会在不同时期扮演不同的角色，同时也可以集多种角色于一身，而且所扮演的社会角色会不断变化。如一个人他在公司里是经理，在家里他是父亲、丈夫，在父母面前他是儿子，在员工面前他是上司，在生意场上他是合作伙伴等。因此，他必须随着他所处的环境和场所的变化，不断地调整自己，变化自己的角色和角色行为。角色的组成包括角色权利、角色义务和角色规范三个基本要素。角色权利就是角色依法应享有的权益，或应取得的精神和物质报酬。角色义务就是角色的社会责任。角色规范就是社会赋予角色的行为模式。不同的社会角色要行使不同的权利，履行不同的义务，遵循不同的规范。人生就是一个大舞台，每一个人一生中要自觉与不自觉地扮演许多角色，但是，主要是以其所担当的相对稳定时期的身份确定角色。如大学生毕业以前主要任务是学习，尽管在不同时间、不同场合和不同环境中可能还扮演着多种角色，如学生干部、兼职家教教师、大学生艺术团演员、大学生运动队运动员、兼职推销员等，但他本质上还是学生角色。毕业以后步入社会参加社会工作，他的主要角色就应该是一个劳动者，一个职业角色。

第一，学生角色与职业角色的区别：

1. 角色权利不同。学生角色的权利主要是依法接受教育，取得生活基本保证或资助。职业角色则是依法行使职权，开展工作，并通过履行义务获得劳动报酬。

2. 角色义务不同。学生角色的主要责任是接受教育，学习知识，锻炼能力，全面发展，掌握为社会服务的本领。学生角色责任履行如何，主要关系到自身知识掌握的多少和能力培养的强弱程度。职业角色的责任是以特定的身份去履行自己的职责，依靠自已的知识或技能去服务社会，完成某个事情或工作的过程。责任履行如何，不仅关系到个人价值的实现，还会影响到单位、行业的声誉乃至社会的发展。职业角色要求能够独当一面，并能与同事密切合作，充分履行职业责任。

3. 角色规范不同。学生角色的规范主要是从教育的角度出发，规范学生的行为，引导学生德、智、体、美、劳全面健康地发展，使其成为合格的人才。职业角色规范则是社会提供的从业者的行为模式，因职业的不同而不同。这些规范既具体又严格，一旦违背就必须承担相应的责任，甚至是法律责任。

4. 人际关系不同。现代的人际关系，即人与人之间的相互交往关系。学生的主要任务是学习，能否学好知识、提高素质和能力，取决于学生本身，决定于内部因素，竞争只是促进学习的手段，并未从根本上影响学生的利益，由此决定了学生角色的人际关系是比较简单的。成为从业者之后，竞争是不可避免的，谁能迅速转换角色，谁的能力、素质高，谁就能在竞争中取胜，并获得一定的收益。竞争的胜败关系到利益的分配，由此决定了职业角色的人际关系是复杂的。

5. 对社会认识的内容、途径不同。大学生身处校园接受教育，对社会的认识、了解主要来自于书本、课堂，认识的途径主要是间接的，认识的内容主要是理论性、正面的。因而对社会的期望值很高，有美好的理想，充满浪漫的色彩。从业者则是在自己日常的工作生活中通过亲身的经历和体验来认识和了解社会的，认识的途径是直接的，认识的内容带有很强的现实性。理想和现实总是存在一定的差距，有的大学生走上社会后，仍习惯用在学校时的思维方式去认识社会，因此遇到现实矛盾容易产生困惑、迷惘、彷徨，甚至失望，无法适应工作环境和进入新的角色。

第二，学生角色与职业角色的联系

1. 两者共同构成了人生中生命运动的主要轨迹，一个人一生中最富有生命力和最能体现人生价值的时间中主要扮演的角色就是两种：学生角色和职业角色，要长达半个世纪之多。如果从中班、大班五六岁算起大多数人到了退休年龄后还歇不下来，整整要五六十年。

2. 前者是为后者成功和发展服务的，前者搞好了，后者就有保障了。前者是基础，后者是发展。时代的发展迅速把人类社会带入“知识经济时代”，生活中的一切都饱含着大量的科学知识，不可想象，没有文化的人将怎样活下去。现在的生产劳动中脑力劳动成分急剧上升，体力劳动的成分大幅度下降，邓小平说，“科学技术是第一生产力”，不学习知识文化就不能很好地生存下去。

3. 两者还表现为因果关系，要想把职业角色演好必须先把学生角色演好。只有把职业角色扮演好了，才能保证人类能够健康地生存和发展，才能充分地体现人生的价值。要扮演好职业角色，就必须先演好学生角色，因为职业角色的很多演技是从扮演学生角色中得来的。

4. 在两者的许多具体角色的选择上都包含着不少自由选择和被迫选择的因素，这是由人的先天遗传和后天养成决定的，同时还要受到环境的影响。而在考虑这些因素时，更多的是要发挥人的主观能动性，遗传的影响不是一成不变的。

四、大学生活在职业生涯中的地位

大学生活在人的职业生涯中起着举足轻重的关键作用。

对于迫切需要生活现代化的当代人来说，大学生活是职业生涯的开始。就是没有读大学的人，很多人即使工作后还要补上这一课，重新进行大学学习。每个人从上学那天起，总是在有意或无意间，已经开始对自已的职业生涯进行“规划”。只不过在小学、初中，甚至是在高中，这种“规划”大多是被动地让别人（父母、亲友、老师、朋友）代替、帮助，仅有很少一些夫自已是主动的。当踏入18岁成人门槛，参加高考，考虑考什么学校，读什么专业时，一部分学生才开始或被动或主动地面对个人职业生涯规划。但是，学生角色与职业角色真正的分水岭是从大学生活开始。因为以前的学习对于人生的生活都是需要的基础知识，对学习、工作、生活、消费、娱乐等都是不可缺少的。只有大学的学习才开始分专业，它是根据相对应行业或工作而设置的。现在，大多数国家都已经把大学教育从精英教育推广到了普及教育。

1. 俗话说“良好的开端是成功的一半”。万事开头难，只要把头开好了，以后的工作就好做得多了。人力资源管理的调查资料有力地说明：同样的工作让不同学历的劳动者做，所得到的结果是大学生干得比中专生好，中专生又干得比初中生好。以较高的学历开始一个人的职业生涯当然要占有很大的优势。世界上经济发达国家的劳动者初始学历都比较高。发达国家和想迅速提高本国国力的国家都在加大教育的投资，我国也发出了“科教兴国”强有力的呼唤。

2. 初始学历高对一个人的职业生涯大有好处。尽管有许多世界名人是大器晚成，但是，整个社会和用人单位还是比较看重初始学历。因为从儿时开始到三十岁前是一个人读书的最佳时期。在这一段时期内，人的兴趣广泛、敏感性强、精力充沛、注意力集中、记忆力强、思想单纯、少有生活琐事干扰。如果能认真学习一些知识将会终身受益。

3. 有利于确立职业理想，进行职业生涯规划。大学生活，开始走向自立的道路，大量信息汇聚，眼界的开阔，充满朝气与对未来的向往，正是确立职业理想、进行职业生涯规划的好时候。目标使人奋进，目标使人善思，目标使人成熟。

4. 有利于培养符合竞争社会需要人才的精品打造。不断地提供“满足顾客需求”的产品是企业保持竞争力，立于不败之地的追求。人才的培养首先要符合社会需求，然后根据个人的先天和后天的差异“量身裁衣”，精心打造，才能造就一支搏击世界潮流、推动社会发展、振兴中华、体现人生价值的人才精英队伍。大学生活就是这样的殿堂。时代对人才的新要求有五个转换：一是从操作性向智能型转换；二是从单一型向复合型转换；三是从职业型向社会型转换；四是从传承型向创新型转换；五是从从业型向创业型转换。然后再根据各人的兴趣、个性（包括气质、性格、能力）、理想、价值观、意志等进行定向教育培养。

5. 关键注重分析问题、解决问题能力的提高。美国前总统尼克松在《六次危机》一书中说道：“大学的学习往往是无用的，但是大学的学习却又是必要的”。这是因为大学学习的很多概念、原理、原则、理论、推导等在实际工作中都是不需要的，需要的是做，实际的干。而人们实际生活中有很多问题需要正确认识，想法解决，需要的就是中国人常说的“能谋善断”。生活中碰到的很多很多问题不是在书本上能找到现成的答案的，而书本的理论研究、案例分析、逻辑推理等就是为人们提供了“谋”和“断”能力演练、提高的过程。大学生活正是培养、锻炼、提高这种能力的大好时机，同时也为职业生涯发展提供了坚实有力的基础。

一、思考题

1. 如何理解自身发展目标的含义？
2. 确立自身发展目标的基本原则有哪些？
3. 确立自身发展目标的作用有哪些？
4. 学生角色与职业角色的区别怎样？
5. 大学生活在职业生涯中的地位如何？

二、实战与演练

请结合自身实际情况，撰写一篇职业生涯规划书。

第一部分　自我分析

1. 职业能力——能干什么
2. 职业价值观——最看重什么
3. 个人特质——适合干什么
4. 职业兴趣——喜欢干什么

第二部分　本人职业目标与发展路线

1. 自我分析——优势和弱势
2. 外部环境因素——机会因素、威胁因素
3. 职业目标——什么职业，什么地域，什么企业
4. 发展路线——初级——中级——高级

第三部分　计划与措施

1. 短期计划
2. 中期计划
3. 长期计划

第四部分　评估与调整

1. 职业目标——是否需要重新选择职业
2. 职业路径——是否调整发展方向
3. 实施策略——是否需要改变行动策略
4. 其他因素——身体、家庭、意外情况等

第五章　设计人生:规划职业生涯

☆本章旨要

卡耐基说:“机遇对每个人都是平等的，但成功只给有准备的人。”当机遇来到你身边的时候，你是已经准备好了抓住机遇，还是只能眼看着成功和你擦肩而过？面对日益激烈的竞争环境，如何选择适合自己的职业，如何设计人生的道路，是大学生必须考虑的问题。职业生涯规划就是帮解决这些问题的一剂良方。个人职业生涯规划对个人的重要性等同于战略规划对企业的重要性，因此提早制订出适合自己的职业生涯规划将有助与我们更好的了解社会、了解自己、把握未来。本章将介绍关于职业，职业生涯规划的相关知识，以帮助读者了解如何制订合理的职业生涯规划。

第一节　职业的含义和分类

对个人来说，职业是个人谋生的手段，也是实现个人价值的重要方式;对社会来说，职业的出现保证了社会的正常运行、为社会创造财富并推动了社会生产力的发展。因此，理解职业的含义和重要性，有助于培养职业素养，提高职业道德，树立正确的职业观念，这对于我们以后的职业生涯是非常重要的。选择一个职业，很大程度上决定了一个人将来的生活方式和思维方式，因此了解职业的含义和分类，了解各种职业的不同是我们制订职业生涯规划的重要前提。

一、职业的含义

在日常生活中我们经常接触到“职业”这个概念，比如求职时去各类职业介绍所，户口登记时要注明职业，自我介绍时往往会说我是从事什么职业的等等。那么究竟什么是职业？职业又有什么内涵？职业和一些相近的概念如工种、岗位有什么区别和联系？这些问题使我们首先要搞清楚的。

（一）职业的概念

在现代西方人的理解中，职业就是一件被“神”所召唤、所使唤、所命令、所安排的任务，而完成这个任务，既是每个个体天赋的职责和义务，也是感谢“神”恩召的举动。在传统东方人的理解中，职业是一种光荣的劳作，是勤劳的象征。人为生存而劳，为劳作而悦，为获取而欢，是大地和上天的恩赐和结果。那么究竟什么是职业呢？

关于职业的概念历来是众说纷纭，出现了各种各样的定义。对职业概念的界定主要是从社会学和经济学角度进行的。

从社会学角度界定职业概念的有日本社会学家尾高邦雄和美国学者泰勒等。尾高邦雄认为，职业是某种一定的社会分工或社会角色的持续实现，包括工作、工作的场所和地位。尾高邦雄还认为，职业是社会与个人，或整体与个体的联结点，通过这一点的动态相关，形成了人类社会共同生活的基本结构，整体依靠个体通过职业活动来实现，个体则通过职业活动对整体的存在和发展做出贡献。美国学者泰勒则认为职业的社会学概念可以解释为一套成为模式的与特殊工作经验有关的人群关系。这种成为模式的工作关系的结合，促进了职业结构的发展和职业意识形态的显现。中国社会科学院研究生院研究员认为，则认为职业是“个人进入社会的物质生产或非物质生产过程后获得的一种社会地位，个人通过这一社会位置加入社会资源的生产和分配体系，并建立相对应的社会关系。”

从经济学角度界定的职业概念，则从另一个侧面揭示了职业的内涵。美国学者阿瑟·萨尔兹在他撰写的社会科学百科全书里将职业定义为人们为了获取经常性的收入而从事连续性的活动。日本劳动问题专家保谷六郎认为职业是有劳动能力的人为了生活所得而发挥个人能力，向社会做贡献而连续从事的活动。国内的学者也根据自己的研究，提出了不同的看法。比如赵麟斌认为职业是“人们从事的有收入的，相对稳定的及专门类别的工作；它是对人们的经济状况、文化水平、生活方式、行为模式与思想情操的综合反映；它是一个人的权利和义务，也是一个人社会地位的一般表征。”而王英杰和章春筱则认为，职业是“人们在社会中为了谋生和发展而长期从事的相对稳定的、有经济收入的、分门别类的社会劳动。”

面对众多关于职业的定义，我过国家相关部门也提出了的解答。国务院人力资源和社会保障部对职业提出了如下定义：

职业是指从业人员为获取主要生活来源而从事的社会性工作类别。

在此基础上，还给出了职业须同时具备的特征：

1. 目的性，即职业以获得现金或实物等报酬为目的；

2. 社会性，即职业是从业人员在特定社会生活环境中所从事的一种与其他社会成员相互关联、相互服务的社会活动；

3. 稳定性，即职业在一定的历史时期内形成，并具有较长生命周期；

4. 规范性，即职业必须符合国家法律和社会道德规范；

5. 群体性，即职业必须具有一定的从业人数。

（二）职业的内涵

纵观以上关于职业的定义，尽管角度不同，侧重点不同，因而显现的表象也有很大差别，但是透过这些定义的表象来探讨职业这一定义的内在涵义，我们可以发现职业存在着以下相同点：

1. 职业是社会分工的产物，它的发展是和社会生产力的发展相适应的。首先，职业是随着社会分工的产生而产生的。在人类社会的早期，由于社会生产力的低下，人类的主要生产任务还是以满足人类的生存为主，因此人类的全部活动还是局限于几项简单的工作比如说采集、打猎、制造劳动工具。这些劳动并不需要非常专业的技术，每个人都可能同时从事若干项工作，因此不存在明确的分工。即使根据性别和年龄或者身体条件的差别，每个人的工作范围会有一定的倾向性，但这种倾向性只是一种自然分工，并不足以导致真正意义上的社会分工的产生。到原始社会的后期，随着社会生产力发展到一定程度，出现了农业和畜牧业的分离、手工业和农业的分离，继而出现了专门从事物品交换的商业。正是有了这些社会分工，便出现了人类社会的最初的职业，如农夫、匠人、牧人、商人等。

当然，职业的种类不是一成不变的，它会随着社会生产力的发展而不断变化。到了奴隶社会，随着生产力的进一步发展，出现了大量的剩余物品，社会结构也发生了变化，社会阶级产生了，伴随而来的是各种新职业的大量涌现，出现了脑力劳动和体力劳动的分工。君主，官员等社会管理职业出现了。在此后几千年的社会发展中，各种新职业纷纷涌现，同时也会有大量的职业被历史所淘汰。到现代由于科学技术水平的迅速发展，这种新旧职业的替换越来越快，1992 年的《中华人民共和国工种分类目录》中，还有铸排工、铸字工、活版辅助工、手动照相排版工、刻铅字工、铅版制版工等职业，随着激光照排技术等的发展，这些职业也退出历史舞台。到 1999 年，职业分类大典公布的时候，已经有补锅匠、抄写工、粮油票证管理员、物资供应员等 3000 多个“传统职业”退出历史舞台。

2. 职业的双重性，即个人从事职业既是为了从社会获取保证个人生存和发展的经济来源，同时也为整个社会的生存和发展做出了贡献。英国经济学家亚当·斯密认为，人首先是自利的，人们从事生产地目的是为了满足自己的需要，而不是为了满足他人的需要但是在满足个人需要的同时，通过与他人交换剩余产品也间接地满足了他人的需要。

首先经济来源是个人生存的基础。人是生而有需求的，这些需求来源于个人生理和心理的需要。而满足这些需要的产品却不是生而有之的。为了满足这些需要，每个人都要和他人进行交换以获取产品。因此个人从事职业的出发点首先是通过职业获取经济报酬，并通过获取的报酬和他人换取可以满足个人生活需要产品。所以劳动者从事某项职业就是为了获取经济收入，换言之只有劳动者能够长期稳定地从某项工作中取得收入才能说其从事的是某项职业。如果只是家里电路偶然出了问题，自己动手修了一下，就不能说这个人是从事电工职业的。

其次，尽管个人从事某项职业是出于自利的，但是这种主观上自利的行为客观上却造成了它利的效果。每个人都是社会的一分子，每个职业也是社会整体职能的组成部分。每个职业都是社会分工的一部分，每个劳动者也在社会中用过职业扮演着不同的角色。不同职业的人员，一方面和他人通过劳动交换，向他人提供剩余产品，另一方面通过职业人们为社会奉献劳动和智慧，积累财富，从而推动社会的发展。

3. 职业的同质性和异质性。即在相同或相近职业内部各方面的相似性很大，而在不同职业之间却存在很大的差异性。

首先，在相同或相近的职业之间，它们的劳动对象、劳动过程、生产方式、工作内容以及对劳动者的素质要求等基本相同，而使得劳动者在知识技能结构、个性特征、思维方式甚至生活习惯等方面等都存在着趋同化的趋势，这在某种程度上使得社会上由于职业的不同产生了不同的社会族群，甚至于产生阶层或阶级。

其次，对于不同的职业来说，他们之间的劳动对象、劳动过程、生产方式、工作内容以及对劳动者的素质要求等方面存在者巨大的差异，因此从事不同职业的劳动者在知识技能结构、个性特征、思维方式甚至生活习惯等方面等都存在着很大的不同，所谓的“隔行如隔山”就是指的不同职业的差异性。

正是相同职业之间的同质性和不同职业之间的异质性使得某一种职业具有独特的社会形象，易于和其他职业明显的区分开来，同时也确定了某一种职业在社会中的声誉、地位、收入等。人们心目中对不同职业的定位正是来源与这一特性。

(三)职业、工种、岗位三者之间区别和联系

在日常生活中，人们很少去有意识的对职业、工种和岗位的含义加以区别，通常是混淆在一起使用的。但是这三者之间是既有区别又有联系的。

职业是具有一定特征的社会工作类别，它是一种或一组特定工作的统称。我们以往经常使用“工种”“岗位”等概念，实质上就是将职业按不同需要或要求进行的具体划分。一般，一个职业包括一个或几个工种，一个工种又包括几个岗位。因此，职业与工种、岗位之间是一个包含和被包含的关系。

工种是根据劳动管理的需要，按照生产劳动的性质、工艺技术的特征、或者服务活动的特点而划分的工作种类。目前大多数工种是以企业的专业分工和劳动组织的基本状况为依据，从企业生产技术和劳动管理的普遍水平出发，为适应合理组织劳动分工的需要，根据工作岗位的稳定程度和工作量的饱满程度，结合技术发展和劳动组织改善等方面的因素进行划分的。

岗位是企业根据生产的实际需要而设置的工作位置。企业根据劳动岗位的特点对上岗人员提出的综合要求形成岗位规范，它构成企业劳动管理的基础。

职业、工种和岗位之间有着密切的内在联系。对职业进行分析和研究，首先要对职业进行科学的分类。职业分类客观地反映国家经济、社会和科技等领域的发展和变化，在某种程度上反映了一个阶段社会管理水平。

二、职业的分类

职业分类是以工作性质的同一性为基本原则，对社会职业进行的系统划分与归类。所谓工作性质，即一种职业区别于另一种职业的根本属性，一般通过职业活动的对象、从业方式等不同予以体现。职业分类的目的是要将社会上纷繁复杂，数以万计的现行工作类型，划分成类系有别，规范统一，井然有序的层次或类别。对从事工作性质的同一性所作的技术性解释，要视具体的职业类别而定。而职业分类体系则通过职业代码、职业名称、职业定义、职业所包括的主要工作内容等，描述出每一个职业类别的内涵与外延。

(一)职业分类的意义

职业分类是将社会上纷繁复杂的职业划分成规范统一、井然有序的体系。它是我国劳动力管理的一项重要基础性工作，对于人口普查与统计，劳动力需求预测和规划，制定国家职业技能标准，开展职业教育、技能鉴定以及职业指导等具有重要的意义。

1. 科学的职业分类可以客观地反映国家经济、社会、科技等领域的发展和结构变化。一个国家的国民经济结构、产业结构、科技水平状况决定着社会职业构成。职业分类是运用一定的科学手段，对全社会从业人员从事的各类职业进行分析和研究，按不同职业的性质和活动方式、技术要求及管理范围进行系统划分和归类的一项工作。所以，职业构成的变化客观地反映着经济、科技及社会其他领域结构状况。

2. 科学的职业分类可以为国民经济信息统计和人口普查规范化提供依据。《中华人民共和国职业分类大典》对我国现有职业进行了科学分类，并规范和统一了职业名称和定义。因此，人口统计与调查、职业岗位需求预测与统计等与国民经济密切相关的信息统计与交流都离不开职业分类这一基本依据。

3. 科学的职业分类是对劳动力科学化、规范化、现代化管理的基础。我国劳动力资源丰富。对就业人口结构和发展趋势进行分析，对劳动力进行需求预测和规划管理，既是充分开发、有效利用劳动力资源，达到资源合理配置的必然要求。没有科学的职业类别划分就难以对劳动力的社会需求做出较为统一和准确的统计，也就难以组织好社会劳动力的合理流动与有序更替。

4. 科学的职业分类是对劳动力科学化、规范化、现代化管理的基础。我国劳动力资源丰富。对就业人口结构和发展趋势进行分析，对劳动力进行需求预测和规划管理，既是充分开发、有效利用劳动力资源，达到资源合理配置的必然要求，也是对劳动力资源进行科学规范管理的必然要求。没有科学的职业类别划分，就难以对劳动力的社会需求做出较为统一和准确的统计，也就难以组织好社会劳动力的合理流动与有序更替。

5. 科学的职业分类为职业教育和就业服务提供条件。如同一职业类别中的职业活动所涉及的知识、能力领域大致类同。因此，职业分类为职业教育设置专业和确定教学内容提供参照。再如，职业分类除对职业名称与定义进行描述外，还对职业的基本活动进行了描述，劳动者可从中了解职业，也使职业指导有了依据。劳动力市场使用科学规范的职业分类与代码，有利于劳动力市场信息联网，有利于用人单位和择业者进行双向匹配选择。

6. 科学的职业分类是完善国家职业资格证书制度的重要基础工作。国家明确提出“要制定各种职业的资格标准和录用标准，实行学历文凭和职业资格两种证书制度”。在科学地论证和确定职业类别基础上，制定职业标准，并按照标准进行培训和鉴定考核，最终使劳动者实现就业已成为国家职业资格证书制度一条龙运作的基本模式。2000 年，原劳动和社会保障部发布了《招用技术工种从业人员规定》（劳动和社会保障部第 6 号令），公布了首批持职业资格证书就业的职业（工种）目录。目录所含 90 个职业（工种）是从《中华人民共和国职业分类大典》中选出的技术复杂，涉及重大财产、人民生命安全和消费者利益的职业（工种）。

（二）国外的职业分类

世界各国国情不同，其划分职业的标准有所区别。根据西方国家的一些学者提出的理论，在国外一般将职业分为三种类型：

1. 按脑力劳动和体力劳动的性质、层次分类。这种分类方法把工作人员划分为白领工作人员和蓝领工作人员两大类。白领工作人员包括：专业性和技术性的工作，农场以外的经理和行政管理人员、销售人员、办公室人员。蓝领工作人员包括：手工艺及类似的工人、非运输性的技工、运输装置机工人、农场以外的工人、服务性行业工人。这种分类方法明显地表现出职业的等级性。

2. 按心理的个别差异进行分类。这种分类方法是根据美国著名的职业指导专家霍兰创立的“人格—职业”类型匹配理论，把人格类型划分为六种，即现实型、研究型、艺术型、社会型、企业型和常规型。与其相对应的是六种职业类型。

3. 依据职业的主要职责或“从事的工作”分类。这种分类方法较为普遍，是目前大多数国家政府部门普遍采用的方法。其中一种是国际标准职业分类。国际劳动局 1966 制定的《国际标准职业分类》（ISCO）把职业由粗至细分为四个层次，即 8 个大类、83 个小类、284 个细类、1506 个职业项目，总共列出职业 1881 个。其中 8 个大类是：①专家、技术人员及有关工作者；②政府官员和企业经理；③事务工作者和有关工作者；④销售工作者；⑤服务工作者；⑥农业、牧业、林业工作者及渔民、猎人；⑦生产和有关工作者、运输设备操作者和劳动者；⑧不能按职业分类的劳动者。这种分类方法便于提高国际间职业统计资料的可比性和国际交流。其次是加拿大《职业岗位分类词典》的分类。它把分属于国民经济中主要行业的职业划分为 23 个主类，主类下分 81 个子类，489 个细类，7200 多个职业。此种分类对每种职业都有定义，逐一说明了各种职业的内容及从业人员在普通教育程度、职业培训、能力倾向、兴趣、性格以及体质等方面的要求，有较大的参考价值。

（三）我国的职业分类

我国职业分类，根据我国不同部门公布的标准分类，主要有三种类型：

第一种:根据国家统计局、国家标准总局、国务院人口普查办公室1982年3月公布，供第三次全国人口普查使用的《职业分类标准》。该《标准》依据在业人口所从事的工作性质的同一性进行分类，将全国范围内的职业划分为大类、中类、小类三层，即8大类、64中类、301小类。其8个大类的排列顺序是:第一，各类专业、技术人员;第二，国家机关、党群组织、企事业单位的负责人;第三，办事人员和有关人员;第四，商业工作人员;第五，服务性工作人员，第六,农林牧渔劳动者;第七，生产工作、运输工作和部分体力劳动者;第八，不便分类的其他劳动者。在八个大类中，第一、二大类主要是脑力劳动者，第三大类包括部分脑力劳动者和部分体力劳动者，第四、五、六、七大类主要是体力劳动者，第八类是不便分类的其他劳动者。

第二种:原国家计划委员会、国家经济委员会、国家统计局、国家标准局批准，于1984年发布，并于1985年实施的《国民经济行业分类和代码》。这项标准主要按企业、事业单位、机关团体和个体从业人员所从事的生产或其他社会经济活动的性质的同一性分类，即按其所属行业分类，将国民经济行业划分为门类、大类、中类、小类四级。门类共13个:①农、林、牧、渔、水利业;②工业;③地质普查和勘探业;④建筑业;⑤交通运输业、邮电通信业;⑥商业、公共饮食业、物资供应和仓储业;⑦房地产管理、公用事业、居民服务和咨询服务业;⑧卫生、体育和社会福利事业;⑨教育、文化艺术和广播电视业;⑩科学研究和综合技术服务业;⑪金融、保险业;⑫国家机关、党政机关和社会团体;⑬其他行业。

第三种:1995年，原劳动部、国家统计局、原国家技术监督局联合成立了“国家职业分类大典和职业资格工作委员会”，开始组织编制《中华人民共和国职业分类大典》。中央、国务院50多个部委(局)以及有关企业、院校和科研单位的近千名专家学者参加了历时4年的编制工作。1999年5月《中华人民共和国职业分类大典》这是颁布。它是从我国第一部对职业进行科学分类的权威性文献。它从我国实际出发，在充分考虑经济发展、科技进步和产业结构变化的基础上，将我国社会职业划分为8个大类，比较全面地反映了我国社会职业结构现状。《中华人民共和国职业分类大典》的颁布，填补了我国职业分类的空白，具有深远的意义和广泛的应用领域。《中华人民共和国职业分类大典》是我国第一部对职业进行科学分类的权威性文献，由于它的编制与国家标准《职业分类与代码》(GB6565－86)的修订同步进行，相互完全兼容，因此，它本身也就代表了国家标准。

《中华人民共和国职业分类大典》是在广泛借鉴国际先进经验(特别是《国际标准职业分类》ISCO－88)和深入分析我国社会职业构成的基础上，突破了过去以行业管理机构为主体，以归口部门、单位甚至用工形式来划分职业的传统模式，采用了以从业人员工作性质的同一性作为职业划分标准的新原则，并对各个职业的定义、工作活动的内容和形式、以及工作活动的范围等作了具体描述。

《中华人民共和国职业分类大典》将我国的职业分类结构包括四个层次，即大类、中类、小类和细类，依次体现由大到小的职业类别。细类作为我国职业分类结构中最基本类别，即职业。我国社会职业归为8个大类，66个中类，413个小类，1838个职业(详见下表)。

代码	工种	中类	小类	细类
1	国家机关、党群组织、企业、事业单位负责人	5	16	25
2	专业技术人员	14	115	379
3	办事人员和有关人员	4	12	45
4	商业、服务业人员	8	43	147
5	农、林、牧、渔、水利业生产人员	6	30	121
6	生产、运输设备操作人员及有关人员	27	195	1119
7	军人	1	1	1
8	不便分类的其他从业人员	1	1	1
合计:		66	413	1838

代码工种中类小类细类 1 国家机关、党群组织、企业、事业单位负责人 516252 专业技术人员 141153793 办事人员和有关人员 412454 商业、服务业人员 8431475 农、林、牧、渔、水利业生产人员 6301216 生产、运输设备操作人员及有关人员 2719511197 军人 1118 不便分类的其他从业人员 111 合计:664131838

第二节　规划之前的自我认知

每一种职业由于其面对的劳动工具、劳动对象、劳动内容各不相同，所以对劳动者的个性特征、知识结构、能力素质、思维方式等会产生不同的要求。同样人的个性结构也是存在差异的，这就导致劳动者和职业之间就有了一个是否匹配的问题。只有根据个人的个性特征找到合适的职业，达到人职匹配的目的，以获得个人需要、兴趣及心理的满足，才能最大限度地发挥自己的能力。所以，在选择职业前必须要解决一个“我是谁”的问题，对个人的性格特征，职业倾向，职业锚有清楚的了解是进行职业生涯规划的重要前提。特别指出的是，接下来所提及的几项测试在测试、计分和解释时都是需要专业人员来操作的，在自我测试的时候由于各种原因会导致测试结果在信度和效度上都存在误差，仅能作为参考。如果需要更专业的测试结果请寻找专业测试机构进行。

一、性格测量

性格测量有许多方法，主要有自然实验法、问卷法和投射测验法三种，在人力资源测评中，目前应用最为广泛的还是问卷法。问卷法也叫量表法，通常是在问卷上列出许多问题，由被试者去作答，而这些问题一般是判断题和选择题。测试的量表有上千种，最常见影响最大的则有明尼苏达多相个性问卷(MMPI)、卡特尔 16 种人格测验量表(16PF)、艾森克人格问卷(EPQ)、加利福尼亚心理调查表(CPI)和MBTI测验等。他们各有侧重不同，适用于不同目的。一般而言，为决定职业选择进行性格测量时采用MBTI测验为多数。

(一)MBTI简介

MBTI(Myers－BriggsTypesIndicator)以瑞士著名心理学家CarlG. Jung(荣格)的心理类型理论为基础。荣格在他的著作《心理类型》(PsychologicalTypes)中提出了这一理论并提出了四种功能类型，即理性功能的相互对立的两种类型——思维功能与情感功能和非理性功能的相互对立的两种类型——感觉功能和直觉功能。由此，荣格将两种态度类型和四种功能类型组合起来，形成了八种个性类型:外倾思维型、外倾情感型、外倾直觉型、外倾感觉型、内倾思维型、内倾情感型、内倾知觉型、内倾感觉型。

美国心理学家KatharineCookBriggs(布里格斯)和他的女儿IasbelBriggsMyers(迈尔斯)在荣格的两种态度类型和四种功能类型的基础上，又增加了判断和知觉两种类型，由此组成了个性的四维八极特征，它们彼此结合就构成了十六种个性类型。经过二十多年的研究后，编制成了《迈尔斯－布里格斯类型指标》，从而把荣格的类型理论付诸实践。继而，迈尔斯又在荣格的优势功能和劣势功能、主导功能和从属功能等概念的基础上，进一步提出功能等级等概念，并有效的为每一种类型确定了其功能等级的次序，又提出了类型的终生发展理论，对心理类型理论作出了新的发展。

经过了长达50多年的研究和发展，MBTI已经成为了当今全球最为著名和权威的性格测试。它的应用领域包括:

· 自我了解和发展
· 职业发展和规划
· 组织发展
· 团队建设
· 管理和领导能力培训
· 解决问题能力
· 情感问题咨询
· 教育和学校科目的发展
· 多样性和多元文化性培训
· 学术咨询

(二)MBTI维度

MBTI理论从四个方面来反映人的性格:我们与世界相互作用的方式以及注意力和能量集中的方向;我们习惯性留意的信息类型;我们做决定的方式;我们处理事情时是喜欢结构性强还是喜欢自由随意。人类性格的这些方面在心理学中称作为维度。每个维度都有两个相反的方向，如下表所示:

MBTI 的维度和偏好

我们与世界相互作用的方式	(E)外倾——+——内倾(I)
我们获取信息的主要方式	(S)感觉——+——直觉(N)
我们的决策方式	(T)思维——+——情感(F)
我们的做事方式	(J)判断——+——感觉(P)

每个人的性格都包含于四个维度的这一边或者那一边，每种维度的两边称为“偏好”。例如，如果你落在外向的那一边，你就具有外向的偏好;如果落在内向的那一边，你就具有内向的偏好。实际上，在生活中所有人都会用到每个维度的每个偏好，但是仍然会有一种天生的，倾向于这一边或者那一边的偏好，运用自己的偏好会让自己更舒服。当然，这种偏好没有对错好坏之分，他们只是反映了人们正常的和有价值的行为方式。

1.内倾(I)—外倾(E)维度。该维度用以表示个体心理能量的获得途径和与外界相互作用的程度，即个体的注意较多的指向于外部的客观环境还是内部的概念建构和思想观念。外倾型态度表现为主体的注意力和精力指向于客体，即在外部世界中获得支持并依赖于外在环境中发生的信息，这是一种从主体到客体的兴趣向外的转移。外倾型个体需要通过经历来了解世界，所以他们更喜欢大量的活动，并偏好于通过谈话的方式来思考，在语言的交流中对信息予以加工。而内倾型态度表现为主体的注意力和精力指向于内部的精神世界，其心理能量通内部的思想，情绪等而获得。内倾型个体在内部世界中获得支持并看重发生的事件的概念、意义等，因此他们的许多活动是精神性的，他们倾向于在头脑内安静的思考以加工信息。外倾型个体经常先行动后思考，而内倾型个体经常耽于思考而缺乏行动。

内倾和外倾

外倾型	内倾型
倾向于对外部世界的客体作出反应	倾向于在内部世界里沉思
积极活动	偏好内省
经验先于理解	理解先于行动
从外界获得心理能量	从精神世界获得心理能量
采用尝试-错误的工作方式	采用持久稳固的工作方式
偏好新异刺激	偏好静态的外部环境

2.感觉(S)—直觉(N)维度。该维度又称之为非理性维度或知觉维度，表示个体在收集信息时注意的指向。即倾向于通过各种感官去注意现实的、直接的、实际的、可观察的事件还是对事件将来的各种可能性和事件背后隐含的意义及符号和理论感兴趣。感觉型的个体倾向与接受能够衡量或有证据的任何事物，关注真实而有形的事件。他们相信感官能告诉他们关于外界的准确信息，也相信自己的经验。他们重现在，关心某一刻发生的所有的事情。而直觉型的个体自然的去辨认和寻找一切事物的含义，他们重视想象力，更注重将来，从事努力

改变事物而不是维持它们的现状。直觉型的个体看到一个环境就想知道它的含义和结果可能如何。感觉型的个体被视为较具有实际意识，而直觉型个体被视为较有改革意识。感觉一直觉维度在问题解决过程中有重要作用。

感觉和直觉

感觉型	直觉型
着眼于现实	着眼于未来
重视现实性和常情	重视想象力和独创力
关注具体性和特殊性，善于细节描述	关注普遍性和象征性，使用隐喻和类比
循序渐进的工作方式	跳跃性的工作方式
看重常规，相信确定有形的事物	不拘常规，相信灵感和推断
倾向于观察具体事件	倾向于把握事件的全局图面
偏好已知事物	偏好新的思想观念

3. 思维(T)—情感(F)维度。该维度又称之为理性维度或判断维度。该维度用于表示个体在作决定时采用什么系统，即作决定和下结论的方法，是客观的逻辑推理还是主观的情感和价值。情感型的个体期望自己的情感与他人保持一致，他们做决定的基石是何者对他们自己和他人是重要的；其理性判断的依据是个人的价值观。而思维型的个体通过对情境作的客观的、非个人的逻辑分析来做决定，他们注重因果关系并寻求事实的客观尺度，因此较少受个人感情的影响。

思维和情感

思维型	情感型
退后思考，对问题进行非个人因素的分析	超前思考，考虑行为对他人的影响
公正，坚定，怀疑	温和，同情，体贴
倾向于分析性和逻辑性的工作方式	倾向于和自己的情感一致的工作方式
行为简洁、经济、带有批判性	行为期望他人认同
奉行清晰一致的客观原则	奉行清晰一致的主观价值观

4. 判断(J)—知觉(P)维度。该维度用以描述个体的生活方式。即倾向于以一种较固定的方式生活（或做决定）还是以一种更自然的方式生活（或收集信息）。这一维度是一种态度维度。虽然个体能够使用直觉和判断，但是这两极不能够同时被运用。多数个体会自然的发现采用某种生活方式时总是比另一种更加轻松，因此总是在和外部世界打交道时采用这种生活态度。判断型个体倾向于以一种有序的、有计划的方式对其生活加以控制，他们期望看到问题被解决，习惯于并喜欢做决定。而知觉型个体偏好于知觉经验，他们不断的收集信息以使其生活保持弹性和自然。他们努力使事件保持开放性，让其自然的变化，以便出现更好的事件。

判断和知觉

判断型	知觉型
行为有组织性和系统性	行为保持开放性
时间观念严谨，认真对待最后期限	时间观念宽松，经常变动最后期限
看重工作结果	看重工作过程
倾向于解决问题	倾向于使问题带有弹性
认真完成预设目标	在获取新信息的过程中不断改变目标

(三)MBTI 的组合类型和适合职业

由于四个维度每个维度上都要两个偏好，因此将测试所得的偏好排列起来，就会得到 16 种不同的组合，每一个组合代表了一种特征，相对应的适合不同的职业。

1. ISTJ:安静、严肃，通过全面性和可靠性获得成功。实际，有责任感。决定有逻辑性，并一步步地朝着目标前进，不易分心。喜欢将工作、家庭和生活都安排得井井有条。重视传统和忠诚。

适合领域:工商业领域、政府机构金融银行业、政府机构技术领域医务领域;

适合职业:审计师、会计、财务经理、办公室行政管理、后勤和供应管理、中层经理、公务(法律、税务)执行人员等银行信贷员、成本估价师、保险精算师、税务经纪人、税务检查员等机械、电气工程师、计算机程序员、数据库管理员、地质、气象学家、法律研究者、律师等外科医生、药剂师、实验室技术人员、牙科医生、医学研究员等。

2. ISFJ:安静、友好、有责任感和良知。坚定地致力于完成他们的义务。全面、勤勉、精确，忠诚、体贴，留心和记得他们重视的人的小细节，关心他们的感受。努力把工作和家庭环境营造得有序而温馨。

适合领域:无明显领域特征医护领域消费类商业、服务业领域;

适合职业:行政管理人员、总经理助理、秘书、人事管理者、项目经理、物流经理、律师助手等外科医生及其它各类医生、家庭医生、牙科医生、护士、药剂师、医学专家、营养学专家、顾问等零售店、精品店业主、大型商场、酒店管理人员、室内设计师等。

3. INFJ:寻求思想、关系、物质等之间的意义和联系。希望了解什么能够激励人，对人有很强的洞察力。有责任心，坚持自己的价值观。对于怎样更好的服务大众有清晰的远景。在对于目标的实现过程中有计划而且果断坚定。

适合领域:咨询、教育、科研等领域文化、艺术、设计等领域;

适合职业:心理咨询工作者、心理诊疗师、职业指导顾问、大学教师(人文学科、艺术类)、心理学、教育学、社会学、哲学及其它领域的研究人员等作家、诗人、剧作家、电影编剧、电影导演、画家、雕塑家、音乐家、艺术顾问、建筑师、设计师等。

4. INTJ:在实现自己的想法和达成自己的目标时有创新的想法和非凡的动力。能很快洞察到外界事物间的规律并形成长期的远景计划。一旦决定做一件事就会开始规划并直到完成为止。多疑、独立，对于自己和他人能力和表现的要求都非常高。

适合领域：科研、科技应用技术咨询、管理咨询金融、投资领域创造性行业；

适合职业：各类科学家、研究所研究人员、设计工程师、系统分析员、计算机程序师、研究开发部经理等各类技术顾问、技术专家、企业管理顾问、投资专家、法律顾问、医学专家、精神分析学家等经济学家、投资银行研究员、证券投资和金融分析员、投资银行家、财务计划人、企业并购专家等各类发明家、建筑师、社论作家、设计师、艺术家等。

5. ISTP：灵活、忍耐力强，是个安静的观察者直到有问题发生，就会马上行动，找到实用的解决方法。分析事物运作的原理，能从大量的信息中很快的找到关键的症结所在。对于原因和结果感兴趣，用逻辑的方式处理问题，重视效率。

适合领域：技术领域证券、金融业贸易、商业领域户外、运动、艺术等领域；

适合职业：机械、电气、电子工程师、各类技术专家和技师、计算机硬件、系统集成专业人员等。证券分析师、金融、财务顾问、经济学研究者等。贸易商、商品经销商、产品代理商（有形产品为主）等。警察、侦探、体育工作者、赛车手、飞行员、雕塑家、手工制作、画家等。

6. ISFP：安静、友好、敏感、和善。享受当前。喜欢有自己的空间，喜欢能按照自己的时间表工作。对于自己的价值观和自己觉得重要的人非常忠诚，有责任心。不喜欢争论和冲突。不会将自己的观念和价值观强加到别人身上。

适合领域：手工艺、艺术领域医护领域商业、服务业领域；

适合职业：时装、首饰设计师、装潢、园艺设计师、陶器、乐器、卡通、漫画制作者、素描画家、舞蹈演员、画家等出诊医生、出诊护士、理疗师、牙科医生、个人健康和运动教练等餐饮业、娱乐业业主、旅行社销售人员、体育用品、个人理疗用品销售员等。

7. INFP：理想主义，对于自己的价值观和自己觉得重要的人非常忠诚。希望外部的生活和自己内心的价值观是统一的。好奇心重，很快能看到事情的可能性，能成为实现想法的催化剂。寻求理解别人和帮助他们实现潜能。适应力强，灵活，善于接受，除非是有悖于自己的价值观的。

适合领域：创作性、艺术类教育、研究、咨询类；

适合职业：各类艺术家、插图画家、诗人、小说家、建筑师、设计师、文学编辑、艺术指导、记者等大学老师（人文类）、心理学工作者、心理辅导和咨询人员、社科类研究人员、社会工作者、教育顾问、图书管理者、翻译家等。

8. INTP：对于自己感兴趣的任何事物都寻求找到合理的解释。喜欢理论性的和抽象的事物，热衷于思考而非社交活动。安静、内向、灵活、适应力强。对于自己感兴趣的领域有超凡的集中精力深度解决问题的能力。多疑，有时会有点挑剔，喜欢分析。

适合领域：计算机技术理论研究、学术领域专业领域创造性领域；

适合职业：软件设计员、系统分析师、计算机程序员、数据库管理、故障排除专家等大学教授、科研机构研究人员、数学家、物理学家、经济学家、考古学家、历史学家等证券分析师、金融投资顾问、律师、法律顾问、财务专家、侦探等各类发明家、作家、设计师、音乐家、艺术家、艺术鉴赏家等。

9. ESTP:灵活、忍耐力强，实际，注重结果。觉得理论和抽象的解释非常无趣。喜欢积极地采取行动解决问题。注重当前，自然不做作，享受和他人在一起的时刻。喜欢物质享受和时尚。学习新事物最有效的方式是通过亲身感受和练习。

适合领域:贸易、商业、某些特殊领域服务业金融证券业娱乐、体育、艺术领域;

适合职业:各类贸易商、批发商、中间商、零售商、房地产经纪人、保险经济人、汽车销售人员、私家侦探、警察等。餐饮、娱乐及其他各类服务业的业主、主管、特许经营者、自由职业者等。股票经纪人、证券分析师、理财顾问、个人投资者等。娱乐节目主持人、体育节目评论、脱口秀、音乐、舞蹈表演者、健身教练、体育工作者等。

10. ESFP:外向、友好、接受力强。热爱生活、人类和物质上的享受。喜欢和别人一起将事情做成功。在工作中讲究常识和实用性，并使工作显得有趣。灵活、自然不做作，对于新的任何事物都能很快地适应。学习新事物最有效的方式是和他人一起尝试。

适合领域:消费类商业、服务业领域广告业、娱乐业领域旅游业、社区服务等其他领域;

适合职业:精品店、商场销售人员、娱乐、餐饮业客户经理、房地产销售人员、汽车销售人员、市场营销人员(消费类产品)等广告企业中的设计师、创意人员、客户经理、时装设计和表演人员、摄影师、节目主持人、脱口秀演员等旅游企业中的销售、服务人员、导游、社区工作人员、自愿工作者、公共关系专家、健身和运动教练、医护人员等。

11. ENFP:热情洋溢、富有想象力。认为人生有很多的可能性。能很快地将事情和信息联系起来，然后很自信地根据自己的判断解决问题。总是需要得到别人的认可，也总是准备着给与他人赏识和帮助。灵活、自然不做作，有很强的即兴发挥的能力，言语流畅。

适合领域:广告创意、广告撰稿人，市场营销和宣传策划、市场调研人员、艺术指导、公关专家、公司对外发言人等;

适合职业:儿童教育老师、大学老师(人文类)、心理学工作者、心理辅导和咨询人员、职业规划顾问、社会工作者、人力资源专家、培训师、演讲家等记者(访谈类)、节目策划和主持人、专栏作家、剧作家、艺术指导、设计师、卡通制作者、电影、电视制片人等。

12. ENTP:反应快、睿智，有激励别人的能力，警觉性强、直言不讳。在解决新的、具有挑战性的问题时机智而有策略。善于找出理论上的可能性，然后再用战略的眼光分析。善于理解别人。不喜欢例行公事，很少会用相同的方法做相同的事情，倾向于一个接一个的发展新的爱好。

适合领域:投资顾问、项目策划、投资银行、自我创业市场营销、创造性领域公共关系政治;

适合职业:投资顾问(房地产、金融、贸易、商业等)、各类项目的策划人和发起者、投资银行家、风险投资人、企业业主(新兴产业)等市场营销人员、各类产品销售经理、广告创意、艺术总监、访谈类节目主持人、制片人等公共关系专家、公司对外发言人、社团负责人、政治家等。

13. ESTJ:实际、现实主义。果断，一旦下决心就会马上行动。善于将项目和人组织起来将事情完成，并尽可能用最有效率的方法得到结果。注重日常的细节。有一套非常清晰的逻辑标准，有系统性地遵循，并希望他人也同样遵循。在实施计划时强而有力。

适合领域:无明显领域特征;

适合职业:大、中型外资企业员工、业务经理、中层经理(多分布在财务、营运、物流采购、销售管理、项目管理、工厂管理、人事行政部门)、职业经理人、各类中小型企业主管和业主。

14. ESFJ:热心肠、有责任心、合作。希望周边的环境温馨而和谐，并为此果断地执行。喜欢和他人一起精确并及时地完成任务。事无巨细都会保持忠诚。能体察到他人在日常生活中的所需并竭尽全力帮助。希望自己和自己的所为能受到他人的认可和赏识。

适合领域:无明显领域特征;

适合职业:办公室行政或管理人员、秘书、总经理助理、项目经理、客户服务部人员、采购和物流管理人员等内科医生及其它各类医生、牙科医生、护士、健康护理指导师、饮食学、营养学专家、小学教师(班主任)、学校管理者等银行、酒店、大型企业客户服务代表、客户经理、公共关系部主任、商场经理、餐饮业业主和管理人员等。

15. ENFJ:热情、为他人着想、易感应、有责任心。非常注重他人的感情、需求和动机。善于发现他人的潜能，并希望能帮助他们实现。能成为个人或群体成长和进步的催化剂。忠诚，对于赞扬和批评都会积极地回应。友善、好社交。在团体中能很好地帮助他人，并有鼓舞他人的领导能力。

适合领域:培训、咨询、教育新闻传播、公共关系、文化艺术;

适合职业:人力资源培训主任、销售、沟通、团队培训员、职业指导顾问、心理咨询工作者、大学教师(人文学科类)、教育学、心理学研究人员等记者、撰稿人、节目主持人(新闻、采访类)、公共关系专家、社会活动家、文艺工作者、平面设计师、画家、音乐家等。

16. ENTJ:坦诚、果断，有天生的领导能力。能很快看到公司/组织程序和政策中的不合理性和低效能性，发展并实施有效和全面的系统来解决问题。善于做长期的计划和目标的设定。通常见多识广，博览群书，喜欢拓广自己的知识面并将此分享给他人。在陈述自己的想法时非常强而有力。

适合领域工商业、政界金融和投资领域管理咨询、培训专业性领域;

适合职业各类企业的高级主管、总经理、企业主、社会团体负责人、政治家等投资银行家、风险投资家、股票经纪人、公司财务经理、财务顾问、经济学家企业管理顾问、企业战略顾问、项目顾问、专项培训师等律师、法官、知识产权专家、大学教师、科技专家等。

需要指出的是，这16种性格类型没有对错好坏之分，并不代表人格的高低，只是某一种类型更适合某些工作;其次每一种类型都有它的优点和缺点;最后要留意自己对类型的偏见，避免片面的将别人定型。

二、职业兴趣测量

职业兴趣测验的基本原理是:具有一定兴趣模式的人更倾向于寻找特定的职业类型，而且一旦从事这种职业，你会比其他人适应得更好。兴趣测验就是向你提出一系列的问题，要求你对诸如职业、学习、娱乐、业务活动等是否喜欢和喜欢的程度，再根据测试结果进行分析，最后确定被测者的兴趣类型或倾向。职业兴趣测验的类型很多，其中最有名最常用的是霍兰德职业兴趣测验。

(一)六种人格和职业类型

约翰·霍兰德是美国约翰.霍普金斯大学心理学教授，美国著名的职业指导专家。他于1959年提出了具有广泛社会影响的人业互择理论。他认为人的人格类型、兴趣与职业密切相关，兴趣是人们活动的巨大动力，凡是具有职业兴趣的职业，都可以提高人们的积极性，促使人们积极地、愉快地从事该职业，且职业兴趣与人格之间存在很高的相关性。霍兰的职业选择理论，实质在于劳动者与职业的相互适应。霍兰德认为，同一类型的劳动和与职业互相结合，便是达到适应状态，结果，劳动者找到适宜的职业岗位，其才能与积极性会得以很好发挥。这一理论首先根据劳动者的心理素质和择业倾向，将劳动者划分为6种基本类型，相应的职业也划分为6种类型。

1.社会型(S):

共同特征:喜欢与人交往、不断结交新的朋友、善言谈、愿意教导别人。关心社会问题、渴望发挥自己的社会作用。寻求广泛的人际关系，比较看重社会义务和社会道德

典型职业:喜欢要求与人打交道的工作，能够不断结交新的朋友，从事提供信息、启迪、帮助、培训、开发或治疗等事务，并具备相应能力。如:教育工作者(教师、教育行政人员)，社会工作者(咨询人员、公关人员)。

2.企业型(E):

共同特征:追求权力、权威和物质财富，具有领导才能。喜欢竞争、敢冒风险、有野心、抱负。为人务实，习惯以利益得失，权利、地位、金钱等来衡量做事的价值，做事有较强的目的性。

典型职业:喜欢要求具备经营、管理、劝服、监督和领导才能，以实现机构、政治、社会及经济目标的工作，并具备相应的能力。如项目经理、销售人员，营销管理人员、政府官员、企业领导、法官、律师。

3.常规型(C):

共同特点:尊重权威和规章制度，喜欢按计划办事，细心、有条理，习惯接受他人的指挥和领导，自己不谋求领导职务。喜欢关注实际和细节情况，通常较为谨慎和保守，缺乏创造性，不喜欢冒险和竞争，富有自我牺牲精神。

典型职业:喜欢要求注意细节、精确度、有系统有条理，具有记录、归档、据特定要求或程

序组织数据和文字信息的职业，并具备相应能力。如:秘书、办公室人员、记事员、会计、行政助理、图书馆管理员、出纳员、打字员、投资分析员。

4. 实际型(R):

共同特点:愿意使用工具从事操作性工作，动手能力强，做事手脚灵活，动作协调。偏好于具体任务，不善言辞，做事保守，较为谦虚。缺乏社交能力，通常喜欢独立做事。

典型职业:喜欢使用工具、机器，需要基本操作技能的工作。对要求具备机械方面才能、体力或从事与物件、机器、工具、运动器材、植物、动物相关的职业有兴趣，并具备相应能力。如:技术性职业(计算机硬件人员、摄影师、制图员、机械装配工)，技能性职业(木匠、厨师、技工、修理工、农民、一般劳动)。

5. 调研型(I):

共同特点:思想家而非实干家，抽象思维能力强，求知欲强，肯动脑，善思考，不愿动手。喜欢独立的和富有创造性的工作。知识渊博，有学识才能，不善于领导他人。考虑问题理性，做事喜欢精确，喜欢逻辑分析和推理，不断探讨未知的领域。

典型职业:喜欢智力的、抽象的、分析的、独立的定向任务，要求具备智力或分析才能，并将其用于观察、估测、衡量、形成理论、最终解决问题的工作，并具备相应的能力。如科学研究人员、教师、工程师、电脑编程人员、医生、系统分析员。

6. 艺术型(A):

共同特点:有创造力，乐于创造新颖、与众不同的成果，渴望表现自己的个性，实现自身的价值。做事理想化，追求完美，不重实际。具有一定的艺术才能和个性。善于表达、怀旧、心态较为复杂。

典型职业:喜欢的工作要求具备艺术修养、创造力、表达能力和直觉，并将其用于语言、行为、声音、颜色和形式的审美、思索和感受，具备相应的能力。不善于事务性工作。如艺术方面(演员、导演、艺术设计师、雕刻家、建筑师、摄影家、广告制作人)，音乐方面(歌唱家、作曲家、乐队指挥)，文学方面(小说家、诗人、剧作家)。

(二)六边形模型

大多数人都并非只有一种性向(比如，一个人的性向中很可能是同时包含着社会性向、实际性向和调研性向这三种)。霍兰德认为，这些性向越相似，相容性越强，则一个人在选择职业时所面临的内在冲突和犹豫就会越少。为了帮助描述这种情况，霍兰德建议将这六种性向分别放在一个正六三角形的每一角。据此，霍兰德等在 1969 年提出了兴趣类型的六边形模型，反应了六种人格—职业环境类型之间的关系。

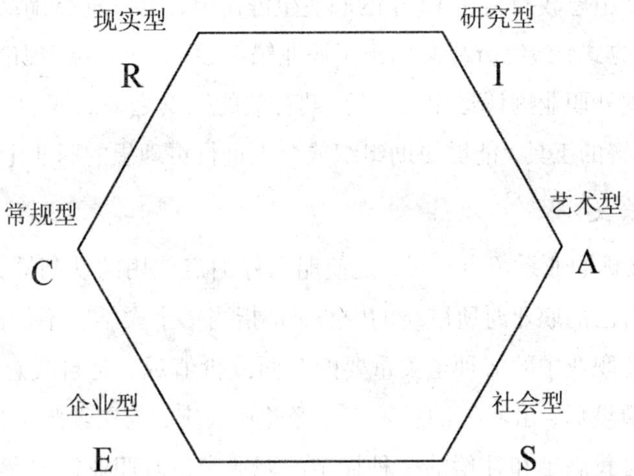

如上图所示，霍兰德所划分的六大类型，并非是并列的、有着明晰的边界的。他以六边形标示出六大类型的关系。

1. 相邻关系，如 RI、IR、IA、AI、AS、SA、SE、ES、EC、CE、RC 及 CR。属于这种关系的两种类型的个体之间共同点较多，现实型 R、研究型 I 的人就都不太偏好人际交往，这两种职业环境中也都较少机会与人接触。

2. 相隔关系，如 RA、RE、IC、IS、AR、AE、SI、SC、EA、ER、CI 及 CS，属于这种关系的两种类型个体之间共同点较相邻关系少。

3. 相对关系，在六边形上处于对角位置的类型之间即为相对关系，如 RS、IE、AC、SR、EI 及 CA 即是，相对关系的人格类型共同点少，因此，一个共同人同时对处于相对关系的两种职业环境都兴趣很浓的情况较为少见。

在进行职业选择的时候人们通常倾向选择与自我兴趣类型匹配的职业环境，如具有现实型兴趣的人希望在现实型的职业环境中工作，可以最好地发挥个人的潜能。但职业选择中，个体并非一定要选择与自己兴趣完全对应的职业环境。前文提过，大多数人都并非只有一种性向，因此位居第二或第三的类型也可以成为职业选择的对象；同时由于影响职业选择的因素是多方面的，不完全依据兴趣类型，还要参照社会的职业需求及获得职业的现实可能性，因此霍兰德为了比较全面地描绘个人的职业兴趣，用三个字母的代码来表示一个人的职业兴趣，这个代码被称为“霍兰德代码”(HollandCode)。这三个字母的顺序按照兴趣递减规律排列，表示了兴趣强弱程度的不同。经过测试获得结果后，通过查询霍兰德代码就可以知道自己最适合的职业是什么类型的。

三、职业锚测量

职业锚理论产生于在职业生涯规划领域具有“教父”级地位的美国麻省理工大学斯隆商学院、美国著名的职业指导专家埃德加·H·施恩(Edgar. H. Schein)教授领导的专门研究小组，是对该学院毕业生的职业生涯研究中演绎成的。斯隆管理学院的 44 名 MBA 毕业生，自愿形成一个小组接受施恩教授长达12年的职业生涯研究，包括面谈、跟踪调查、公司调查、人才测评、问卷等多种方式，最终分析总结出了职业锚(又称职业定位)理论。

职业锚问卷是国外职业测评运用最广泛、最有效的工具之一。职业锚问卷是一种职业生涯规划咨询、自我了解的工具，能够协助组织或个人进行更理想的职业生涯发展规划。

(一)职业锚的含义

所谓职业锚，又称职业系留点。锚，是使船只停泊定位用的铁制器具。职业锚，实际就是人们选择和发展自己的职业时所围绕的中心，是指当一个人不得不做出选择的时候，他无论如何都不会放弃的职业中的那种至关重要的东西或价值观。是自我意向的一个习得部分。个人进入早期工作情境后，由习得的实际工作经验所决定，与在经验中自省的动机、价值观、才干相符合，达到自我满足和补偿的一种稳定的职业定位。职业锚强调个人能力、动机和价值观三方面的相互作用与整合。职业锚是个人同工作环境互动作用的产物，在实际工作中是不断调整的。

了解职业锚的概念，要注意几个方面：

1. 职业锚以员工习得的工作经验为基础。职业锚发生与早期职业阶段，新员工已经工作若干年，习得工作经验后，方能够选定自己稳定的长期贡献区。个人在面临各种各样的实际工作生活情境之前，不可能真切地了解自己的能力、动机和价值观以及在多大程度上适应可行的职业选择。因此，新员工的工作经验产生、演变和发展了职业锚。换句话说。职业锚在某种程度上有员工实际工作所决定，而不只是取决于潜在的才干和动机。

2. 职业锚不是员工根据各种测试出来的能力、才干或者作业动机、价值观，而是在工作实践中，依据自省和已被证明的才干、动机、需要和价值观，现实地选择和准确地进行职业定位。

3. 职业锚是员工自我发展过程中的动机、需要、价值观、能力相互作用和逐步整合的结果。

4. 员工个人及其职业不是固定不变的。职业锚，是个人稳定的职业贡献区和成长区。但是，这并不是意味着个人将停止变化和发展。员工以职业锚为其稳定源，可以获得该职业工作的进一步发展，以及个人生物社会生命周期和家庭生命周期的成长、变化。此外，职业锚本身也可能变化，员工在职业生涯的中、后期可能会根据变化了的情况，重新选定自己的职业锚。

(二)职业锚的类型

施恩教授在1978年时提出了五种类型的职业锚，随后大量的学者对职业锚进行了广泛的研究，并在九十年代将职业锚确定为八种类型：

1. 技术—职能型：技术—职能型的人追求在技术—职能领域的成长和技能的不断提高，以及应用这种技术—职能的机会。他们对自己的认可来自于他们的专业水平，他们喜欢面对专业领域的挑战。他们通常不喜欢从事一般的管理工作，因为这意味着他们不得不放弃在技术—职能领域的成就。

2. 管理型:管理型的人追求并致力于工作晋升，倾心于全面管理，独立负责一个部分，可以跨部门整合其他人的努力成果。他们想去承担整体的责任，并将公司的成功与否看成自己的工作。具体的技术—职能工作仅仅被看作是通向更高、更全面管理层的必经之路。

3. 自主—独立型:自主—独立型的人希望随心所欲安排自己的工作方式、工作习惯和生活方式。追求能施展个人能力的工作环境，最大限度地摆脱组织的限制和制约。他们宁愿放弃提升或工作发展机会，也不愿意放弃自由与独立。

4. 安全—稳定型:安全—稳定型的人追求工作中的安全与稳定感，他们因为能够预测到稳定的将来而感到放松。他们关心财务安全，例如退休金和退休计划。稳定感包括诚实、忠诚、以及完成老板交待的工作。尽管有时他们可以达到一个高的职位，但他们并不关心具体的职位和具体的工作内容。

5. 创业型:创业型的人希望用自己能力去创建属于自己的公司或创建完全属于自己的产品(或服务)，而且愿意去冒风险，并克服面临的障碍。他们想向世界证明公司是他们靠自己的努力创建的。他们可能正在别人的公司工作，但同时他们在学习并寻找机会。一旦时机成熟了，他们便会走出去创立自己的事业。

6. 服务型:服务型的人一直追求他们认可的核心价值，例如帮助他人，改善人们的安全，通过新的产品消除疾病等。他们一直追寻这种机会，这意味着即使变换公司，他们也不会接受不允许他们实现这种价值的变动或工作提升。

7. 挑战型:挑战型的人喜欢解决看上去无法解决的问题，战胜强硬的对手，克服无法克服的困难障碍等。对他们而言，参加工作或职业的原因是工作允许他们去战胜各种不可能。他们需要新奇、变化和困难，如果事情非常容易，它马上会变得非常令人厌烦。

8. 生活型:生活型的人希望将生活的各个主要方面整合为一个整体，喜欢平衡个人的、家庭的和职业的需要，因此，生活型的人需要一个能够提供“足够弹性”的工作环境来实现这一目标。他们将成功定义得比职业成功更广泛。相对于具体的工作环境、工作内容，生活型的人更关注自己如何生活、在哪里居住、如何处理家庭事情等。

第三节　职业生涯规划

“职业生涯”，指的是一个人从职业学习开始到职业劳动最后结束这一生的职业工作经历过程。“职业生涯规划”，是指结合自身条件和现实环境，确立自己的职业目标，选择职业道路，制定相应的培训、教育和工作计划，并按照生涯发展的阶段实施具体行动以达成目标的过程。职业生涯贯穿着人的一生，因此，对职业生涯的规划，就是为自己的未来人生绘制理想的蓝图。了解职业生涯规划的相关知识，制定一份有效地个人职业生涯规划，是个人职业生涯发展的指路明灯。

一、职业生涯规划的注意点

1. 职业生涯规划的“四定”原则。职业生涯规划，简单地说，就是要解决职业生涯设计中“干什么”、“何处干”、“怎么干”、“以什么样的心态干”这四个最基本的问题，有专家将此高度概括为职业生涯中的“四定”——定向、定点、定位和定心。

定向，就是确定自己的职业方向。方向与目标有所不同，目标是自己拟定的期望达到的一个理想，而方向是为达成目标而选择的一种路径。对大学生来说，职业定向需要冷静的头脑和十足的勇气，根据自己的兴趣、理想、专业去选择自己未来的职业方向。在这里，专业已经淡化到次要的地位，如果有可能，大学生最好不要让理想屈从于专业。

定点，就是确定职业发展的地点。地点也是现实环境的一个因素。就中国来说，各地的经济发展现状和前景都有不同，甚至差异很大。近几年的调查研究显示，绝大多数毕业生就业地点只选经济发达地区，但这些地区竞争激烈、人满为患不说，外地生源还要面临环境、观念、语言、文化等差异带来的困难，而且发展与晋升的空间与机会并不见得比去发展中地区更好。

定位，就是确定自己在职业人群中的位置。定位过低会导致个人在职业生涯中无法实现自我价值的最大化，过高则容易因连遭挫折而对职业生活丧失信心。大学生往往因为定位的不准确，导致出现“高不成低不就”的现象，毕业经年仍漂泊不定。因此，大学生尤其是高职院校的学生，需要准确地标定自己的位置，既不能自卑也不要自傲，应根据自己的实际水平，在择业时对职位、薪资、工作容等做好判断和把握。

定心，就是稳定自己的心态。人的一生必然会有高低起伏，成功与挫折总是结伴而行。个人的职业生涯也不例外，在实现职业理想与目标的过程中，难免也会有磕磕碰碰和意想不到的困难。对大学生来说，就是要保持一种平常心态，敢于直视就业过程中的困难和问题，不以物喜，不以己悲，始终坚定地按照自己的正确计划去实现理想。

2. 个人职业生涯规划设计应该遵守如下准则:择己所爱。从事一项你所喜欢的工作,工作本身就能给你一种满足感,你的职业生涯也会从此变得妙趣横生。兴趣是最好的老师,是成功之母。调查表明:兴趣与成功机率有着明显的正相关性。在设计自己的职业生涯时,务必注意:考虑自己的特点,珍惜自己的兴趣,择己所爱,选择自己所喜欢的职业。

择己所长。任何职业都要求从业者掌握一定的技能,具备一定的能力条件。而一个人一生中不能将所有技能都全部掌握。所以你必须在进行职业选择时择己所长,从而有利于发挥自己的优势。运用比较优势原理充分分析别人与自己,尽量选择冲突较少的优势行业。

择世所需。社会的需求不断演化着,旧的需求不断消失,新的需求不断产生。新的职业也不断产生。所以在设计你自己的职业生涯时,一定要分析社会需求,择世所需。最重要的是,目光要长远,能够准确预测未来行业或者职业发展方向,再做出选择。不仅仅是有社会需求,并且这个需求要长久。

择己所利。职业是个人谋生的手段,其目的在于追求个人幸福。所以你在择业时,首先考虑的是自己的预期收益——个人幸福最大化。明智的选择是在由收入、社会地位、成就感和工作付出等变量组成的函数中找出一个最大值。这就是选择职业生涯中的收益最大化原则。

二、职业生涯规划的基本方法

通过以上的知识准备,我们对职业生涯规划已经有了大概的了解,接下来的工作就是通过选择合适的工具来制定个人的职业生涯规划。职业生涯专家们在实践过程中建立了许多行之有效的方法,下面为大家介绍几种常见的方法。

1. 橱窗分析法。橱窗分析法也叫做乔·哈瑞之窗,是美国心理学家 JoeLufthe 和 Harry-Ingam 建立的。他们根据“自己知道——自己不知”和“他人知道——他人不知”这两个维度,将人际沟通划分为四个区,即开放区、盲目区、隐秘区和封闭区。此理论开始是用于人际沟通,职业顾问发现,这个工具也可用于职业规划中进行自我评价。乔哈瑞之窗,能帮助我们自我评价,了解别人对自己的真正看法,提高自我评价的准确度。

这个工具告诉我们世界是由各种窗口组成的。透过窗口我们能看到自己的不同方面。有别人眼中的自己,也有真实的自己。这个工具也强调了这一事实,即别人对你也会有看法,它可能与你的自我认识相似,也可能相差甚远。如果你愿意接受别人的意见,你将会更好地认识自己。

	自己已知	自己未知
他人已知	1. 你的公开面孔	2. 盲点
他人未知	3. 你的个人世界	4. 未知自我

窗 1 是你的“公共面孔”,属于开放区,这是你生活的公共赛场。你知道的信息别人也知

道，如你的姓名、专业、出生地等。如果你比较害羞，窗 1 的空间将较小。

窗 2 是你的“盲点”，属于盲目区，它代表那些你自己不知道而别人知道的你的情况。这些可能包括其他人对你的看法和感觉等。如果你性格开朗，容易与人相处，你的盲点可能就比较小。你可以询问别人的意见，并接受建议。在准备求职时，这一点对你很重要。如果你知道如何给人留下深刻的印象，这将有助于你面试成功。如果你需要改变形象，就向别人学习，现在是时候了。

窗 3 是“你的个人世界”，属于隐秘区，即别人不知而自己却知道的情况。你可以不公开这部分生活，也可以告诉别人，让人家更了解你。

窗 4 是你的“未知自我”，属于封闭区，一些你和别人都不知道的情况。随着自我意识的增强，这个窗会变得越来越小。

乔·哈瑞之窗没有恰当的形式，但总是在帮助我们减少我们的盲点，使我们更加自知自明。这将有助你给招聘者留下好的印象。

听取别人的意见是获得有用信息的一个很有价值的源泉，尤其对求职更有价值。现在，让一个了解你的人诚实地对你进行描述，描述中必须包括你的缺点。同时，你也对自己进行描述。将两次写下的描述作比较，你会惊讶地发现这两次写的描述有一些相似之处和不同之处。既确定了你对自己的了解，也开阔了你对自己未知领域的认识，减少了对自己的盲目认识，规划职业时，就有一个好的起点。

2. SWOT 分析法。SWOT 分析法又称为态势分析法，它是由旧金山大学的管理学教授于 20 世纪 80 年代初提出来的，SWOT 四个英文字母分别代表：优势（Strength）、劣势（Weakness）、机会（Opportunity）、威胁（Threat）。所谓 SWOT 分析，即态势分析，就是将与研究对象密切相关的各种主要内部优势、劣势、机会和威胁等，通过调查列举出来，并依照矩阵形式排列，然后用系统分析的思想，把各种因素相互匹配起来加以分析，从中得出一系列相应的结论，而结论通常带有一定的决策性。

运用这种方法，可以对研究对象所处的情景进行全面、系统、准确的研究，从而根据研究结果制定相应的发展战略、计划以及对策等。SWOT 分析法常常被用于制定企业发展战略和分析竞争对手情况，在战略分析中，它是最常用的方法之一而现在这种方法也被广泛地应用于个人职业生涯规划中，以帮助个人寻找合适的职业机会。SWOT 分析是检查个人的技能、能力、职业、喜好和职业机会的有用工具。对自己做个细致的 SWOT 分析，就会很明了地知道自己的个人优点和弱点在哪里，并且能仔细地评估出自己所感兴趣的不同职业道路的机会和威胁所在。

内部因素	优势:指个体可控并可利用的内在积极因素: 1. 工作经验 2. 教育背景 3. 丰富的专业知识和技能 4. 特定的可转移技巧如沟通、团队合作、领导能力等 5. 人格特质如职业道德、自我约束、承受工作压力的能力、创造性、乐观等 6. 广泛的个人关系网络 7. 在专业组织中的影响力	劣势:指个体可控并努力改善的内在消极因素: 1. 缺乏工作经验 2. 学习成绩差, 专业不对口 3. 缺乏目标, 且对自我的认识和对工作的认识都十分不足 4. 缺乏专业知识 5. 较差的领导能力、人际交往能力、沟通能力和团队合作能力 6. 较差的寻找工作的能力 7. 负面的人格特征如职业道德败坏、缺乏自律、缺少工作动机、害羞、情绪化等
外部因素	机会:指个体不可控但可以利用的外部积极因素 1. 就业机会增加 2. 再教育的机会 3. 专业领域急需人才 4. 由于提高自我认识、设置更多具体的工作目标带来的机遇 5. 专业晋升的机会 6. 专业发展带来的机会 7. 职业道路选择带来的独特机会 8. 地理位置的优势 9. 强大的关系网络	威胁:指个体不可控但可以使其弱化的外部消极因素 1. 就业机会减少 2. 由同专业的大学毕业生带来的竞争 3. 具有丰富技能、经验、知识的竞争者 4. 拥有较好的寻找工作技巧的竞争者 5. 名校毕业的竞争者 6. 缺少培训、再学习造成的职业发展障碍 7. 工作晋升机会十分有限或者竞争激烈 8. 专业领域发展有限 9. 公司不再招聘与你同等学力或专业的员工

①优势分析。在自己的职业生涯设计中, 如果你能根据自身长处在选择职业并“顺势而为”地将自己的优势发挥得淋漓尽致, 就会事半功倍, 如鱼得水。职业生涯设计的前提是:知道自身优势是什么, 并将自己的生活、工作和事业发展都建立在这个优势之上。

具体来说, 就是要知道:

A. 你学了什么。在几年的学习生活中, 你从学校开设的课程中学到了什么有价值的东西, 社会实践活动提高和升华了你哪方面的知识和能力。

B. 你曾经做过什么。在学校期间担当的学生职务, 参加过什么社会实践活动, 工作经验的积累程度如何等。要提高自己经历的丰富性和突出性, 你应该有针对性地选择与职业目标相一致的工作项目, 坚持不懈地努力工作, 这样才会使自己的经历有说服力。

C. 最成功的是什么。你做过的事情中最成功的是什么? 如何成功的? 通过分析, 可以发现自己的长处, 比如坚强的意志、创新精神, 以此作为个人深层次挖掘的动力之源和魅力闪光点，形成职业生涯设计的有力支撑。

②劣势分析。同样，你要指出你的劣势和你最不喜欢做的事情。不知道自己的劣势在哪里，就会盲目高兴，会觉得天生能做好许多事情，从而沉浸在自我优势的圈子里。找到自己的短处，可以努力去改正自己常犯的错误，提高自己的技能，放弃那些对不擅长的技能要求很高的职业。具体来说就是要知道：

A. 性格的弱点。人天生就都有弱点，这是我们与生俱来且无法避免的。坐下来，跟别人好好聊聊，看看别人眼中的你是什么样子的，与你的自我看法是否一样，指出其中的偏差并借鉴，这将有助于自我提高。

B. 经验或经历中所欠缺的方面。欠缺并不可怕，怕的是自己还没有认识到或认识到了而一味地不懂装懂。正确的态度是，认真对待，善于发现，努力克服和提高。

C. 最失败的是什么。你做过事情中最失败的是什么？如何失败的？通过分析来避免在以后的职业中再次失败，防止在跌倒的地方再次跌倒。

自我认识一定要全面、客观、深刻，绝不能规避缺点和短处。“当局者迷，旁观者清”，尽量多参考父母、同学、朋友、师长、专业咨询机构等的意见，力争对自我有一个全面的认识。

③机遇分析。环境为每个人提供了活动的空间，发展的条件和成功的机遇。特别是近年来，社会的快速变化，科技的高速发展，市场的竞争加剧，对个人的发展产生很大的影响。在这种情况下，个人如果能很好地利用外部环境，就会有助于个人发展的成功。否则，就会处处碰壁，寸步难行。

同时，我们也面临各种各样的机遇，比如，经济快速发展为我们提供了发展空间，网络技术的发展使我们能了解更多的信息，出国深造的途径多了，择业的双向选择给了自主选择权等等。这都是我们面对的机遇。

④威胁分析。除了机遇，在这个社会中，我们也会面对各种各样的挑战和威胁。这是我们无法控制的外部因素，但是我们却可以通过弱化它的影响，这些因素包括：就业还处于买方市场形势、所学专业过时或不符合社会的需要、面对有更优的技能和更丰富的知识及更多的实践经验竞争者、公司不雇用你这个专业的人等等。这都是你可能遇到的挑战。

对于这些挑战，我们不能采取一味的回避的态度，或者自怨自艾，抱怨就更不好了，因为我们不能让社会适应你，只能改变自己，提高自己去适应社会的能力，通过努力把挑战转化为一种内在的动力。这样，我们才能避免不利的影响，在困境中脱颖而出，寻求发展和成功。

诚然，做此类个人 SWOT 分析会占用你的时间，而且还需认真地对待，但是，详尽的个人 SWOT 分析却是值得的，因为当你做完详尽的个人 SWOT 分析后，你将有一个连贯的、实际可行的个人职业规划策略供你参考。

3. SMART 目标确定法。SMART 原则在管理中通常应用于目标管理，是组织确定目标必须要遵守的基本原则，当该原则运用到个人职业生涯管理时，这个原则通常用来帮助我们制订正确的职业目标。SMART 这五个字母分别代表 Specific（具体的）、Measurable（可衡量的）、

Attainable(可实现的)、Relevant(恰当的)和 Timebound(有期限的)。在制定职业目标时，我们要注意以下几个方面。

一是要注意目标的具体性。未来的职业目标不应该是抽象的归纳或者大概的描述，应该是非常具体的行业，职位，层次等，以及在实现目标的过程中要关注的核心问题或者可能遇到的困难。

二是要注意目标的可衡量性。怎样才算达到具体目标？用何种方法来考核？这些必须都是明确的。也就是说，必须要找到衡量达到目标的标准和考核方法。

三是注意目标的可实现性。社会运行是有一定规律的，不考虑社会的规范和限制制订不切实际的目标会导致个人和社会的激烈冲突。

四是注意目标的恰当性。目标的设定不能脱离个人能力的范畴。脱离现实制订过高的目标往往是无法实现的，反而会使自己的职业生涯与失败相伴随，进一步打击自己的职业信心，使原本可以实现的目标都无法实现。

五是要注意目标的时间限制。个人的职业生涯都是有一定的时间长度限制的，这取决于个人的自然寿命和身体状况。在既定的时间内一步一步实个人的阶段目标既有助于生涯管理的有序性又有助于提高生涯管理的效率。

三、职业生涯规划一般步骤

1. 确定志向。志向是事业成功的基本前提，没有志向，事业的成功也就无从谈起。俗话说:“志不立，天下无可成之事。”立志是人生的起跑点，反映着一个人的理想、胸怀、情趣和价值观，影响着一个人的奋斗目标及成就的大小。所以，在制定生涯规划时，首先要确立志向，这是制定职业生涯规划的关键，也是职业生涯规划中最重要的一点。

2. 自我评估。自我评估的目的，是认识自己、了解自己。因为只有认识了自己，才能对自己的职业作出正确的选择，才能选定适合自己发展的职业生涯路线，才能对自己的职业生涯目标作出最佳抉择。自我评估包括自己的兴趣、特长、性格、学识、技能、智商、情商、思维方式、思维方法、道德水准以及社会中的自我等等。

3. 职业生涯机会的评估。职业生涯机会的评估，主要是评估各种环境因素对自己职业生涯发展的影响，每一个人都处在一定的环境之中，离开了这个环境，便无法生存与成长。所以，在制定个人的职业生涯规划时，要分析环境条件的特点、环境的发展变化情况、自己与环境的关系、自己在这个环境中的地位、环境对自己提出的要求以及环境对自己有利的条件与不利的条件等等。只有对这些环境因素充分了解，才能做到在复杂的环境中避害趋利，使你的职业生涯规划具有实际意义。环境因素评估主要包括:①组织环境。②政治环境。③社会环境。④经济环境。

4. 职业的选择。职业选择正确与否，直接关系到人生事业的成功与失败。据统计，在选错职业的人当中，有 80% 的人在事业上是失败者。正如人们所说的“女怕嫁错郎，男怕选错行”。由此可见，职业选择对人生事业发展是何等重要。

如何才能选择正确的职业呢？至少应考虑以下几点：①性格与职业的匹配。②兴趣与职业的匹配。③特长与职业的匹配。④内外环境与职业相适应。

5. 职业生涯路线的选择。在职业确定后，向哪一路线发展，此时要作出选择。即，是向行政管理路线发展，还是向专业技术路线发展；是先走技术路线，再转向行政管理路线……由于发展路线不同，对职业发展的要求也不相同。因此，在职业生涯规划中，须作出抉择，以便使自己的学习、工作以及各种行动措施沿着你的职业生涯路线或预定的方向前进。

通常职业生涯路线的选择须考虑以下三个问题：一是我想往哪一路线发展？二是我能往哪一路线发展？三是我可以往哪一路线发展？对以上三个问题，进行综合分析，以此确定自己的最佳职业生涯路线。

6. 设定职业生涯目标。职业生涯目标的设定，是职业生涯规划的核心。一个人事业的成败，很大程度上取决于有无正确适当的目标。没有目标如同驶入大海的孤舟，四野茫茫，没有方向，不知道自己走向何方。只有树立了目标，才能明确奋斗方向，犹如海洋中的灯塔，引导你避开险礁暗石，走向成功。目标的设定，是在继职业选择、职业生涯路线选择后，对人生目标做出的抉择。其抉择是以自己的最佳才能、最优性格、最大兴趣、最有利的环境等信息为依据。通常目标分短期目标、中期目标、长期目标和人生目标。短期目标一般为一至二年，短期目标又分日目标、周目标、月目标、年目标；中期目标一般为三至五年；长期目标一般为五至十年。

7. 制定行动计划与措施。在确定了职业生涯目标后，行动便成了关键的环节。没有达成目标的行动，目标就难以实现，也就谈不上事业的成功。这里所指的行动，是指落实目标的具体措施，主要包括工作、训练、教育、轮岗等方面的措施。例如，为达成目标，在工作方面，你计划采取什么措施，提高你的工作效率？在业务素质方面，你计划学习哪些知识，掌握哪些技能，提高你的业务能力？在潜能开发方面，采取什么措施开发你的潜能等等，都要有具体的计划与明确的措施。并且这些计划要特别具体，以便于定时检查。

8. 评估与回馈。俗话说：“计划赶不上变化。”是的，影响职业生涯规划的因素诸多。有的变化因素是可以预测的，而有的变化因素难以预测。在此状况下，要使职业生涯规划行之有效，就须不断地对职业生涯规划进行评估与修订。其修订的内容包括：职业的重新选择；职业生涯路线的选择；人生目标的修正；实施措施与计划的变更等等。

四、大学生职业生涯规划的常见错误

许多学校对学生的职业生涯规划都比较重视，纷纷开展了职业生涯教育，学生在校时已经开始制定个人的职业生涯规划。但由于我国的高校学生职业生涯教育起步较晚，教学水平较低，学生在制定个人职业规划的时候往往存在许多问题，需要加以重视。

1. 认识自我中的问题。首先是缺乏个人志向。大多数学生都没有谈到这个问题。志向是事业成功的基本前提，没有志向，事业的成功也就无从谈起。所以，在制定生涯规划时，首先在确立志向，这是制定职业生涯规划的关键，也是生涯规划最重要的一点。

其次是认识自我的途径单一。绝大部分学生都是通过职业生涯测评系统来认识自己。实际上除了通过测评外，大学生在制订职业规划时需要与周围的师长、朋友、家人和专家多点沟通，充分清晰地了解自己，并且听取他们的建议去反复修正规划，而不是单单自己一个想出来的。

再次是认识自我的内容不够全面。大部分学生只分析了个人的兴趣、爱好、特长、性格、价值观、个人的优缺点和个人的健康，没有谈到个人的情商。而这个因素对职业生涯有着非常重要的影响。

最后是兴趣、经验和能力的展示与未来职业目标关联度不大，未突出自己的职业能力优势。例如有人谈到兴趣爱好是旅游，但职业选择却是与旅游相差甚远的职业，诸如此类的兴趣还有打篮球、打羽毛球、听音乐、看电视、上网、书法、跳舞、定向越野、绘画、文艺等。

2. 环境分析中的问题。首先是环境分析只有普遍性没有特殊性。对就业形势的评估，只是从宏观的角度来分析问题，犯了“大而全”错误，缺乏针对性。如能从本省和具体就业区域的角度来评估就业形势，就更全面而具体。

其次是对行业、职位了解的途径单一。大部分人是通过互联网对行业、职业进行了解，认识单一。还可以通过多种途径，例如报纸、人才招聘会、行业展览会、专业协会、生涯人物访谈、访谈毕业的师兄、师姐、在职人员以及该行业的领军人物、资深的职业生涯规划师、校友会、中文职业搜索引擎和实际接触等。

3. 职业定位中的问题。首先是定位分析不明。大多数人没有谈到选择该职业目标的原因，以及达到目标的途径，达到目标所需的能力、训练和教育。没有提到达到该目标可能得到的助力;没有提到达到该目标可能遇到的阻力。

其次是专业与职业关联度小。部分学生在做职业定位时，并没有把自己专业与能力与企业职业所需能力一一对应起来。例如专业是中文，职业目标是高级心理咨询师。要具体分析自己所要从事的职业，自己在大学时期有没有这方面的知识储备？有没有这方面的社会实践？浪费自己三、四年所学，从事别的工作，要特别慎重考虑。不能仅凭个人喜好做出重大决定。

最后是目标订立过于理想化。很多同学的目标是今后成为社会精英，如大学教授或总经理、董事长等。职业规划中有远大的理想固然是好，但一味追求速成，会导致择业中眼高手低，结果反而是欲速不达。学生最好根据自己的专业知识做出职业规划，最重要的是抱着积极而又务实的心态，接受低层做起积累经验

4. 计划执行中的问题。首先是计划可操作性不强。大学阶段的计划没有突显达到设定职位的社会实践和读书计划。执行计划模糊，即使有社会实践和读书计划，但是并没有定出时间，没有确定的社会实践的地点，计划读的具体书籍。计划应分为总体计划和阶段性计划。

总体计划指一生总的职业目标;阶段性计划至少是两大部分，一是在校期间，另一部分是大学毕业后。大学期间应该具体详细，既要年计划，也要学期计划;既要月计划，也有周计划，最好每天都要有计划。

其次是重考证，轻实践。现在很多大学生都考了一堆证书，但是很少有学生去考虑这些证书对自己以后的职业生涯发展有什么帮助。大多数学生很少提到与职业相关的社会实践。社会实践对在校大学生非常重要，通过社会实践才能知道自己所学是不是将来职业所需，自己能不能胜任工作。如果不能，那么在校应该尽快完善这方面的知识。这对今后的大学生活有极大的指导作用。

最后是想当然的多，结合实际的少。未来职业是计算机行业方面的管理人员，如基层管理(一年)——初级管理(两年)——中级管理(三年)——高级管理(五年)。这个计划是如何制定出来的呢？是请教了在职人员，还是自己想当然的呢？大学生应该应该结合自己的测评报告，发挥自己的长处，尽量使计划执行不再是凭想象。

5. 反馈修正中的问题。首先是一部分学生根本就没有反馈修正这个步骤。每天晚上没有评估自己的计划执行情况，布置第二天的情况。应该坚持在每晚反省一天的行为。有些学生这部分过于简单化。这些学生只是提到如果未能按原计划实行，那么就从事别的工作，而且没有说明为什么选择这份职业作为自己的第二选择。

其次是计划与备用方案之间缺乏内在联系。如计划是报社的广告营销工作，备用方案是保险公司销售人员。计划与备选方案可能都行不通。这样就没有起到反馈修正的作用。还有的大学生以为备选方案多多益善。不管前面做出了多少分析，总不忘记要在从事职业前，来一个公务员考试，而这些同学无论从性格、气质还是专业都不符合公务员的要求，纯粹浪费时间。应根据自我发展变化与社会需求的变化，不断修正、优化职业生涯规划，主动适应各种变化，积极发展职业生涯规划。

思考题

1. 职业的概念是什么？又具有什么含义？

2. 职业和工种、岗位之间有什么联系和区别？

3. 职业是如何划分的？我国的职业划分标准有几种？

4. 进行一次 MBTI 测验，并思考自己属于何种类型，有什么特征，适于哪些职业？

5. 霍兰德的六型理论主要内容有哪些？对我们选择职业有什么帮助？

6. 进行一次霍兰德职业兴趣测量，并讨论你的测量结果是否和你心目中的职业相吻合，如果不吻合，问题出现在哪儿？

7. 简述职业锚理论的主要内容以及适用对象。

8. 什么叫职业生涯？什么叫职业生涯规划？

9. 职业生涯规划的原则有哪些?

10. 如何利用橱窗分析法来了解自己?

11. 试用 SWOT 分析法对自己进行分析，并讨论分析过程中有何成功和错误的地方，如何抓住机会，消除威胁? 如何发挥优势，弥补劣势?

12. 职业生涯规划的一般步骤有哪些?

13. 进行职业生涯规划时如何避免进入误区?

＊第六章　大学生就业：掌握政策与规定＊

☆本章旨要

大学生就业政策在我国高等教育体制里面具有重要的地位，它是衔接大学生从学校走向社会的桥梁。因此，如何建立适合社会实际需要而又行之有效的就业政策是非常重要的。建国以来，我国政府相关部门在不同历史时段对大学生就业政策进行了数次变革，尤其是上个世纪90年代开始，随着我国社会主义市场经济建设的不断深入和完善，大学生就业政策也产生了很大的变化。了解我国大学生就业政策的历史变革和最新发展，熟悉大学生就业中的各项具体政策，能够帮助大学生建立正确的就业观念和就业行为。

第一节　大学生就业政策的变革

建国以来，我国的大学生就业分配制度随着社会经济制度和人事制度的改革，也经历了几次比较重大的变化。熟悉和了解变化的具体情况以及相对应的社会背景，有利于了解大学生就业分配制度和社会发展之间的紧密关系，更好地理解我国现行的大学生就业政策，并预测就业政策在将来的发展趋向，有利于大学生更好地掌握自己的就业和设计职业生涯发展的路线。

一、计划经济下“统包统分”的就业政策

从建国初期到上世纪80年代中期，在计划经济体制下，我国的高等教育是一种高度集中的计划管理模式，从招生到就业，无不打上了“计划”经济的历史烙印。学校按指令性计划招生，学生按照计划分配，用人单位就像一个“大箩筐”，有什么学生就装什么学生，通常把这种计划经济体制下的高等学校毕业生就业政策称为“统包统分”。这种就业模式就是高等学

校毕业生的就业实行由国家负责，按照计划统一分配的制度。其特点是“由国家包下来分配工作，负责到底”;执行的是“统筹安排、集中使用、保证重点、照顾一般”的大政方针。

这种分配制度是和当时我国的计划经济体制相适应的。在建国初期百废待兴，人才匮乏的情况下，高校毕业生被视作为“稀缺资源”，分配权力都掌握在国家手里，以保证在需要的地方能够得到需要的人才，确保生产建设的顺利进行。

应该说高等学校毕业生由国家负责按计划分配的制度，是伴随着我国长期实行的计划经济体制而产生和完善的，这种分配制度与我国当时的计划经济体制相适应，体现了社会主义制度的优越性，在一定的历史时期发挥了重要的历史作用。在很长一段历史时期内，它保证了国家建设对人才的需要，在一定程度上缓解了我国地区之间人才需求不平衡的状况，有利于国家宏观调控人才流向，有利于社会安定。

但是，这种分配模式随着改革开放的发展和人事制度的改革，逐渐无法适应社会的需要，各种弊端也逐渐显现，主要表现在:

1. 毕业生和用人单位没有选择权，什么人去什么部门以及什么部门用什么人都由国家来决定，往往是毕业生无法得到合适的岗位而不能发挥自己的能力，用人单位却由于得不到合适的人员而无法正常开展工作，进而造成了社会人力资源的浪费和效率的下降。

2. 毕业分配制度在很大程度上决定了高校的招生制度和日常培养制度，使得高校在专业设置、课程改革等关键问题上不是跟市场走而是跟政策走，导致高校教育与社会需求的脱节。一方面高校由于一切都依赖于政府一包到底，缺乏提高教学质量的动力，办学质量长期徘徊不前;另一方面培养的学生无法适应市场的需求。

3. 在这种分配制度下，学生只要考上高校就意味着有了一个“铁饭碗”，在大学里学好学坏一个样，学生缺乏上进的动力，培养了学生一切依赖国家的不劳而获思想。这种思想很大程度上还延续到今天，对我国的经济建设造成了巨大的影响。

可以说，这种“统包统分”的分配模式，在我国早期计划经济情况下确实起到了巨大的作用，但随着社会的发展，这种制度已经越来越显得落后于时代，各种矛盾也日益显现。到了20世纪80年代中期，我国的人事制度开始改革，“统包统分”思想开始被新的分配模式替代。

二、过渡时期“供需见面，双向选择”的就业模式

改革开放以来，随着我国经济体制改革的不断深入和社会主义市场经济的发展及劳动人事制度的改革，“统包统分”的大学生就业分配制度越来越与新的经济运行机制不相协调，越来越不适应形势的发展，其弊端逐渐显露出来，该政策对于人才的合理配置，学生学习的积极性，学校的办学积极性，及用人单位择优选才都产生了不良的影响，亟待改革。

1983年，清华大学等高校率先用“供需见面”的方式落实毕业生分配计划，减少了统一分配计划的份额，加强了学校与用人单位的沟通。随后几年，这种分配方式得到推广。

1985年5月27日中共中央颁布的《中共中央关于教育体制改革的决定》是我国对高等学

校毕业生就业政策改革的重要标志，而改革高等学校毕业生分配制度是《决定》的重大决策之一，它明确指出，对于国家招生计划内的学生，其“毕业分配，实行在国家计划指导下，由本人选报志愿、学校推荐、用人单位择优录用的制度”。这项决策为毕业生就业制度的改革奠定了基础，国家有关部门开始对传统的“统招统分”制度逐步改革，形成了以“供需见面”为主要形式，以“双向选择”为指导目标的就业政策。“双向选择”毕业生就业政策顺应了教育体制改革对毕业生就业制度的新要求，适用于计划经济向社会主义市场经济转轨的全过程，有人形象的称“双向选择”毕业生就业政策开创的是一种“自由恋爱”的新模式，以区别于计划经济体制下的“包办婚姻”模式。

所谓“供需见面”是指在国家就业方针指导下，在毕业生有关就业主管部门的组织和协调下，由学校和用人单位直接联系，也可以由用人单位和学校联系进行供需信息交流活动。学校向用人单位介绍本校学生培养情况，用人单位向学校介绍本单位的人员需求情况。

所谓“双向选择”则是毕业生和用人单位互相选择的就业方式。通过双向选择，毕业生向用人单位了解使用意图，工作内容和事业发展的前景等情况；用人单位则根据具体要求对毕业生的知识、能力、身体和思想品德等进行考察，决定是否录用。

这项改革取得重要突破的标志，是1987年北京首次举办由用人单位和毕业生见面的大型供需洽谈、双向选择会。两年后，国务院批转《高等学校毕业生分配制度方案》(简称“中期改革方案”)，主要明确了三点:第一，高校招生，实行国家任务计划和社会调节性计划结合，后者作为前者的补充又分委培生、自费生等类型。第二，国家任务计划招收的学生，除师范、农林、体育、民族等专业外，上学要交学杂费。委培、自费生交的费用通常更多。第三，学生毕业后在国家方针政策指导下，遵循有关规定在一定范围内选择职业。

“双向选择”毕业生就业政策实施的结果，对广大高校大学生和用人单位而言实际上是一种“双赢”。它实现了人才资源的合理配置，适应了经济发展的需要，促进了我国的经济发展；扩大了用人单位选才的自主权，有利于用人单位择优选才，促进了用人单位尊重知识，珍惜人才风尚的形成；扩大了高等学校的办学自主权，促进了学校的教学改革，增强了学校适应社会需要的主动性和积极性；扩大了高等学校毕业生择业的自主权，有利于学生发挥自身的素质优势，有利于学生发展成才；转变了在校大学生的思想观念，提高了他们的学习积极性和竞争意识；打破了过去在单一计划分配体制下，大学毕业生那种“包上大学，包当干部”的思想，使在校大学生有了危机感，学生感到没有真才实学就会找不到工作单位，这从根本上为端正高等学校的校风和学风起到了推动作用；保证了企事业单位的人才需要，增大了毕业生到基层的比例，充实了基层科研、教学、生产的第一线的人才需要。

“双向选择”的模式使市场机制、竞争机制开始进入高校毕业生分配领域。然而，目前实施的中期改革方案毕竟只是一个过渡性方案，它只是部分触及了“统包统配”这个基本模式，对毕业生来说，并不能真正自主择业，仍有许多政策、措施在左右着他们的命运。与此同时，高等教育、劳动人事制度也尚在改革中，学生的专业、培养性质、学校归属、生源所在地乃至性别都将影响到就业;对于用人单位来讲,“双向选择”后高校毕业生的“干部”身份还是继续存在的,就必须按照干部分配政策执行,因此要接收一个毕业生则须通盘考虑干部编制、工资指标以及外地生进本省(区、市)指标,哪一个关卡亮了红灯都不行。

有人说,“双向选择”是在一只“笼子”里进行的。只不过,对于不同单位不同毕业生,“笼子”大一点小一点罢了。

三、市场经济条件下“自主择业”的就业政策

以“双向选择”为主要特征的毕业生就业制度只是过渡性的就业政策,随着改革开放的深入和社会主义市场经济体制的建立和完善,建立以“自主择业”为主要特征毕业生就业制度已经势在必行。

1993 年 2 月 13 日由中共中央、国务院颁布的《中国教育改革和发展纲要》是“自主择业”就业模式的政策依据,它明确指出:在 20 世纪 90 年代,随着经济体制、政治体制和科技体制改革的深化,教育体制改革要采取综合配套、分步推进的方针,加快步伐,改革包得过多、统得过死的体制,初步建立起与社会主义市场经济体制、政治体制和科技体制改革相适应的教育新体制。“除对师范学科和某些艰苦行业、边远地区的毕业生,实行在一定范围内定向就业外,大部分毕业生实行在国家方针、政策指导下,通过人才劳务市场,采取自主择业的就业办法”。

以《纲要》为政策依据而确定的毕业生就业政策改革目标是:改革高等学校毕业生“统包统分”和“包当干部”的就业制度,实行少数毕业生由国家安排就业,多数由学生“自主择业”的就业制度。即除少数享受国家奖学金、专项奖学金、单位奖学金的学生,实行在一定范围内就业外,大部分学生在国家方针、政策指导下通过毕业生就业市场“自主择业”。在这种就业体制下,大部分毕业生将按照个人的能力、条件到市场参与竞争,而不再依靠行政手段由国家保证就业;用人单位也只能用工作条件及优惠待遇吸引毕业生,不能等待国家用行政命令的办法给予保证;而高等学校作为就业工作的中介,主要为毕业生“自主择业”提供服务。

2002 年,国务院转发教育部等部门《关于进一步深化普通高等学校毕业生就业制度改革有关问题意见》的通知明确要求,进一步转变高校毕业生就业观念,建立市场导向、政府调控、学校推荐、学生与用人单位双向选择的就业机制,努力实现高校毕业生的充分就业。2003 年,教育部《关于做好 2003 年普通高等学校毕业生就业工作的通知》是我国大学毕业生就业政策的革命性变化,体现了政策引导所具有的成本收益结构调整功能,改变了就业政策与行政命令合二为一的局面。高校作为毕业生就业工作的中介,主要为毕业生“自主择业”提供各项服务。因此,“市场导向、政府调控、学校推荐、学生与用人单位双向选择的就业机制”是我国目前大学生就业的基本政策。

这种就业政策在“供需见面,双向选择”的基础上进一步打破了传统的就业理念,较好地适应了社会主义市场经济就发展的需要,从 1993 年实行以来进展顺利,取得了良好的成绩,具体体现在以下几个方面:

1. 进一步解放了思想，转变了社会就业观念。大学毕业生不再“等、靠、要”，而是提高了学习积极性，增强了市场经济意识，提高了心理承受能力，主动投入到自主择业的洪流中去；用人单位也改变了等待国家分配大学生的习惯，主动到人力资源市场寻找合适的人才。

2. 达到了毕业生、用人单位和国家的“三赢”效果。在新的就业制度下，人力资源的供需双方都具有自由选择的权力，而不再是“拉郎配”，这样可以确保合适的人才找到合适的岗位，合适的岗位也能配备合适的人才。对个人来说，合适的岗位有利于个人能力的发挥，有利于个人职业生涯的发展；对用人单位来说，选到合适的人才可以提高组织劳动效率，为组织带来更大利益；对国家和社会来说，提高了人力资源的使用效率，为社会创造了更多的财富，为社会主义市场经济的建设做出了更大贡献。

3. 促进了高校教育体制的改革，为实现“科教兴国”战略做出了贡献。就业体制纳入市场经济轨道后，高校教育体制也逐步向市场靠拢。就整个体制来说，出现了高校教育产业化的趋向，除了国家办学以外各种社会资本也被允许进入高等教育产业，出现了许多社会力量所办的高等教育教院校，成为了我国高等教育的一支生力军，为社会培养了大量的各级各类人才；从各高校的日常管理来说，高校的目光更加关注市场的需要，学生培养方式日趋与市场结合，并为此在高校行政管理、教育教学管理、人事管理、后勤管理以及课程和教学内容的改革方面做了大量工作。这些变化是的高校的教学质量不断提高，为我国现代化建设做出了重要的贡献。

但是应该看到，尽管“自主择业”的大学毕业生就业政策已经取得了很大的成效，但到目前为止，建立大学毕业生就业市场将要经历一个从不规范到逐步规范、从不成熟到比较成熟的市场发育过程，毕业生就业市场的培育和建立还要有个时间过程。有鉴于此，我国的高等学校毕业生真正能够大量地、无限制地进入劳动力市场自主择业，还需要一段不短的时间。在这个改革过程中，国家应该逐渐放宽对高等学校毕业生就业的安排和控制，与此同时，在劳动人事制度、户籍制度等方面也需要继续进行深入改革，并要建立起有效的毕业生就业信息网络，使得人才流动更为自由，为高校毕业生自主择业创造必要的、有利条件。

第二节　我国现行的就业政策

上节所讲都是国家关于毕业生就业的宏观政策和总体方针，在不同的方针指导下，具体的执行层面也会产生很大的不同。就目前实行的“自主择业”方针而言，由于跟多的倾向于通过市场机制来解决毕业生就业问题，因此在具体政策方面更多是通过完善市场就业机制，建立就业市场，并辅以国家行政部门的政策调控手段来进行的。

一、就业市场政策

毕业生就业市场是在国家有关方针政策的指导下，运用市场机制和必要的客观调控手段，通过双向选择、自主择业等途径，优化毕业生人才资源配置的一种方式。广义地讲，就业市场是利用市场规律调节高等学校毕业生人才供求的一种机制，它由毕业生、用人单位及其服务机构、交流洽谈场所、社会保障制度等等组成。狭义上来讲，是指毕业生供求双方直接进行见面洽谈、相互选择的场所，即人才交流会、招聘洽谈会等。

毕业生就业市场是如此的重要，国家自然需要出台一系列政策法规来维护和支持。从总的情况来看，毕业生就业市场是随着社会主义市场经济体制的建立和劳动人事制度的改革而发展起来的，因此社会主义市场经济的法律规章和劳动人事制度改革的精神都适用于毕业生就业市场。就业市场规制政策从性质上大致可以分成三个层次：

一是全国人大制定的法律法规和国务院根据法律制定的一些规定，最重要的有《劳动法》、《合同法》、《公司法》、《职业介绍暂行规定》、《人事争议处理暂行规定》、《人才市场管理暂行规定》等。

二是国务院各部门在遵守法律的情况下制定的部门规章、重要通知等。如《普通高等学校毕业生就业工作暂行规定》、《高等学校毕业生就业后调整办法》、《国务院办公厅转发教育部等部门关于进一步深化普通高等学校毕业生就业制度改革有关问题意见的通知》。

三是各地区或者各学校出台的地方性政策规定，如《北京市劳动力市场管理条例》、《北京市劳动合同规定》、《北京市人才市场管理条例》、《北京市人才信息网络市场管理办法》、《北京市人才招聘洽谈会管理办法》、《北京市人才中介服务机构管理办法》等。

二、就业准入政策

就业准入政策是指大学生就业获准进入某些地区、专业、职业等的相关政策。

高等学校毕业生是我们国家和社会的宝贵财富，我们高校毕业生就业的方针原则中规定毕业生要贯彻统筹安排，合理使用，加强重点，兼顾一般和面向基层，充实生产、科研、教育第一线的方针。在保证国家需要的前提下，贯彻学以致用，人尽其才的原则。而且国家教委直属高校的研究生面向全国就业；国务院其他部委学校的毕业生主要面向本系统、本行业就业；省属学校或地方学校在地方就业。

一是地区准入政策。每个地方都会有进入本地方的用人指标，相应的会出台一些具体的进入政策，特别是大城市如北京、上海等，每年都会出台接收普通高等学校非北京、上海生源毕业生有关问题的通知和政策。尽管这些政策一定程度上限制了人才的自由流动，会导致人力资源的不合理配备，从发展趋势来说，该类政策会逐渐萎缩，但在一个特殊的历史时期，在一定的地区和一定的时间段，该类政策的存在具有一定的合理性。

二是职业方面的就业准入。职业方面的就业准入是指根据《中华人民共和国劳动法》和

《中华人民共和国职业教育法》的有关规定，对从事技术复杂、通用性广、涉及国家财产、人民生命安全和消费者利益的职业(工种)的劳动者，必须经过培训，并取得职业资格证书后，方可就业上岗。实行就业准入的职业范围由人力资源和社会保障部确定并向社会发布。

三、招考录用政策

招考录用政策主要指在选拔毕业生的过程中的一系列关于招考的规定，是国家在大学毕业生入口上所制定的一系列限制性原则和措施。在招考国家公务员层面主要是公务员招考的相关制度;在企事业单位录用大学生方面主要表现为政府和企业制定的在招考程序上的一系列规范。关于国家公务员招考录用的一系列政策就是典型的招考录用政策。

四、权利维护政策

权利维护政策是指在就业过程中对就业者本人和就业单位权利维护的一系列原则、规范。对于就业者本人，主要是维护其平等的就业权，对于用人单位主要是保护用人单位的一系列利益，权利维护政策有利于就业过程的规范化和秩序化。

权利维护政策最主要的是对毕业生的保护政策。毕业生作为毕业生就业的一个重要主体，在就业过程中享有多方面的权益，根据目前就业规范的有关规定，毕业生主要获取信息权、接受就业指导权、被推荐权、选择单位权、公平待遇权、违约及求偿权等。

五、宏观调控政策

宏观调控政策最主要的是指政府为了促进我国人才结构的平衡而出台的一系列关于大学生到基层、到中小城市企业、到农村、到西部等地区去就业的鼓励性措施。比如鼓励和支持高校毕业生到农村基层支教、支农、支医、扶贫等，经过两三年锻炼，根据工作需要从中选拔优秀人员到县、乡(镇)机关和学校或企业事业单位担任领导工作，或充实到基层金融、工商、税务、审计、公安、司法、质检等部门。中共中央组织部、人事部、团中央、中央机构编制办公室、教育部联合发布的《2003 年关于选拔高校毕业生到西部基层工作的通知》，团中央、教育部、财政部和人事部《关于实施大学生志愿服务西部计划的通知》，北京市《关于鼓励高校毕业生到农村基层工作的通知》，中共中央办公厅、国务院办公厅于 2005 年 6 月颁发的《关于引导和鼓励高校毕业生面向基层就业的意见》等都属于政府宏观调控政策。

值得强调的是国家通过政策，积极引导和鼓励高校毕业生面向基层，在户籍迁移、偿还助学贷款、考录公务员、报考研究生等诸多方面都提出了优惠措施。另外，人力资源和社会保障部也出台了一系列促进非公有制单位和中小企业接收高校毕业生、鼓励和支持毕业生到中小企业和民营企业就业的有关政策规定。

六、创业扶持政策

创业扶持政策是积极劳动政策体系中最直接、最积极的政策，也是现阶段效果比较显著、作用比较持久的措施。我国非国有经济的迅速崛起和第三产业的飞速发展，为毕业生提供了宽广的发展空间。随着高等教育从精英化向大众化转变，大学生的就业观念也需要发生转变，自主创业、先就业后择业应该成为新的发展途径。

我国人事部规定，为适应多种所有制经济的发展，各级人事部门鼓励毕业生多种渠道、多种形式就业，支持毕业生自主创业。各级人事部门已经出台各种政策和措施，积极为自主创业的毕业生提供所需的社会化服务，解除其后顾之忧。

2000 年教育部公布了“教育部关于贯彻落实中共中央、国务院《关于加强技术创新，发展高科技，实现产业化的决定》的若干意见”。这项政策规定:大学生、研究生(包括硕士、博士研究生)可以休学保留学籍创办高新技术企业。此前，北京市曾提出，大学在校生可享受“弹性学制”，允许大学生在规定时间内完成学业，他们既可提前毕业，也可先工作再完成学业。

早在 2009 年 1 月 19 号，国务院办公厅发布了《国务院办公厅关于加强普通高等学校毕业生就业工作通知》(国办发[2009]3 号)，规定鼓励高校积极开展创业教育和实践活动。对高校毕业生从事个体经营符合条件的，免收行政事业性收费，落实鼓励残疾人就业、下岗失业人员再就业以及中小企业、高新技术企业发展等现行税收优惠政策和创业经营场所安排等扶持政策。

近几年，除了国家法律和政策方针以外，地方和高校也出台了一些创业扶持政策。

上海市教委在就业政策中强调，高校毕业生运用其知识和技能参股或合资兴办高新技术企业，也可以自行创办科技和其他类型的小企业。由高校毕业生创办的科技小企业，可享受注册、税收等一系列优惠政策。

北大、清华、复旦等高校都对学生开展了创业教育;每年都有全国性或地区性的创业大赛举行。清华大学在全国高校中首次将“创业停学与复学”的规定列入学籍管理规定中:在学研究生可向校方提出创业停学申请，经导师和院方书面同意后可按规定细则办理停学。

七、社会保障政策

当前由于全球金融危机的影响还没有结束，我国大学生就业形势十分严峻，相当一部分学生没有落实工作单位，甚至没有工作，即面临“毕业即失业”的尴尬境地。相应地，国家除了一系列促进就业的政策外，还出台了一些有关的社会保障政策，以解除在就业上困难群体的大学生的后顾之忧，更好的支持和服务大学毕业生就业。

劳动保障部门关于大学生社会保障的相关政策主要有以下的内容:将高校毕业生就业工作纳入当地就业工作整体规划，在宏观调控和增加就业岗位等方面进行统筹安排;积极组织实施“毕业生职业资格培训工程”和多种形式的创业培训，为毕业生自主就业创造条件;发挥公共职业介绍机构的作用，加强职业指导和就业信息服务，为高校毕业生择业提供更多帮助;加强失业登记和组织管理，对未就业和生活困难的高校毕业生，在失业、求职期间给予生活和就业方面的帮助;加强劳动力市场的管理，为高校毕业生就业创造良好的环境。

八、指导服务政策

就业指导也可称“择业指导”或“职业指导”，它是为求职者选择职业、准备就业以及在职业中求进步、求发展而提供知识、经验和技能的指导。通俗地讲，它是给求职者传递信息，帮助求职择业，为其与职业结合牵线搭桥当“红娘”。

就业指导有狭义和广义之分。狭义的就业指导是给求职择业的劳动者传递就业信息，帮助其求职和择业，为其与职业的结合牵线搭桥。广义的就业指导就是为劳动者选择职业、准备就业以及在职业中求发展、求进步等提供知识、经验和技能。它包括预测就业市场，汇集、传递就业信息，培养劳动技能，组织劳动力市场，以及推荐介绍和组织招聘等与就业有关的综合性社会咨询服务活动。在我国，就业指导还应包括就业政策导向和与之相适应的思想工作，就业指导的目的是使无业者有业，有业者敬业，敬业者乐业，乐业者创业。

在《普通高等学校毕业生就业工作暂行规定》中明文规定高等学校的主要职责:第五条:开展毕业教育和就业指导工作，在第四章中提出了具体的要求。目前有的省市还出台了相关政策，对高校的就业指导服务课程、服务场地、服务经费上都提出了具体要求，使大学生就业指导有了行政资源上的充分保障。

九、其他相关政策

还有一些以上没有涉及的，但与大学生就业相关的政策，一般都是一些特殊问题的处理原则。例:人事代理制度，特殊毕业生就业政策，大学生入伍当兵的有关规定等，他们和前面的政策一起构成了完整的中国大学生就业政策。

第三节　国家促进大学生就业的举措

大学生是人才市场的重要资源，大学生就业正在经历从计划走向市场的过程。因此，政府制定政策首要出发点是在不断完善现有的人才市场的基础上，使就业市场体系真正发挥高效配置资源的作用。但是，市场并不能解决人才就业的所有问题，在涉及到社会公平、社会保障和某些特殊情况下(比如出现金融危机导致就业困难)，需要政府的强力介入。因此，政府必须在适当的时候担当起“看得见的手”的责任，推出一系列促进大学生就业的举措。

一、从法律层面促进大学生就业

法律是社会正常运行的必要保障，也是国家政策的具体体现，因此各种和就业相关的法律对大学生的就业分配会产生巨大的影响。就目前阶段来说，对大学生的就业促进产生影响最大的莫过于的《中华人民共和国劳动合同法》和《中华人民共和国就业促进法》。

《中华人民共和国就业促进法》是我国就业领域首部基本法，是基于我国国情，着力于解决我国当前和今后一个时期就业问题，规范和指导走有中国特色就业促进道路的总纲。它是我国就业工作由政策时代迈人法治时代的重要标志，是就业和培训工作进入新的历史时期的重要里程碑。它标志着我国社会主义市场经济的进一步成熟，奠定了就业工作在国家经济社会发展中的突出地位，为我国解决就业问题提供了有力的制度保障。

政策是法律的灵魂和依据，在法的制定和实施中具有指导作用，政策可补充、填补法律空白。法律对政策实施具有保障作用。现行积极的就业政策框架是:保持经济持续增长，扩大就业机会;加大政策扶持力度，促进再就业;改进就业服务和强化职业培训;开展失业调控，加强就业管理;完善社会保障制度，建立与促进就业的联动机制。现行积极的就业政策核心内容是:鼓励自谋职业和自主创业;鼓励企业吸纳就业;援助就业困难对象;主辅分离分流安置富余人员;鼓励灵活就业。

《中华人民共和国就业促进法》中，把现行的积极的就业政策上升为法律，它在政策方面体现了四个特点:一是巩固了积极就业政策的法律地位;二是丰富了积极就业政策的体系框架;三是完善了积极就业政策支持的对象范围和政策内容;四是发展了积极的就业政策。

《中华人民共和国就业促进法》是一个民生之法，是一个和谐之法。所谓民生之法，是指就业是民生之本，关系到我们所有劳动者的切身利益，关系到劳动者的生存、发展、价值实现，甚至包括他们后代的希望。所以，就业需要用法律来规范。同时，在《中华人民共和国就业促进法》里明确规定，这个法律要为促进社会的和谐发挥作用。解决就业问题是政府的主要职责，如果就业问题能解决得好，对于促进社会的安定团结、对于促进社会各阶层的和谐都会起到重大的作用。

《中华人民共和国就业促进法》的四个亮点是:第一，它明确地确立了就业在经济社会发展中的重要地位，同时也确定了政府在促进就业中负有重要的职责;第二，在这部法里明确地树立了一面旗帜——公平就业，反对就业歧视;第三，这部法律为促进就业建立了一整套的工作体系，这个工作体系通过制度化、规范化、法制化确认下来，安排下来，以保证就业形成长效机制，使现有的政策、资金安排都能够持续下去;第四，该部法律还为我们搞好就业服务、搞好就业援助，解决老百姓就业等一系列具体问题提供了法律依据和保障。

《中华人民共和国就业促进法》的基本内容可以归纳为:一个方针、一面旗帜、六大责任、五项制度、十大政策。

一个方针:即坚持劳动者自主择业，市场调节就业、政府促进就业的方针。

一面旗帜:即高举公平就业的旗帜，创造公平的就业环境。促进公平就业，主要是指在就业过程中，对所有求职人员要一视同仁，不能因个人的某些特点和特征，对其有歧视性对待。由于在现实中就业歧视现象比较普遍，因此，促进就业公平，反对就业歧视，不仅在我国，在世界各国都是一个重要任务，也是我国《就业促进法》要规范的一个重要方面。《中华人民共和国就业促进法》第三章专门对此作了详细的规定。

六大责任:促进就业和治理失业是各国政府的重要职责，也是世界各国政府执政的重要目标，在我国，更是各级政府执政为民的重要体现。法律对政府在促进就业中承担的重要职责作出了明确规定，主要包括六个方面，即发展经济和调整产业结构以增加就业岗位、制定实施积极的就业政策、规范人力资源市场、完善就业服务、加强职业教育和培训、提供就业援助。

五项制度:《中华人民共和国就业促进法》通过法律形式将就业工作制度化，从而使就业工作纳入法制化轨道。从大的方面来讲，主要包括五个方面，即加强对就业工作组织领导的政府责任制度，加强对劳动者工作的公共就业服务和就业援助制度，加强对市场行为规范的人力资源市场管理制度，加强对人力资源素质提升的职业能力开发制度和加强对失业治理的失业保险及预防制度。

十大政策:政策是政府履行责任的具体体现。《中华人民共和国就业促进法》将经过实践检验行之有效的积极就业政策上升为法律规范，主要是从10个方面进行了规定，即有利于促进就业的经济发展政策、财政保证政策、税收优惠政策、金融支持政策、城乡统筹政策、区域统筹政策、群体统筹的就业政策、支持灵活就业政策、援助困难群体就业政策及失业保险促进就业政策。

二、根据实际情况，实施政策倾斜

除以上法律以外，国家相关部门每年都会根据当年的实际情况重新制定促进大学生就业的若干优惠政策，为大学生就业工作保驾护航。由于全球金融危机的影响和毕业大学生人数为近年最大规模，大学生的就业形势越发严峻，国务院相关部门也迅速制订了相关的政策以确保大学生就业。

1. 鼓励和引导毕业生到城乡基层就业的政策措施。到城乡基层一线工作，既能实现就业，又能得到锻炼，是大学生就业的大方向。为鼓励高校毕业生参加社会主义新农村建设、城市社区建设和应征入伍，《通知》提出实行四项具体鼓励政策:

第一，基层社会管理和公共服务岗位就业补贴政策。其中涉及两项补贴政策:一是对到农村基层和城市社区从事社会管理和公共服务工作的高校毕业生，符合公益性岗位就业条件并在公益性岗位就业的，按照国家现行促进就业政策的规定，给予社会保险补贴和公益性岗位补贴。二是对到农村基层和城市社区其他社会管理和公共服务岗位就业的，给予薪酬或生活补贴，所需资金按现行渠道解决，按规定参加有关社会保险。

第二，学费和助学贷款代偿政策。对到中西部地区和艰苦边远地区县以下农村基层就业并履行一定服务期限的高校毕业生，以及应征入伍服义务兵役的高校毕业生，实施相应的学费和助学贷款代偿。

第三，选聘招录优惠政策。对有基层经历的高校毕业生在研究生招录和事业单位选聘时实行优先，在地市以上党政机关考录公务员时进一步扩大对其招考录用的比例。

第四，继续实施和完善面向基层就业的专门项目，扩大项目范围。主要内容包括四个方面:一是早在2009年中央有关部门和地方基层就业专门项目要鼓励更多的大学生参加。二是要制定各项目待遇政策衔接的办法。三是对参加项目的毕业生给予生活补贴，参加有关社会保险。四是与项目相对应的自然减员空岗要全部聘用那些项目结束后留在当地就业的高校毕业生。

2. 鼓励毕业生到中小企业、非公有制企业就业的政策。目前，70%以上的大学生去中小企业和非公有制企业就业，这已成为大学生就业的主要渠道，但这一渠道还不够通畅，相关制度和政策有待进一步完善,《通知》提出了完善落实相关制度和政策的工作要求，主要包括三个方面:

第一，清理影响就业的制度性障碍和限制。主要是在档案管理、人事代理、社会保险办理和接续、职称评定以及权益保障等方面，要认真清理现行制度，简化手续，做好服务工作，形成高校毕业生到企业就业的有利环境。

第二，取消落户限制。对企业招用非本地户籍的普通高校专科以上毕业生，各地城市应取消落户限制(直辖市按有关规定执行)。

第三，落实就业扶持政策。企业招用符合条件的高校毕业生，可享受相应的就业扶持政策。所谓符合条件的高校毕业生主要指就业困难人员，扶持政策包括对企业的社会保险补贴，以及定额税收减免政策;劳动密集型小企业招用登记失业的高校毕业生达到规定比例，可享受高至200万元的小额担保贷款。

3. 鼓励骨干企业和科研项目单位积极吸纳和稳定高校毕业生就业的政策。为提高骨干企业人力资源质量和科研项目质量，对于有技术专长、优秀高校毕业生等，要采取相应的鼓励政策。《通知》提出三项措施:

第一，鼓励企业更多吸纳高校毕业生。国有大中型企业特别是创新型企业要更多地吸纳有技术专长的毕业生。高新技术开发区、经济技术开发区和高科技企业要集中吸纳高校毕业生。高校毕业生掌握现代化知识和技术，符合这类单位的用人需求，因此《通知》提出要鼓励吸纳以加强人才培养使用和储备。各地、各有关部门要根据实际情况制定具体的鼓励措施。

第二，鼓励困难企业更多保留高校毕业生。在当前应对国际金融危机实施企业减负稳岗措施中，支持困难企业更多地保留大学生技术骨干，按规定给予社会保险补贴、岗位补贴或职业培训补贴。人力资源和社会保障部、财政部、税务总局《关于采取积极措施减轻企业负担稳定就业局势有关问题的通知》(人社部发[2008]117号)对此项政策有具体规定。

第三，鼓励科研项目聘用高校毕业生。承担国家和地方重大科研项目的单位要积极聘用优秀毕业生参与研究。一是给予其劳务性费用和有关社会保险费补助，由项目经费列支。二是参与项目期间，毕业生户口、档案可存放在项目单位所在地人才交流机构。三是聘用期满，可续聘或到其他岗位就业，聘用期间工龄、社会保险缴费年限连续计算。这条是新政策。高校毕业生参与科研项目，既可以促进科研的发展，又可以延长毕业生学习和研究时间，对缓解当前就业压力有积极作用。

4. 鼓励和支持高校毕业生自主创业的政策措施。自主创业是大学生就业的重要增长点。据有关调查，目前应届毕业生中自主创业的比例仅为0.3%。创业难度很大，潜力也很大，今后需要加大政策扶持和服务力度，鼓励大学生自主创业。《通知》对此提出四个方面的工作要求：

第一，鼓励高校积极开展创业教育和实践活动。

第二，税费减免和小额贷款。对毕业生从事个体经营符合条件的，三年内免收行政事业性收费；按规定落实残疾人就业、下岗失业人员再就业以及中小企业、高新技术企业发展等现行税收政策和创业经营场所安排；登记失业高校毕业生可申请小额担保贷款，合伙经营和组织起来就业的，适当扩大贷款规模，从事微利项目的享受贴息扶持。

第三，创业服务。对有创业意愿的高校毕业生参加创业培训的，给予职业培训补贴；强化高校毕业生的创业指导服务，提供“一条龙”创业服务。建设完善一批大学生创业园和创业孵化基地，给予相关政策扶持。

第四，鼓励支持高校毕业生灵活就业。鼓励高校毕业生从事灵活就业，符合就业困难人员条件的可享受社保补贴政策。

5. 对困难毕业生的就业援助措施。《通知》要求强化对四类困难毕业生的就业援助：

一是对困难家庭毕业生，高校可根据情况给予适当的求职补贴，公务员考录、事业单位招聘时免收报名费和体检费。

二是对离校后未就业回到原籍的毕业生，各地要摸清底数，免费提供政策咨询、职业指导、职业介绍和人事档案托管等服务，并组织其参加就业见习、职业技能培训等促进就业活动。

三是对登记失业的高校毕业生，各地要纳入当地失业人员扶持政策体系，抓好政策落实。

四是对就业困难和零就业家庭的高校毕业生，要实施一对一职业指导、向用人单位重点推荐、公益性岗位安置等帮扶措施，按规定落实社会保险补贴、公益性岗位补贴等就业援助政策。就业困难人员的标准，由省级人民政府规定。

第四节　毕业生就业的有关规定

在各种政策的指导下，我国的大学生就业机制不断适应市场的需要，下市场化机制过渡。已基本上适应了社会主义市场经济建设的需要。在这个过程中，有关部门为了确保大学生就业工作的稳定开展，对大学生就业期间的各项原则和工作方法做出了具体的规定。

一、调配派遣

根据国家相关部门的规定，地方主管毕业生调配部门和高等学校按照国家下达的就业计划派遣毕业生。派遣毕业生统一使用《全国普通高等学校毕业生就业派遣报到证》和《全国毕业生研究生就业派遣报到证》(以下简称《报到证》),《报到证》由教育部授权地方主管毕业生就业调配部门审核签发,特殊情况可由教育部直接签发。

国家招生计划内招收的自费生(含电大、函授等普通专科班)毕业后自主择业,在规定时间内找到单位的由地方主管调配部门开具《报到证》。

对于华侨和来自港澳台地区的毕业生愿意留大陆工作的,学校可根据国家有关规定提供必要的帮助。

免试推荐和考取硕士、博士研究生的毕业生,在学校就业计划上报后提出不再攻读的,应回家庭所在地就业。

符合国家规定申请自费留学的毕业生,要在学校规定的期限内提出申请并按规定偿还教育培养费,经批准后,学校不再负责其就业。派遣时未获准出境的,学校可将其档案、户粮关系转至家庭所在地自谋职业。

对残疾毕业生学校应帮助其就业,确有困难的,按有关规定由生源所在地民政部门安置。

学校应在派遣前认真负责地对毕业生进行健康检查,不能坚持正常工作的,让其回家休养。一年内治愈的(须经学校指定县级以上医院证明能坚持正常工作的)可以随下一届毕业生就业;一年后仍未治愈或无用人单位接收的,户粮关系和档案材料转至家庭所在地,按社会待业人员办理。

结业生由学校向用人单位推荐或自荐,找到工作单位的,可以派遣,但必须在《报到证》上注明"结业生"字样;在规定时间内无接收单位的,由学校将其档案、户粮关系转至家庭所在地(家居农村的保留非农业户口),自谋职业。

全国普通高等学校要在七月一日后派遣毕业生(春季毕业研究生例外)。

由于我国幅员辽阔,情况较为复杂。各地在毕业生的接收上存在着很大的不同,具体一般体现在接收条件、接收程序和需要提供的资料等方面。毕业生在就业时需提前了解意向就业地区的毕业生接收政策,做好准备,以免出现找到工作却由于各种原因导致工作地无法接收的状况。下面简要介绍几个各地区的毕业生接受政策。

1. 北京的毕业生接收政策。北京在接受毕业生时要求比较严格,尤其对非北京生源的毕业生一般要求是:一般应为普通高校硕士以上学历非北京生源应届毕业研究生,并正常参加当年就业派遣的;成绩全部合格,无补考记录,能按时取得相应学位;毕业生所学专业应与接收单位主营业务一致。并且仅限于统招统分的普通高等学校毕业生,独立学院毕业生除外。需要提供的材料有《非北京生源毕业生进京审批表》一式三份、毕业生就业推荐表一份(原件)、毕业生已修全部课程成绩单一份(原件)、毕业生品行鉴定一份(原件)、《非北京生源高校毕业生引进协议书》(原件二份)和毕业生身份证复印件一份。办理程序为:先进行毕业生数据复核(初审),再毕业生材料复核(复审),接着领取《接收函》、《非北京生源进京审批表》,所有的审核通过后是办理毕业生派遣,最后是办理报到落户。

2. 深圳的毕业生接收政策。深圳接收毕业生的基本条件是符合该市人才引进基本条件，且具备下列条件之一的毕业生，用人单位可以申请接收：毕业院校为国家教育部或省属院校，具有本科以上学历和学士以上学位的；本市院校毕业生；本我市生源毕业生。此外不符合前款规定条件，但符合深圳市人才引进政策且具有大专以上学历的毕业生，用人单位可在其毕业当年申请接收。未纳入国家普通高校招生计划，未经省级招生主管部门批准招收的学生，不予接收。需要提供的材料有：接收院校应届毕业生呈报表（单位申办）；接收院校应届毕业生基本情况表；毕业生推荐表；毕业生成绩单；毕业生身份证复印件；毕业生已毕业的，须提供毕业证和学位证复印件（验原件）；毕业生已婚的，须提供《拟引进人员计划生育调查表》、配偶身份证复印件（验原件）、相关婚姻状况证明材料复印件（验原件）；已婚的毕业生或其配偶为49岁以下女性的，还须提供《避孕节育情况报告单》；毕业生或其配偶已生育或怀孕的，还须按有关规定提供相关计划生育证明材料复印件（验原件）；毕业生配偶为转业（退伍）军人的，须提供配偶的相关转业（退伍）材料；深圳生源毕业生（含市内院校深圳生源毕业生），须提供本人户口簿或者公安部门出具的户籍迁出证明复印件（验原件）。

3. 上海的毕业生接收政策。上海对于接收非上海生源的毕业生有两种类型，一种是申请户籍接收，一种是申请居住证接收。毕业生通过自主择业与用人单位签订就业协议后，可以选择申请户籍或者申请居住证方式。不管何种方式首先要通过打分系统的评估。打分的细则和最低标准分每年会发生变化，不过一般主要内容涉及学历、毕业院校、在校成绩、外语水平、计算机水平、在校荣誉、是否属于上海市引进人才的重要领域内和企业项目对上海的重要性等。打分高于标准分的可以申请户籍，低于标准分的只能申请居住证。申请户籍接收方式要求较高，一般要求应届毕业研究生或上海普通高校、国务院各部（委、办、局）所属普通高校、列入“211工程”的地方普通高校的应届本科毕业生；而申请居住证的要求稍低，一般要求上海市行政区域内注册登记用人单位录用的非上海生源应届普通高校本科及以上学历毕业生或者符合上海市重点发展领域（详见《上海市重点领域人才开发目录》）和紧缺专业的应届普通高校毕业生，学历条件可适当放宽为大学专科毕业。

二、残疾毕业生的就业

普通高等学校残疾人毕业生（含高等特教学院全日制本专科残疾人毕业生，以下简称高校残疾人毕业生）同样是宝贵的人力资源。在国际金融危机影响进一步蔓延，就业形势仍然严峻，高校毕业生就业压力加大的情况下，高校残疾人毕业生就业问题更加突出。为了保障残疾毕业生的权益，促进残疾毕业生的就业，在2009年5月18日，人力资源和社会保障部、教育部、财政部、中国残疾人联合会联合发出了《关于进一步做好高等学校残疾人毕业生就业工作的通知（残联发[2009]8号）》，明确要求各相关部门做好高校残疾人毕业生就业工作。

通知中指出要求各部门认真落实国家规定，确保高校残疾人毕业生享受相关政策，把高校残疾人毕业生纳入现行政策扶持范围并对高校残疾人毕业生实施重点扶助，把高校残疾人毕业生作为就业困难人员，给予优先扶持，实施重点援助。同时要积极采取针对性政策措施，促进高校残疾人毕业生就业。

具体要鼓励用人单位安排高校残疾人毕业生就业。发挥按比例安排残疾人就业政策的特殊保护作用，动员和鼓励社会用人单位为高校残疾人毕业生开发就业岗位。同时鼓励和引导高校残疾人毕业生到城乡基层就业。各地区、各有关部门开发的城市社区和农村基层社会管理和公共服务岗位，同等条件下，优先录用高校残疾人毕业生。并且鼓励支持高校残疾人毕业生自主创业。高校残疾人毕业生有创业意愿并参加创业培训的，可按规定享受培训补贴。自主创业、从事个体经营、自愿组织起来就业并取得营业执照的，可按规定使用残疾人就业保障金扶持其集体从业、个体经营;针对盲人、聋人就业最难、最不稳定等现实状况，对这两类高校残疾人毕业生可适当提高扶持标准。还要强化高校残疾人毕业生就业服务和就业指导和加强对高校残疾人毕业生的就业援助。

要建立密切合作关系，共同做好高校残疾人毕业生就业工作。加强部门、机构之间的联系与合作。各级人力资源社会保障部门、教育部门、财政部门、残联之间，各高校、公共服务机构、残疾人就业服务机构之间，要建立联系沟通渠道，加强政策协调，细化具体措施，进行密切合作，共同抓好落实。做好宣传引导工作。要加强对高校残疾人毕业生就业工作的宣传，以政策措施引导高校残疾人毕业生树立正确的就业观和成才观，引导和激励更多的高校残疾人毕业生和在校残疾人大学生走创业之路。

三、毕业生的档案及户籍

毕业生的档案和户籍都是相当重要的，尽管随着形势的变化，重要性有所降低，但是档案在考公务员、转正定级以及评聘职称等情况下还需要用到，而户口则在安家立业、购买房屋等重要时候是必须的。因此毕业生一定要在毕业的时候重视自己的档案和户籍地迁移工作。根据相关规定归纳下来，普通高校毕业生档案及户口可以根据以下四种情况分别处理:

1. 择业期内未落实就业单位的毕业生，其档案及户口的处理。毕业生未就业即毕业生在毕业离校办理派遣手续时，尚未落实就业单位，根据毕业生本人意愿，依据《报到证》将档案及户口转至其入学前户籍所在地，即生源地，人才交流中心要接收其人事档案，公安部门要为其办理落户手续。本人要求人事档案保留在学校的，学校要按规定在择业期内进行保管。志愿将档案及户口转入其生源地以外的城市，并且与该城市的高校毕业生就业指导服务机构签订了人事代理协议或就业代理协议的，可依据《人事代理协议书》或《就业代理协议书》办理派遣手续，将其档案及户口转入该城市。

2. 在择业期内已落实就业单位的毕业生，其档案及户口的处理。择业期内毕业生已落实就业单位，并且单位所在地的地市级毕业生就业主管部门批准同意负责其档案、户口的管理，在《就业协议书》上有用人单位及其所在地的地市级毕业生就业主管部门的公章，即签订了正式有效的协议书，毕业生可依据《报到证》办理派遣手续，将其档案和户口转至单位所在地。

就业单位是中省直单位的，只需有用人单位及其上级主管部门的公章，不需要有就业单位所在地的地市级毕业生就业主管部门的批准，即可依据《报到证》办理派遣手续，将其档案和户口转至就业单位。

在择业期内毕业生已就业，但单位所在地的地市级毕业生就业主管部门未批准同意接收档案及户口管理。毕业生未与企业签订《就业协议书》，而是与用人单位订立了《劳动合同》，此时其档案及户口与未落实就业单位的处理方式相同。如果在《就业协议书》上只有用人单位同意录用的公章，而单位所在地的地市级以上毕业生就业主管部门未批准同意接收档案及户口的管理，其档案及户口的处理与未落实就业单位的处理方式基本相同。

3. 升学毕业生的档案及户口的处理。对于参加专升本考试被录取或考取研究生的毕业生，其档案及户口可以做以下处理：毕业生所考取的院校同意接收档案及户口的，毕业生可凭录取通知书将档案及户口转到所考取的院校；升学的毕业生所考取的院校不接收毕业生的户口的，毕业生可持录取通知书将档案转寄到所考取的高校，并持《普通高等学校毕业生落户证明》将户口转回生源地。

4. 毕业生在办理改派手续后，其档案及户口的处理。极少数已落实就业单位的毕业生由于主客观原因需改变就业去向；尚未落实就单位的毕业生寻找到就业单位后要重新办理就业手续；上述毕业生再办理就业手续通常称改派。毕业生在择业期内均可以办理改派手续。毕业生在办理改派手续后，可持重新办理的《报到证》办理档案关系及户口，将档案及户口转至改派地。

四、毕业生报到的相关规定

毕业生离校后需要到工作单位报到，在报道的过程中还有一些问题是毕业生必须要了解和注意的。

1. 报到期限问题。毕业生持有的《报到证》和各类迁移证明上都有期限，请注意查看并在有效期限内到相关单位办理报到手续。若超期可能需要重新办理相关手续。

2. 毕业生派遣后改派。毕业生派遣后需要改派的，一般需要提供原《报到证》、原就业单位同意解除协议的证明、和新单位签订的《就业协议书》等文件，到学校相关部门办理改派手续。

3. 毕业生报道后工龄、工资。根据原劳动部（1980）劳总薪字 136 号的规定，毕业生上半月报到的，应发给全月工资；下半月报到的，发给全月工资。工资标准应按现行的国家有关政策规定执行。实行聘任制单位，按该单位根据有关政策确定工资标准。当然现在由于情况的变化，工资标准大部分是根据市场水平由毕业生和用人单位协商确定。

根据原劳动部（1982）劳险便字 9 号规定：高等院校、中专学校和技工工学校学生延期毕业的，应从他们正式报到之日起计算工龄。

一、思考题

1. 我国大学生就业政策经历了哪些发展阶段?
2. “自主择业”政策的主要内容包含哪些?
3. “自主择业”政策有哪些优点?你认为目前该政策还存在那些不完善的地方?
4. 大学生自主创业可以享受哪些优惠政策?
5. 大学生就业时如何保护自己的合法权益?
6. 国家出台了哪些政策来促进大学生就业?
7. 对于贫困大学生和残疾大学生如何从国家取得帮助?
8. 大学生报到时如何办理档案和户籍关系?
9. 毕业生通过何种渠道了解各地不同的毕业生接收政策?

二、实战演练

职业大搜查

为了了解本专业对应的职业种类，对本专业以往的就业方向进行调查。

1. 全班分为 5 –6 个组。

2. 调查本校往届毕业生、其他院校本专业的学生、本校教师、职业指导专业人事、你感兴趣的职位的从业者等。

3. 以小组为单位提交调查报告。

4. 分析调查结果挑选出自己感兴趣的 2 –3 个行业和职位。

※第七章　大学毕业生就业指导※

☆本章旨要

完成学业的大学生，在面对人生重大选择——就业的时候，应该选择什么样的就业渠道，如何实现就业，是摆在他们面前的现实问题。首先是要有充足的思想准备，克服就业前的焦躁、无所适从、欣喜等情绪，对择业和就业有明晰的认识，对就业政策和就业形势有比较深刻的了解，端正态度，进而做出切合实际的选择。其次是要多方面搜集就业信息，精心筛选，有重点的参加招聘会，或网络应聘、登门求职，实现双向选择。再次是了解一般的招聘程序，把握应聘技巧，提稿应聘的成功率，实现就业。有了充足的思想准备，充分把握时机做出选择，就能一定能够实现自己的愿望。

第一节　就业的心理准备

随着高等教育大众化时代的到来，竞争形势越来越激烈，大学生的择业、就业过程已经突出地表现为心理过程，许多大学生在此过程中出现了心理不适应现象，受困于一些心理问题。未雨绸缪，帮助大学生走出心理误区，充分做好就业前的积极心理准备，是大学毕业生就业指导的重要内容。

一、从学校到职场，从学生到职业人的转变

大学生从毕业到就业，经历从学校到职场的社会环境转变，以及从“学生”这一自然人到“职业人”这一社会人身份角色转变的过程。这是大学生人生必经的最重大的转折期，这个过程有一个由渐变到突变的过程。在校大学生参加社会活动、参与毕业实习等社会实践活动，虽然身份角色未变，然而其社会生活环境已经于主动、被动形势下发生了渐变，这虽然多少

为大学生就业心理作了相应辅垫，但大学生面临毕业就业后学生身份转为职业人角色的突变过程，依然会产生复杂的心理冲突。能否顺利于此变化过程中完成由学生成为职业人角色的转换，从学校顺利踏入社会步入职场，很重要的因素取决于大学毕业生就业前的心理准备是否充分有效。“煲好一碗心灵鸡汤，喝出一生幸福滋味”，科学有效的心理准备，这既是大学生就业心理辅导工作的重心，也应成为每一位大学生自我心理调节的训练主课。

二、就业前的复杂心理

心理学家对青年期有许多描述，如斯普兰格（E. Supranger，1924）将青年期形容为“第二次诞生”，第一次是为了生存而诞生，第二次是为了生活而诞生。面对激烈竞争的现代社会，处于“第二次诞生”时期的大学生产生复杂心理无法避免，这不仅需要更多的科学心理辅导，也需要大学生做好自我心理调节，进行必要的心态素质训练。大学生在毕业就业前有哪些“异常心理”需要克服呢?

（一）急迫心理

人们处在变革和变化过程中的时候，往往会因为交织的矛盾而患得患失、进退迟疑，导致急迫心理的产生。大学生更会因为期待、向往而产生出急迫的心理。这种急迫心理是内心深处力求行动与胜出的决心。大学生一方面充满了对前途的憧憬和对美好职业的向往，充满了意气风发的激情;另一方面又对这一即将步入的朦胧职场缺乏掌控的自信，充满了急切尝试探索的愿望。这种急迫心理也可以说是几年大学生活高度聚集的力量，对大学生积极就业有着极其重要的推动作用。但大学生处于自我意识不断修正完善时期，自我意识尚不稳定，常常处于自我否定与自我接纳的矛盾心理过程中。大学生就业前这股蕴酿已久蓄势待发的力量所产生出的急迫心理往往会导致遇事焦躁，遇挫气馁。更有甚者，发展成为“急迫性偏执症”，让自己处于紧张忙碌状态之中，用忙碌来增强内心的安全感，在忙碌中获得刺激与力量。而这种负面心理甚至病态心理一旦出现，很难静心思考，以致会导致判断力下降，决策力受碍，对大学生就业甚至生活都会造成不良影响。

（二）怀念心理

“多情自古伤离别”，无论天各一方还是暂且分开，离别，总是件令人伤感且惆怅的事。离别对每一个大学毕业生来说都会引起感情的波动，这种感伤是一种憧憬中的兴奋、现实中的无奈、失落中的后悔、怀念中的隐痛等各种复杂感情的交织体;这种怀念心理会随着毕业日期的临近而日趋强烈。这种情感体验无论带有多少高兴的成分，都会因为离别的到来而注入难过伤感的情绪。怀念心理很正常，但如果持久不予以释怀，会导致弥漫性消极悲观心境，这种负面心境的产生，会降低大学生的活动效率，使人消沉产生焦虑，长期的焦虑还将有损健康。

（三）恋友心理

按照艾里克森（又译作埃里克·H. 埃里克森，（1902－1994）人类学家，是新精神分析学说的重要代表人物，曾师从于弗洛伊德的女儿安娜。)的理论，青年期的主要任务是建立亲密感，包括家庭成员的关系、与朋友的关系、恋爱和婚姻关系等，而亲密感建立的中心任务则是恋爱和婚姻。这三重关系被心理学家安托露丝（ToniAntonucci，1994）称作为“人生护航舰”（convoyofrelationships），是大学生面对人生挑战的一个保护层。大学生在面临竞争压力、社会适应压力、择业定向压力等就业前众多挑战与压力面前，会本能地寻求亲密关系尤其是恋爱关系作为心理保护。这是个体社会化程度提高的有利之处。健康的大学生友情、恋爱关系是有利于成长的。相互的生活照顾，可以消除大学生离家在外的孤独感；共同的志趣可以激发双方追求理想的智慧，振奋进取的精神；纯情的恋爱可以培养大学生尊重、包容、付出、忠诚、担当等优秀品质，不仅提升了爱情的境界也提升了大学生的人生观、价值观，同时锻炼了大学生的心理承受力，逆商指数也会大大提升。因此正确处理好自己的恋友心理，无论对就业还是人生都会起到正面积极的推动作用。

（四）无准备心理

凡事“预则立，不预则废”。就业是大学生始终关注的话题。愈是临近毕业，对它的关注程度就愈高。但是，关注并不等于有准备心理。此处所说的“无准备心理”，是指大学生就业观准备不充分，没有清晰的职业志向，对就业形势缺乏认识和理解，过度迷信名校与高学历的就业竞争力等。

所谓就业观准备不充分，是指大学生在择业时功利倾向比较突出，不能摆正眼前利益与长远利益之间的关系，端正就业心态，摆脱名利攀比的虚荣心，缺乏学业有成，报效祖国的大境界。面对严峻的就业形势，一方面抱怨求职无门；另一方面又不屑于亟需人才的基层社区、经济落后县区及边远地区，不屑于民营中小企业。内心需求与收入待遇的强烈反差，造成就业前的心理矛盾突出，就业心理压力增大。这种现实功利倾向的就业观造成部分大学生忽视寻求未来成长和体现职业价值的空间。

没有清晰的职业志向、过度迷信名校与高学历的就业竞争力，也是“无准备心理”的一种表现。什么是“好职业”？有人把能拿多少报酬作为衡量“好职业”的唯一“标准”，作为择业的首选，一旦达不到自己“理想的标准”，就认为“大学白念了”。过度迷信名校和高学历的就业竞争力，也会增加就业的心理压力，要么抱怨，萎靡不振；要么观望，畏缩不前。

大学生的就业准备是一个长期积累、历练才能见成效的过程，应该提前至大学入学甚至更早至学业专业的选择期，尽早对职业目标、职业规划、就业准备等有较为明晰的认知，理清概念、重视现实、放眼长远，才能克服“毕业即就失业”的错误认识。

（五）恐慌心理

随着经济的快速发展，大学教育已经进入普及化阶段。2001 年，全国录取大学生 260 万人，毕业大学生 115 万；到 2008 年，录取大学生达到 607.7 万人，毕业大学生达到 559 万；2014 年更是达到 720 多万。高校毕业生如潮水般涌入就业市场，如此巨大的就业竞争压力是造成大学生就业恐慌的外部因素。由于缺乏就业经验和对就业市场的准确判断，就业心理准备不足，是造成就业恐慌心理的内因。不少大学生在寻找工作的过程中茫然不知所措，盲目的从众心理导致四面碰壁，挫败与无奈导致大学生烦躁不振、自卑失落，负面情绪蔓延扩散，就业恐慌心理加剧。

（六）欣喜心理

性格乐观者，常表现为喜志。《素问》说："喜则气和志达，营卫通利，故气缓矣。""喜"是一种积极情绪，在正常情况下，喜能缓和紧张，使营卫通利，心情舒畅。但暴喜过度，又可使心气涣散，神不守舍，出现精神不能集中，甚至失神狂乱等症。

大学生顺利完成学业，面临着择业和就业，成就感会油然而生。一些同学聚在一块儿侃大山、蹦迪、卡拉 OK，甚至下饭馆以示"庆祝"。此时放松心情是可以理解的，然需欣喜适度，切勿暴喜。暴喜一方面会影响自身健康，另一方面也可能影响同学之谊，还可能影响进一步的就业准备。在大部分同学为就业焦虑、为离别感伤、为前途担忧之时，更应以同理心待之，不要欣喜过妄，招致怨言。同时，自己也要调控好心理，静心准备应对职场的新挑战。

（七）恐惧心理

恐惧心理是对某种特定的事物或情境产生持久的、特殊的、不合理的、强烈的恐惧感。恐惧本是人的"七情"之一，恐惧本身不是病态心理，而是正常情绪。大学生因就业困惑产生恐惧心理也属正常，通过心理调节是完全可以克服的。但是，过度的恐惧心理极易演变成恐怖症。恐怖症是以极不合理的恐惧和对恐惧对象极力回避为特征的神经症。恐怖症与正常的恐惧的区别在于：使患者产生强烈的恐惧情绪的对象是那些对正常人并无威胁或威胁不那么大的特定对象，而且患者深知这样恐惧明显过分，但无法控制，并影响了正常的学习和生活。一些心理承受能力较差的大学生在择业过程中多次遭遇不顺，极易产生恐惧心理，如果不及时加以调整，久而久之就会演化成恐怖症。一个人的恐慌心理极易"传染"给其他同学，尤其是与自己最接近、最亲密的人，最容易受到"传染"。加强心理承受力锻炼，克服恐惧心理，是大学生毕业前的重要一课。

三、就业前的心理调整

没有良好的心理准备、良好的心态调节能力，就不可能有良好的竞技状态，要想获得择业的成功也是不容易的。大学生就业是实现由学习生活转向职业生涯的开端，是由学校"小社会"跨入人生大社会的重要一步。要加强就业观念教育，使劳动者转变就业观念，构建与社会主义和谐社会相符合的和谐就业观，对于有效扩大就业与实现社会就业比较充分的就业目标，具有非常重要的作用。就业前的心理调整，最关键的是加强树立正确就业观的教育，使每个大学生都能树立起将自身成才目标与祖国需要相结合的科学的成才观和就业观。树立了正确的就业观，就能在择业和就业过程中做到：得之不足喜，得之坦然，得即是经验；失之不足忧，失之淡然，失则为经历。

印度诗人泰戈尔在他的诗中写到:如果你为失去太阳而哭泣，你也将失去星星。

择业与就业是职业规划中的一个步骤，要把职业规划作为对未来的一种经营，那么就业前所经历的一切皆可当作一种人生投资，争其必然，顺其自然。

第一，积极的信念产生无穷的力量。

不经风雨，怎见彩虹？自古英雄多磨难，人生必然经坎坷。历经磨难更懂得人生的珍贵，有了积极的信念，才能对冲压力可能带来的意志消沉、情绪低靡等消极反应。

日本有个邮政大臣叫野田圣子，她的第一份工作是在帝国酒店当服务员，面对第一天上班清洗厕所的无措，一位前辈领着她一遍一遍清洗，直到马桶光洁明亮，然后，这位前辈当着她的面从马桶中盛出一杯水，一饮而尽。她惊呆了:这样的清洁标准才是一流酒店的服务理念。她痛下决心:“就算一辈子洗厕所，也要做一名洗厕所最出色的人。”坚定不移的人生信念激励她奋进在成功的道路上。就这样，她迈开了人生第一步，开始了她走向成功的人生历程。

第二，客观的归因，确立目标，坚持不懈地努力。

心理学研究发现:经过努力失败后，往往会将失败的原因归结于外部条件。这样的心理不利于客观的分析并总结经验教训，会出现屡错屡犯的现象，不仅被他人视为自身能力不够，也会导致自己丧失自信。要善于总结，客观地进行归因分析，实事求是地确立目标，坚持不懈地去努力实现。

第三，科学的方法，学会自我心理调控。

坚持积极地心理素质锻炼，学会科学地心理调控，是大学生端正就业心理的关键。怎样缓解就业压力呢？可以根据自身的特点采取不同的方法。下面几条是一些常用的方法:

1. 倾诉释压法。心理压力的初期阶段，为了避免情绪低落，可以向老师、朋友、家长、心理专家、社会职业指导机构等倾诉自己的苦闷和迷惑，一方面有利于释压舒缓神经，另一方面也可以采集信息并借鉴专家建议。

2. 自我激励法。阅读圣贤智者之名著，学习榜样先进之事迹，品味精彩美丽之人生，思考积极明智之理念。

3. 积极暗示法。积极的暗示可以消除恐惧感，增强行动力，提升自信心。

4. 情感迁移法。闲则生非念，用设定的繁忙来化解烦恼，用兴趣爱好来转移消极的注意力。

5. 适度宣泄法。倾诉、喊叫、畅哭、大笑、运动……合理的宣泄情绪可以释放压力、轻松情绪、开阔思维。

6. 改变认知法。境由心生，“心悦则觉物美，心悲则感事哀”。心理学家艾利斯认为，人的情绪困扰并不是由诱发事件引起的，而是对事件的非理性解释与评价造成的。如果改变了非理性观念，调整对诱发事件的认知，消极情绪就会消除。

第四，积极适应，提高心理能力。

心理能力是指人认识自我、控制自我、为自己的目标奋斗、理解他人和处理人际关系等五个方面的能力。，大学生只有积极适应现状，自我提高与发展，确立目标并努力奋斗，在处理好相应人际关系的基础上，正确评价自己、控制自我，增强自信心，提高心理能力，就会增强自己的心理健康水平。

威廉·怀拉是全美推销保险的高手，年收入突破百万美元，他凭借着曾经是美国著名职业棒球手的昔日殊荣去保险公司应聘推销员，屡屡碰壁，“吃保险这碗饭必须笑容可掬，但你做不到，对不起，我们不能录用您。”——怀拉不止一次听到这样的婉拒，但他没有退却，天天在客厅训练大笑，乃至邻居甚至认为他因失业精神崩溃了。一个月后他去应聘，但又被拒绝了：“你的笑不是发自内心的那种。”怀拉没有气馁，再接再厉，当昔日棒球明星严肃冷漠的脸庞上绽放出婴儿般天真无邪的笑容时，别说人事经理，任何顾客都无法抗拒他了。人是可以自我完善的，积极适应可以迸发出热情，可以提高心理能力，激发潜力，发挥活力，笑迎挫折，走向成功。

第二节 择业准备

择业对大学生来说是一次人生的转折，选择什么样的职业，在某种意义上说，可能会影响到他的一生。正因为如此，每个大学毕业生在临毕业的时候，都要做一番认真的考虑。所谓择业准备，是对择业观和就业观的审视，是对形势的分析和认识，是对自己未来发展的评估。此时的准备，心理准备优于物质准备。

一、充分了解就业形势

了解就业形势的过程，是大学生提前步入就业状态的过程。充分了解就业形势，有助于大学生提前做好充分就业准备，正确把握方向，正确评估自身，发挥自身特长及优势，规划自己的职业生涯。

关注就业形势的方式很多，有两种是经常采用的：一种是有意无意间的泛泛了解，于平时新闻、报刊、网络、专题报道等信息中关注并分析；另一种是有心刻意的实质性信息收集，根据以往所取得的信息分析，有针对性地、认真深入地调查了解，确定信息来源的正确性，确定信息的准确性。这两种信息收集形式互为补充和印证。有条件的还可以请专业机构或专家共同进行评估，以便更准确的了解形势。

当前的就业形势怎样呢？2008 年爆发的国际金融危机对我国经济造成的困难日趋显现，2015 年即将毕业的 730 多万大学生就业形势面临严峻挑战。国务院、教育部、人力资源和社会保障部等中央部委每年都要召开毕业生就业会议，，高校毕业生是我国宝贵的人力资源。面对当前国际金融危机蔓延、我国就业形势十分严峻的情况，必须把高校毕业生就业摆在就业工作的首位，并确定了加强高校毕业就业工作的多项措施。

高校毕业生能否顺利就业，取决于劳动力市场的供需平衡。

我国普通高校毕业生规模在整体上是与劳动力市场对高校毕业生的需求规模相适应的。但随着我国经济社会的区域化发展，劳动力市场对高校毕业生的需求也呈现出区域化特征。劳动力市场对不同层次人才的需求，反映了产业经济的技术发展水平和要求。区域经济社会发展水平越高，对高校毕业生的质量、层次、能力要求也越高；区域经济发展速度越快，对高校毕业生的数量需求越大。相比较而言，东部区域劳动力市场容纳高校毕业生的能力最强，西部区域次之，中部区域较弱。

充分了解当前的就业形势，对大学生正确择业、就业无疑将起到一定的导向作用。

二、充分了解就业政策

大学生就业政策是国家对大学生就业总体的指导原则和基本规定，不同时期具有不同的内容，体现着当时的社会经济发展水平和国家对职业市场的导向性规定。

党和国家非常重视大学生的就业问题，根据不同时期不同形势适时颁布施行积极地就业政策，引导大学生就业。为应对国际金融危机对中国就业工作的影响，中央、国务院出台了一系列促进就业的政策措施，还专门制定了加强高校毕业生就业工作的通知，要求各地区、各有关部门要开拓渠道，落实政策，搞好服务，扎扎实实做好高校毕业生就业工作。要全方位开拓就业渠道，国家机关、事业单位和国有企业要发挥带头作用；鼓励和引导重大科研项目单位和中小企业、非公有制企业，聘用或吸纳高校毕业生；鼓励更多的高校毕业生到基层特别是中西部地区工作，鼓励高校毕业生自主创业和应征入伍报效国家。

从目前来看，就业政策以市场调节为主，即大学毕业生在国家和学校的指导、帮助下，自行与用人单位沟通，进行双向选择。简单地说，具体到哪个单位就业完全由毕业生自主选择，自主决定，前提是得到用人单位的认可。就如销售商品一样，卖给谁都可以，产品是自由买卖的，国家的法律和政策是保证交易的合法性，规定交易的约束条件，产品能否顺利售出是产品销售方的问题。也就是说，大学毕业生必须依靠自己的就业竞争能力，在就业市场进行竞争，就业政策只是保护求职者的合法权益，但不保证交易一定成功。因此，总体说来，就业政策就是起到保护求职者合法权益的作用，同时也约束求职者的部分求职行为，而求职者具体获得哪一个职位，被哪个用人单位录用，都必须靠其自身的能力和条件，由市场来决定。

正确把握就业政策，紧密结合自身实际，把个人目标同国家大局结合起来，就能够在严峻的就业形势下走出就业新路。

三、充分掌握就业信息

就业信息是指通过各种媒介传递的与就业有关的消息和情况，包括就业政策、就业机构、人事制度、劳动力的供求状况、劳动用工制度、经济发展形势与趋势、国家发展规划等。

就业信息在大学生求职过程中有着举足轻重的作用，它贯穿于职业决策的始末。因此在择业前，毕业生在做好思想准备的基础上，做好收集需求信息的工作。

毕业生收集社会需求信息的主要渠道有：

1. 学校的毕业生就业工作主管部门。

2. 院系分管毕业生就业工作的老师。

3. 报纸、杂志、广播、电视等传播媒体。

4. 人才市场和毕业生供需见面会。

5. 亲朋好友及家人。

6. 网络招聘信息。

对于来自各种渠道的就业信息要经过筛选和判断，有些信息要经过核实才可以确认。要学会辨别不实和虚假信息，利用现代通讯工具，直接与信息发布单位或用工单位进行沟通，已确认信息的可靠性，不要因为相信虚假信息而丧失择业、就业的机会。

四、充分把握就业机遇

所谓把握就业机遇，可以分为符合型、适应型和被动型三种。所谓“符合型”机遇，就是根据自身的条件，主观确定的择业目标与客体(例如用人单位)目标相一致时，积极就业，称之为“符合型”机遇。当主观确定的择业目标高于客体目标时，能够“屈从”选择，称之为“适应型”机遇。当客体目标与主观目标相背离，被动地服从客体的选择，称之为“被动型”机遇。三种机遇，客观因素多于主观因素。在择业和就业过程中，主观要服从客观，这种服从可以理解为是“把握机遇”的过程。事物是发展变化的。机遇就是变化着的事物。即使是“符合型”机遇，也会与“理想”有一定距离。如果一味追求“天衣无缝”的完美机遇，恐怕眼前的机遇也会转眼即逝。可见，把握机遇对大学生就业来说十多麽重要。当然，同样的“机遇”可能还会出现，那需要耐心等待，需要时间的陪伴。

就业中需要把握哪些“机遇”呢？大体可以归纳为以下四种。

一是把握政策机遇。党的十六届三中全会通过的《中共中央关于完善社会主义市场经济体制若干问题的决定》，第一次提出了“把扩大就业放在经济社会发展更加突出的地位，实施积极的就业政策，努力改善创业和就业环境”。党的十八大报告同样提出要“坚持实施积极的就业政策”，“积极做好高校毕业生就业工作”，把“社会就业更加充分”作为实现全面建设小康社会的奋斗目标提到了全党面前;从 2008 年 1 月 1 日起实行的《中华人民共和国就业促进法》，就用法律形式把促进就业纳入法制化轨道，说明党和国家对就业工作的高度重视。国家经济发展战略，将有力促进我国经济持续、健康、协调、稳定发展，对全社会的就业来说，都是有力拉动。

为什么大学生就业竞争激烈？这主要是因为，就业需求是一种派生性需求，与经济结构有很大的关系。如果一个地区以出口加工业为主，对普通劳动力需求就会很旺盛，而对高素质大学生吸纳能力反而不足。当前为促进经济增长，由主要依靠第二产业带动向依靠第一、第二、第三产业协同带动转变，由主要依靠增加物质资源消耗向主要依靠科技进步、劳动者素质提高、管理创新转变；发展现代产业体系，大力推进信息化与工业化融合，促进工业由大变强，振兴装备制造业，淘汰落后生产能力；提升高新技术产业，发展信息、生物、新材料、航空航天、海洋等产业；发展现代服务业，提高服务业比重和水平。显然易见，这其中所涉及的很多行业，对劳动者素质的要求大大提高。随着我国经济的发展和产业结构的升级，建设创新型国家，将为高校毕业生就业开辟更广阔的空间，大学生就业的前景将越来越好。

二是把握服务机遇。在高校毕业生规模持续攀升、社会就业总体形势严峻的情况下，教育部高校学生司积极探索建立和完善了一整套促进就业的毕业生就业制度、管理体系、服务网络和工作机制，为高校毕业生就业提供了更多的机会和更好的服务。利用这个平台和它所提供的服务，对促进就业将发挥积极作用。

在政府部门努力扩展就业渠道的同时，高校在提高大学生求职成功率方面做了很多积极探索。在人才培养上，高校进一步调整办学定位，调整学科专业结构，调整学校的人才培养机制，将进一步提高高校毕业生的就业能力。在就业指导上，改变以往“成品包装”式的指导模式，注重对大学生的生涯发展辅导，更加有效地提高了毕业生的“可就业性”，不仅有助于实现我国人力资源的优化配置，也为大学生把握机遇，成功就业，奠定了良好的基础。

三是把握市场机遇。经过多年的努力，我国的市场就业能力建设不断加强，市场就业服务机制和手段越来越完善，为服务就业提供了有利地保障。市场就业服务的重点是将毕业生和用人单位，通过信息化载体连接起来，让供需双方得到比较便捷的就业服务，把就业服务水平提高到一个新的阶段。市场就业服务搭建了一个双向沟通的平台，择业大学生可以在这个平台上向用工单位发出求职信息，用工单位同样可以通过它传递用工信息，当用工单位的就业信息传达到择业大学生的时候，要努力把握机遇，实现就业。

四是把握个人机遇。——确立客观的成才观，创造机遇。衡量一个人是否成才的最终标准在于他能否为社会做贡献和贡献的多少，大学生要学会理性自我评价，在反省自身不足的同时，更要突出自己的竞争优势，全面提升德、智、体、美、劳综合素质。志存高远，健全人格，完善心理，创造自己的机遇。

——树立正确的就业观，发现机遇。就业是大学生从潜人才、准人才到实人才的过度。大学生要正确处理理想与现实、环境与成才的关系，适度降低自己的就业“期望值”，从社会需要和发挥自身才能两方面来考虑自己的就业选择，发现自己的机遇。

——过好重要的实习关，把握机遇。企业看重应届大学生，主要就是看到了隐藏在年轻人身上的“发展基因”。实习是大学生走向社会的阶梯，实习得好，机遇也就会随时光顾于你，或者拿到实习单位的 Offer，或者把实习经验当成“跳板”。不管什么样的用人单位，都需要一个谦虚谨慎、勤奋刻苦，能把远大志向落到实处，有责任感，执着追求事业的员工。这样的实习学生，最后就能留在实习单位。在现实生活中，有些学生把实习当做负担，敷衍了事地对待工作，或者这山望着那山高，不能完成领导安排的工作，还总想搞点猫腻，四处应聘。结果，新的公司没聘上，实习的单位又丢掉了。实习是个关口，更是机遇，需要大学生好好去把握。

五、充分做好择业准备

“不谋万世者，不足谋一时；不谋全局者，不足谋一域。”大学生的择业准备要有从自己人生的全局角度以及社会的全局角度来考虑的谋略，同时也必须从自身长远利益的角度进行策划。

法国“银行大王”恰科早就立志要当一个银行家，但他大学毕业以后，把当地所有的银行都跑遍了，却没有一家愿意聘用他。就在他第52次被拒绝的那一天，走出银行时，看见大门前的地上有一根大头针，便弯腰把它捡了起来。没想到，这家银行第二天就给他发来了录用通知。原来，恰科弯腰捡大头针的行为，恰好被该银行董事长看见了。董事长认为，精细小心正是银行职员必须具备的素质。大学生择业准备包括：

一要有信念和勇气（AQ逆商、DQ胆商）：择业成功首先就是要拥有象恰科这样坚持不懈的信念和越挫越坚的勇气。

二要有自信和从容（MQ心商、MQ德商）：择业成功取决于对未来的自信与择业过程中的从容，如果恰科被拒绝后垂头丧气或者气急败坏，那么他不可能那么从容，那么冷静，细微处体现着他潜在的优秀素质。

三要有学识和基础（IQ智商、WQ志商）：所谓择业成功就是指选择了理想的职业，那无非是与自己的兴趣相投、专业对口。因此，对自己理想职业的期待是需要拥有相当的学识和技能基础与之相匹配的。

四要有人际和应变（EQ情商、SQ灵商）：择业成功取决于对就业形势的了解、就业政策的知晓、就业信息的掌握和就业机遇的把握，而种种这些都需要大学生有较优良的人际关系网络和在此过程中的应变。沟通交流等人际关系处理能力的提高，情商指数的提升都显得尤为重要，需要大学生有意识地日积月累的学习和修炼。

五要有健康和投资（HQ健商、FQ财商）：任何事业的成功都取决于是否有健康的身体，而大学生择业成功还需要有对未来投资的意识、眼光和魄力。这与我们所讲的理财能力相似，尤其是择业更要预防投机取巧，科学设计投资未来。

第三节　就业渠道的选择

人类文明的标志之一是社会分工。社会分工也是商品经济发展的基础。社会分工的优势就在于让擅长的人做自己擅长的事，使平均社会劳动时间大大缩短。能够提供优质高效劳动产品的人才能在市场竞争中获得高利润和高价值。大学生就业选择，就是根据社会分工的不同，从个人的志趣、才能、专长等条件出发，选择适合的职业，实现“人尽其才”。

一、企业就职

企业是从事生产、流通、服务等经济活动，以生产或服务满足社会需要，实行自主经营、独立核算、依法设立、具有经济法人资格的一种营利性的经济组织。企业作为国民经济的细胞，是市场经济活动的主要参加者，是社会生产和流通的直接承担者，是推动社会经济技术进步的主要力量。企业对整个社会经济的发展于进步有着不可替代的作用，从一定意义上讲，企业素质的高低，企业是否适应市场经济发展的要求，直接关系着国民经济状况的好坏和社会的长治久安。吸纳、补充大学生就业，对企业的发展起着至关重要的作用。面对当前严峻的就业形势，国家出台了一系列扶持政策，要求国有企业招收大学毕业生总体上不少于往年，这实际上是国有企业增加人力资源储备的好机会。同时，国家鼓励高校毕业生到非公经济、民营企业和中小企业就业。中小企业、民营企业为高校毕业生的就业提供了一个非常广泛的就业空间，政府提供了岗位补贴、社会保险补贴等相应的鼓励政策。

到企业就职，是大学生一条广阔的就业渠道。

二、事业单位就职

事业单位，是国家为了社会公益目的，由国家机关举办或者其他组织利用国有资产举办的，是以政府职能、公益服务为主要宗旨的一些公益性单位、非公益性职能部门等。它参与社会事物管理，履行管理和服务职能，宗旨是为社会服务，主要从事教育、科技、文化、卫生等活动。一般情况下国家会对这些事业单位予以财政补助，分为全额拨款事业单位、差额拨款事业单位，还有一种是自主事业单位，是国家不拨款的事业单位。人事部《事业单位公开招聘人员暂行规定》指出，事业单位新进人员除国家政策性安置、按干部人事管理权限由上级任命及涉密岗位等确需使用其他方法选拔任用人员外，都要实行公开招聘。公开招聘要坚持德才兼备的用人标准，贯彻公开、平等、竞争、择优的原则，坚持政府宏观管理与落实单位用人自主权相结合，统一规范、分类指导、分级管理，公开招聘由用人单位根据招聘岗位的任职条件及要求，采取考试、考核的方法进行。

凡要报考事业单位公职的毕业大学生，必须按照规定办理。

三、报考公务员

公务员，是指依法履行公职、纳入国家行政编制、由国家财政负担工资福利的工作人员。为了规范公务员的管理，保障公务员的合法权益，加强对公务员的监督，建设高素质的公务员队伍，促进勤政廉政，提高工作效能，根据宪法，2005 年 4 月 27 日第十届全国人民代表大会常务委员会第十五次会议通过了《中华人民共和国公务员法》，对公务员的条件、义务与权利做出了明确规定。录用担任主任科员以下及其他相当职务层次的非领导职务公务员，采取公开考试、严格考察、平等竞争、择优录取的办法。报考公务员，除应当具备《公务员法》规定的公务员的条件外，还应当具备省级以上公务员主管部门规定的拟任职位所要求的资格条件。公务员录用考试采取笔试和面试的方式进行，考试内容根据公务员应当具备的基本能力和不同职位类别分别设置。新录用的公务员试用期为一年。试用期满合格的，予以任职；不合格的，取消录用。

据统计，2014 年全国有 21 个省份组织了公务员招考，共计划招录 10.18 万人，数量比去年减少了 1.54 万人；报名确认人数 256.36 万人，比 2013 年减少了 36.09 万人。确认人数与招录计划数之比约为 25.2：1，与 2013 年的 24.9：1 相比，变化不大。虽然如此，每年仍有很大规模的人数参加公务员考试，竞争也相当大。

四、国内深造

1.考研

①按攻读学位等级划分：分为攻读硕士学位研究生（简称“硕士生”）和攻读博士学位研究生（简称“博士生”）两级。

②按学习方式划分：分为脱产研究生和在职研究生。

③按在学期间提供经费的渠道划分：分为国家计划研究生、委托培养研究生（简称“委托生”）和自费研究生。

2.自考

①报考自考无学历和户籍要求。

②自考是获得国家承认学历的专科和本科毕业证书的方式之一。

③自考流程：选择学校和专业——报考（可自学可参加自考助学）——在指定时间参加考试——通过全部考试——毕业。

五、出国留学

1.出国留学可分为二大类：一类是国家派出（一种是由国家有关部委支付经费；二是由世界银行贷款；三是校际交流。还有一种是自筹经费，或由亲友资助，或享受国外奖学金，由个人申请，经有关部门批准后，列入国家计划，出国手续与公费人员一样办理。这就是通常所说的“自费公派”）；一类是自费留学（是由私人或亲友资助，或享受国外奖学金，出国手续均由个人办理）。

2. 大学生可根据出国留学有关规定选择出国留学方式并办理相关手续。

3. 出国留学人员出境前后的联系办法：在留学人员集中的国家，我使、领馆设立教育处（组），配有专职干部负责留学人员的工作；在留学人员少的国家，由使、领馆指定干部兼管（一般是文化处）。国家公派留学人员的行期一旦确定，可与有关驻外使、领馆联系。在可能的条件下，我驻外使（领）馆接到电传后，一般会派车到机场迎接我留学人员（或委托留学生联谊会接待）。有的接回教育处（组）所在地小住，交待注意事项办理有关手续，有的在机场交待完注意事项放生活费以后帮助转机（或火车，或公共电、汽车）达目的地。如因故无人迎接者，可打电话与使、领馆联系或乘车到使、领馆报到（或与当地留学生组织联系）。赴加拿大、德国的留学人员要自己乘车直接到留学生联谊会。单位公派，使馆一般不接，由自己与接待单位联系。

如果留学人员直接到达学习或工作单位者，到后要及时与使、领馆教育处（组）或负责留学生工作的同志联系、报到，并将“报到证”交使、领馆教育处（组）。并及早与当地留学人员组织取得联系。

许多国家都要求入境的外国人在入境一周（有的一月）内到当地警察局办理登记手续，领取居留证（或身份证），有的还要求居留证心须随身携带（如不带，查出要罚款）。离境时，要求注销，并办理出境签证手续。到达后务必询问清楚，并及时办理有关手续。

4. 赴国外留学的外语能力有关事项：各个国家的留学资质及入学考试都不相同，如赴美国和加拿大留学的外国学生需提供 TOEFL 考试的成绩（成绩有效期两年）或者 GRE 考试成绩或者 TSE 考试成绩，研究生入学考试则采用 GMAT 考试成绩；加拿大研究生的 TOEFL 考试成绩必须在 550 分以上；赴英留学前要通过 ELTS 考试，ELTS 只是摸底考试，不是淘汰考试。根据中英两国政府签订的文件协定，我方人员 ELTS 考试分数达 6 分者即可赴英。

5. 国外留学的一些基本条件：

①获得经济保证。获得的经济资助，应足以维持在法学习期间的学习和生活。

②持有国外某高等院校或语言培训中心的入学通知书，或科研机构的邀请信。

③持有学历证明。

④具有相当的外语水平。

⑤持有健康证明。

六、参军入伍

1. 参军为义务兵：大学毕业，年龄不超过 22 周岁就可以参军为义务兵。到户口所在地的武装部报名参军，应届本科毕业生年龄可以放宽到 23 周岁。

2. 直接成为士官的条件：招收士官的对象，必须是经过中（高）等职业技术学校（院）培训合格且获得国家统一颁发的初(中)级以上职业资格证书，具有相应专业的男性公民。其基本条件是：

①政治审查、身体检查符合应征公民服现役的政治和身体条件；

②中等职业技术学校毕业的，必须获得国家统一颁发的初级以上职业资格证书，且从事本专业工作满一年以上；大专以上学历的，必须获得国家统一颁发的中级以上职业资格证书，可以招应届毕业生，也可以招企业事业单位的专业技术人员；

③年龄一般不超过25周岁，部队特别需要并具有技师职业资格证书的可放宽至27周岁。比原规定缩小了年龄段，原规定是年龄一般不超过28周岁，部队特殊专业需要或具有技师、高级技师职业资格证书的，年龄可放宽至30周岁。

3. 特招入伍为军官：部队每年到某些重点地方大学招收全日制普通应届大学毕业生到部队工作，本科(学士学位)被授予副连级中尉军衔，硕士学位被授予正连级上尉军衔，士学位被授予少校军衔。

4. 大学应届毕业生参军入伍的条件：

①必须是全日制普通高校国家任务非定向应届毕业生。自考、成教、定向、委培、预科、专升本以及军校为地方培养的毕业生，不属于接受范围。

②学习成绩及毕业资格。外语通过国家四级以上(英语专业的，专业英语必须达8级以上)。综合测试成绩排名进入全班前1/2，大学期间累积补考不超过5次，毕业时必须获得相关毕业、学位证书。

③符合军队院校招收学员体格检查标准，其中，男、女生高分别不低于1.66米和1.60米，双眼裸视不低于4.6，本科生年龄不超过24岁，硕士、博士研究生的年龄原则上分别不超过29岁和34岁。

5. 大学本科毕业，有学士学位，年龄不超过26周岁，可以报考军校的硕士研究生，毕业后到部队工作，被授予正连级上尉军衔。

七、响应召唤，服务社会

1. 选调生：是组织部门有计划地从高等院校选调品学兼优的应届大学本科以上毕业生到基层工作，作为党政领导干部后备人选和县级以上党政机关高素质的工作人员人选进行重点培养，这批毕业生简称“选调生”。选调生与各单位招录的国家公务员都是国家公务员。不同点主要有：一是报名条件不同。选调生的报名条件除符合国家公务员的报名条件外，还要求是学生干部、有志于从事党政工作、服从组织安排的本科以上优秀毕业生；二是培养目标不同。选调生的培养方向主要是党政领导干部后备人选和县级以上党政机关高素质的工作人员人选。三是选拔程序不同。选调生的选拔包括资格审查、笔试、面试、体检、考察考核等程序。四是培养管理的措施不同。选调生到基层工作后，组织部门将通过举办培训班、抽调到上级党政机关跟班学习，鼓励参加公开选拔、竞争上岗等得力措施进行重点跟踪培养，帮助选调生脱颖而出。选调意味付出，在清贫中践行青春的壮言，在寂寞中蕴孕爆发的力量。

2.“大学生志愿服务西部计划”：是团中央、教育部根据国务院常务会议、《国务院办公厅关于做好2003年普通高等学校毕业生就业工作的通知》和2003年全国高校毕业生就业工作电视电话会议精神的要求而实施的，财政部、人事部给予相关政策、资金支持。这项计划通过引导大学生到西部去、到基层去、到祖国和人民最需要的地方去建功立业，促进西部贫困地区教育、卫生、农技、扶贫等社会事业的发展，拓展大学生就业、创业的渠道，努力培养造就一大批既有现代科学文化知识、又有基层工作经验和强烈社会责任感的优秀青年人才。这项计划从2003年开始，按照公开招募、自愿报名、组织选拔、集中派遣的方式，每年招募一定数量的普通高等学校应届毕业生，到西部贫困县的乡镇从事为期1－2年的教育、卫生、农技、扶贫以及青年中心建设和管理等方面的志愿服务工作。志愿者服务期满后，鼓励其扎根基层，或者自主择业和流动就业。

3.“三支一扶计划”：该计划由原人事部组织，依据原人事部2006年颁布的第16号文件《关于组织开展高校毕业生到农村基层从事支教、支农、支医和扶贫工作的通知》，其目的在于为高校毕业生向基层单位落实就业问题提供具体的指导和保障。三支一扶计划以公开招募、自愿报名、组织选拔、统一派遣的方式，从2006年起，每年招募2万名左右高校毕业生，主要安排到乡镇从事支教、支农、支医和扶贫工作。招募方式为每年4月底前，各地收集、汇总、上报乡镇一级教育、农业、卫生等基层岗位需求信息；每年5月底前，各地根据下达的招募计划，采取考核或考试的方式进行公开招募；每年7月底前，派遣“三支一扶”大学生到服务单位报到。工作时间一般为2到3年，工作期间给予一定的生活补贴。工作期满后，自主择业，择业期间享受一定的政策优惠。

4.“农村义务教育阶段学校教师特设岗位计划”：为加强农村义务教育教师队伍建设，促进农村义务教育均衡发展，创新教师补充机制，提高教师队伍整体素质，逐步解决教师总量不足和结构不合理等问题，国家决定自2006年起在西部地区实施“农村义务教育阶段学校教师特设岗位计划”。计划的主要内容是对西部地区“两基”攻坚县农村中小学，在不改变教师管理事权的前提下，在现有教师编制内设立特别岗位，由国家公开招募高校毕业生担任特别岗位教师，聘期3年。所需资金由中央和地方共同负担，以中央为主。特设岗位教师聘用期满后可按规定转为当地公办教师，重新择业的享受国家有关就业优惠政策。

5.鼓励科研项目单位吸纳大学生就业：根据教育部网站消息，中国科技部、教育部、财政部、人力资源和社会保障部、国家自然科学基金委员会五部门日前联合出台意见，鼓励科研项目单位吸纳高校毕业生就业。国家鼓励高校、科研机构和企业，按照公开、自愿、双向选择的原则，在所承担的民口科技重大专项、973计划、863计划、科技支撑计划项目以及国家自然科学基金的重大重点项目实施过程中，聘用高校毕业生作为研究助理或辅助人员参与研究工作，并根据国家有关规定签订服务协议，明确双方的权利、责任和义务，聘用对象主要以优秀的应届毕业生为主，包括高校以及有学位授予权的科研机构培养的博士研究生、硕士研究生和本科生。根据这一意见，项目承担单位聘用高校毕业生参与研究，其劳务性费用和有关社会保险费补助按规定从项目经费中的“劳务费”科目列支。具体操作办法是：在研项目在不改变研究目标和经费预算的前提下，采用调整项目经费支出结构的办法，统筹安排聘用高校毕业生需要支出的劳务性费和社会保险费补助。项目（课题）组根据聘用计划提出预算调整意见，报项目承担单位批准同意后，按照相关经费管理制度规定调整执行。新立项目在编制预算前，要结合项目研究实际需求做好聘用计划，认真测算相应经费需求并纳入项目预算申请，按照相关经费管理制度规定核批下达。重大科研项目聘用高校毕业生作为研究助理和辅助人员参与研究，其劳务性费用和社会保险费补助开支标准，原则上按相应岗位在当地的实际情况由项目承担单位确定。意见要求，项目承担单位要加强对相关经费的财务管理，各项费用必须纳入单位财务统一核算，并按照单位工资的发放程序和方法以及社会保险缴费的有关规定执行。单位内部财务（审计）和监察部门要加强对相关经费的日常监督，确保资金支出的科学、合理和安全。高校毕业生参与项目研究期间，其户口、档案可存放在项目承担单位所在地或入学前家庭所在地人才交流中心。聘用期满，根据工作需要可以续聘或到其他岗位就业，就业后工龄与参与研究期间的工作时间合并计算，社会保险缴费年限合并计算。此外，各地方要积极鼓励本地区设立的重大科研项目聘用高校毕业生参与研究工作，促进高校毕业生就业。具体措施办法可结合各地方实际，参照该意见另行制定。

八、灵活就业

灵活就业，即是在正规就业形式之外的其他就业形式，主要是指在劳动时间、收入报酬、工作场地、保险福利、劳动关系等方面不同于建立在工业化和现代工厂制度基础上的、传统的主流就业方式的各种就业形式的总称。

灵活就业大致可分为三类：

第一类是在劳动标准方面（包括劳动条件、工时、工资保险以及福利待遇等），在生产的组织和管理方面，以及在劳动关系协调运作方面达不到一般企业标准的用工和就业形式（边缘状态的就业形式），主要是指小型企业、微型企业和家庭作坊式的就业者，以及虽为大中型企业雇用，但在劳动条件、工资和保险福利待遇、就业稳定性方面有别于正式职工的各类灵活多样就业形式人员，包括临时工、季节工、承包工、小时工、派遣工等。

第二类是由科技和新兴产业的发展、以及现代企业组织管理和经营方式的进一步变革引起的就业方式的变革而产生的灵活多样就业形式（现代灵活就业形式），如目前发达国家广泛流行的非全日制就业、阶段性就业、远程就业、兼职就业、产品直销员、保险推销员等。

第三类是独立于单位就业之外的就业形式，包括自雇型就业，有个体经营和合伙经营两种类型；自主就业，即自由职业者，如律师、作家、自由撰稿人、翻译工作者、中介服务工作者等；临时就业，如家庭小时工、街头小贩、待命就业人员和其他类型的打零工者。

灵活就业需注意事项：

第一避免“繁琐”：重在技能与普通就业相比，“自雇”就业更注重自身技能。可以适当减少诸如企业管理等的要求，通过自我形象设计、自我包装，展现自己的独特优势。

第二财务有笔清楚账：因为是自雇自，因此很多就业大学生会忽视财务，干到哪儿算哪儿，这对个人今后的成长不利。再小的个人运作，也需要有笔清清楚楚的财务账。

第三服务要明码标价：像其他经营活动一样，自雇就业必须明码标价。在与客户洽谈时，明确服务标准。在谈妥服务内容后，必须通过书面形式确认，这样可以避免或减少经营活动纠纷。很多匆忙上阵的大学生，没有经过正规训练，只考虑到赚钱，往往忽视细节。

第四上门带好身份证：与其他经营活动不同的是，自雇就业的客户面对的是个人，给人的印象是个体，诚信度较差。而服务首先必须给人以信任，在这种情况下，如果上门服务，带上身份证，会增加客户的信任度。

第四节　寄发求职信择业

寄发求职信，是大学生常用的择业方式。在信息传递方式多样化的今天，采用“古老的”信函方式求职，不啻是一种真情实意的表示。信函不仅可以表达得到某个职位的愿望，字里行间还可以表露出对职业的热爱，透过文字，可以让人感受到你的才华和人品。

一、求职书的写作

（一）求职信的格式

1. 标题：求职信，或求职书。
2. 称谓：一般要写明收信人的姓氏职务，或“先生”、“女士”。
3. 问候语：一般写为“您好！”字样。
4. 正文。
5. 附件：说明信后附有个人简历表。
6. 尾部：注明联系方式及姓名、日期。

（二）求职信的主要内容

1. 明确表示希望得到职位的愿望。
2. 个人的一般自然情况：性别、籍贯、民族、政治面貌、出生年月等。
3. 学业情况：毕业院校、所学专业。
4. 对所谋职业的热爱和了解情况。
5. 个人的特长及兴趣爱好。

6. 参加社会实践的情况。

7. 谋得职位后的态度与计划。

8. 祈盼得到答复。

(三)求职信写作的注意事项

1. 言简意赅，切忌冗长。求职信不一定要写得长，但一定要引人入胜，使读者能在较短的时间里了解主要内容，记住你的特长和对职业的态度。。通常招聘人员对与其单位有关的信息是最敏感，所以要把个人与用人单位有密切关系内容的信息表达清楚。1992 哈佛人力资源研究所一份测试报告的数据证明，一封求职信如果内容超过 400 个单词，则其效度只有 25%，即阅读者只会留下对 1/4 内容的印象。

2. 突出重点，切忌全面。写作时要把握重点，紧紧围绕个人思想品德、专业特长等方面组织文字，有时由于求职心切，在写求职信的时候生怕漏掉自己的长处，泛泛而论，什麽都想说，这样会使内容游离于主题之外，影响到求职信的效果。

3. 实事求是，切忌吹嘘。从求职信中看到的不只是一个人的经历，更重要的是字里行间透露着人的品格。应该做到恰如其分地介绍自己的能力和特长，既不吹嘘也不贬低，做到自我评价客观准确，介绍能力切合实际，表现出谦虚谨慎，求真务实的态度。

4. 文笔流畅，切忌卖弄。语言表达能力是一个人文化素养的直接体现，也是对实际水平的一次检验。写作时要力求措辞严谨，合乎语法;层析分明，条理清晰;语气庄重，避免口语化;逻辑性强，能够准确地传达意思，给对方留下良好印象，为进一步与用人单位接触奠定基础。

5. 体现个性，切忌雷同。写一封高质量的求职信，其中重要的一条是在“合规”的基础上，尽量体现出个性化特征，让读者能够很快留下深刻印象。这里讲的“个性”，既是说求职信在文采方面写得有个性，更重要的是要针对不同的用人单位写求职信。要针对用人单位的具体要求，强调自己的社会经验和专业所长，比如用人单位招聘文秘人员，应介绍自己文、史、哲知识及写作才能，用人单位招聘科研人员，应该介绍学习成绩和科研成果，这样才会得到用人单位的青睐。

二、个人简历的制作

一份成功的简历应包括以下几个部分：

第一部分：身份的证明：姓名、住址和电话号码写在面首。简历上最好只注明家里的电话号码，避免招聘方打电话到你办公室的尴尬。

第二部分：爱教育的程度：首先，注明你上过的学校(名称和地址)；然后，是学业成绩。一般来说，人们希望把所取得的学位都写上。如果你取得了某个学位，应把全称写出来。每一个条目都有必须注明日期。在这个部分，还可以包括你取得某项成就或者获得的荣誉。

第三部分：继续教育：你所参加过的与该工作有关的其它辅导或培训课程，也应该反映出来，并注明完成的日期。如果目前正学某一科目，你就应把将完成的日期写出来，例如，计算机文字处理，将于明年1月完成。

第四部分：工作或业务经验：对于大多数用人单位来说，这一部分是个人简历的“核心”，你应把获得的所有工作经验都写进去。首先应该是你最近工作的单位，并附上所在地区。然后注明你的职位及任职时间。应按时间倒序排列，先是你最近的工作经历，然后是以前的。如果在你的工作履历中出现空档，即有一段时间没有做任何工作，你也应把时间注明，不要只写年代。最好把你工作的日期写准确，并做好准备，回答一些预想不到的问题。兼职或季节性工作的日期也应写清楚。其次就是对你做过的工作进行详细的介绍，大多数人往往认为这一部分比较难写。描述逻辑性要强有力、文字尽量简洁、明了、准确，应该突出体现你的技能，另外你还应该做到以下几点：第一，最重要的技能列在最前边，然后按轻重次序排列。第二，简历中不要使用简语。第三，避免使用代词：我、我的、他、她、他们、她们等。第四，参加勤工助学、课外活动、义务服务，参加各种各样的团体组织、实习经历和实习单位的评价等等内容要写得详细些，指明你在社团中、在活动中做了哪些工作，取得了什么样的成绩。用人单位要通过求职者的这些经历考查其团队精神、组织协调能力等。

第五部分：从事志愿者工作的经历：如果你从事过与你所找工作有联系，或你认为有助于你未来的用人单位更好地了解你的某种志愿者工作，你也应该把这一部分包括在你的个人简历中，其要求同职业或工作经历部分。

第六部分：职业与非职业性活动：如果你是一名经验丰富的求职者，在简历中就应该介绍你所参加过的职业与非职业性活动，这些活动必须是你亲身经历的，且最好能引起招聘者的兴趣。

第七部分：在简历上列出你所参加过的协会的名字和你加入的日期。

第八部分：证书/许可证：把你获得的证书和执业许可证附列上。例如：注册会计师、律师等。

第九部分：你应该把你做过的重大研究项目写进你的个人简历。要注明你的姓名及项目合作者的姓名，用大号字体写出项目名称及该项目的赞助商（如果无赞助，请注明）。最后注明你完成该项目的时间。

第十部分：说明部分：如果你对求职，可以做出特别的说明，且这些说明与你的工作有关，并能引起招聘者的兴趣，那么，你的简历上也应包括这部分。

第十一部分：推荐信往往是简历中的最后一部分，可另行附在简历的后面。

小提示：

①个人简历是对你各方面情况的如实反映，它向用人单位提供了有关你工作能力等方面的重要信息。简历一定要实事求是，但不要写太多个人情况。如果应聘国家机关、事业单位应该写政治面貌，如果到外企求职，这一项也可省去，其他都可不写。如果你的介绍有失真的情况，将严重影响求职的成功和就职后的发展。

②简历中不要写薪水，如果薪水要求太高，会让企业感觉雇不起你；如果要求太低，会让企业感觉你无足轻重。对于刚出校门的大学生来说，第一份工作要重机会，薪水不重要，不

要在这方面费太多脑筋。

③兴趣爱好也最好列上两三项，用人单位可就此观察求职者的工作、生活态度。

④如果应聘外资企业、大的跨国公司一定要附上英文简历，

⑤应邀与用人单位进行见面时，应多带几份简历，有备无患。

⑥要经常更新你的简历内容，以便随时抓住良机。

⑦《简历》最好打印在一张 A4 纸上，采用分栏式格式书写。

⑧贴一张近期的彩色标准照片。照片要注意发式、色泽、表情、衣着。

三、求职书的投寄

大学生可通过网站、电视、报纸等媒体发布的就业信息，按照自己的意愿有目的地或通过邮局或直接参加招聘会等方式投寄求职书，避免走弯路，这样可以提高求职的成功率。求职书的投寄要注意两个关键点：

其一，对所要应聘公司提前分析。通过公司网站、人脉关系等了解所中意的公司背景、经营情况、企业文化及有无负面报道等。

其二，认真分析职位描述。匹配自我能力与中意企业的需求有无结合点，是否达到聘用条件等。根据分析修改简历，突出该企业的需求点。千万不要用同一份简历去投递所有的公司；也不要随意浏览招聘职位不经过思考分析盲目轻易投递。这是很多简历投递无效的最主要原因！

其三，最好使用大的信封邮寄，避免纸张折叠。

其四，求职信请不要以急件或挂号信的形式寄出。

其五，务必付足邮资。

其六，使用清晰正规的字体，使用质量较好的 A4 纸张。

第五节　网上应聘

网络招聘已成为许多用人单位经常使用的一种招聘方式。在欧洲，世界 500 强的企业有 94% 实行网上招聘；在亚太和北美，这一数据达到了 96%。我国的劳动力市场正在不断开放，匹配方式正在发生变化。求职者搜寻工作的渠道有了明显的变化，其中利用网络进行工作搜寻获得职位信息的比重逐年上升，传统的企业招工和毕业分配等方式所占比重下降。从市场规模来看，中国网络招聘市场规模已经达到了相当大的规模。网络招聘必将是包括校园招聘在内的企业招聘和求职者获取工作的主流渠道。

一、网上应聘的概念

网上应聘，顾名思义，就是通过互联网进行应聘的求职方法。求职者通过互联网查询招聘信息，填写求职信和个人简历，并通过 E－mail 或者网上提交系统提交给招聘单位。用人单位在获得求职者的求职信息后，给予求职者面试的机会。

网上求职与网下求职相比，主要涉及求职的前半部分，即求职者通过网上求职了解企业的职位信息与职位要求，并使企业了解个人的相关情况，从而获得面试的机会。当然也有企业将全部求职通过网上进行，企业与求职者就通过互联网进行视频面试，在网上直接录取，结束后，求职者可以直接去企业报到。当然对于中国现阶段而言，整个招聘流程全部通过网上进行的情形较少，网上求职与其说是一种求职方式，不如说是一种获得面试机会的求职途径，就像我们在报纸上看到企业招聘信息，通过邮局寄出求职信，或者直接参加人才招聘会，获得求职机会是一样的。

由教育部举办，全国高校毕业生就业网络联盟支持，为大学生就业和用人单位招聘提供网上、网下相结合的多功能服务的全国大学生就业公共服务立体化平台，是中国高校毕业生就业服务信息网的升级和拓展，平台在继续做好高校毕业生网上招聘系列活动的基础上，对服务功能进行了拓展，增设了政策咨询、就业指导、视频面试等一系列与招聘活动同步的特色服务，使平台更好地服务于广大用人单位和毕业生。

二、网上求职前的准备

1. 明确目标，切忌盲目。网上求职不必是唯一的岗位目标，但一定要有一个方向。求职者不妨将其写在纸上，比如：市场营销类，可以包括营销员、销售代理、客户服务、营销策划等岗位，求职者应当根据自己的专业特点、工作经验、个人兴趣专长等情况确定自己的求职方向，同时还要明确求职区域，也就是以后上班的地区，不然再好的机会也会因为因为距离过远而不能赶去而浪费自己的求职的时间。

2. 准备好适应网上求职的个人资料，例如求职信、个人简历等。网上求职的一大优点就是求职者可以随时调整自己的求职资料，求职者可以根据应聘职位的特点调整自己的简历，求职者也应该将自己的照片、学历、证书、获奖证明、身份证这些资料扫描存入电脑，虽然不是每一个企业都需要这些资料，但是资料准备详细一些，总是比需要时再去仓促准备要好。注意，求职资料一定要保持真实性，不要提供虚假的资料，正规的企业是不会欢迎在求职上都会弄虚作假的求职者的。

3. 求职者要有一个稳定的邮箱或 QQ 号和便于企业与你联系的通讯方式。网上求职主要是通过电子邮箱进行联系的，求职者一定要选择一个性能稳定的邮箱，性能不稳定的邮箱可能会影响你的求职，比如，发出的求职信无法到达企业邮箱，或者被企业邮箱认定是垃圾邮件，求职者无法按照收到企业回复的邮件，从而错过机会。还要注意的是，多数企业在看到求职的电子邮件后，会通过电话与求职者联系的，因此求职者一定要有一个可以随时联系到自己的电话号码。

4. 寻找合适的招聘网站。找到相应的招聘网站寻找合适的职位信息，这是网上求职一个重要的环节，找到一个合适的网站求职，可以获得比较高的成功率。现在，中国各类招聘网站总数已经达到上千家，有一定影响力的网站也达到上百家之多，如何从众多的人才网站中找到适合自己的职位信息，这是一个值得求职者重视的问题。现有招聘网站按网站的服务区域分为全国性招聘网站、地区性招聘网站；按网站职位种类，可以分为综合性招聘网站、行业性招聘网站；按网站功能分可分为完全招聘类网站和为招聘进行配套服务的网站，比如一些网站并不提供职位信息，而是提供求职技巧、求职指南、网址导航方面的信息；按照网站的独立性可以分为专门的招聘网站、门户网站的招聘频道、普通企业网站的招聘栏目。对于求职者而言，应该需要根据自己的实际情况，选择相应的招聘网站，例如，你是一个想在上海工作的求职者，可以登陆一些上海企业职位信息比较多的招聘网站，可以根据自己的所求职职业的特点，直接去登陆一些自己感兴趣的上海企业的网站，看看企业网站里有没有招聘方面的信息，有没有适合自己的工作机会。如果你是一个对于求职不是太熟悉的应届生，不妨多上一些求职指南类的网站，或都看一些招聘网站里面关于求职的技巧介绍方面的内容。

5. 寻找招聘网站的途径：

①通过搜索引擎的分类查找，比如通过新浪、搜狐、雅虎、中华网、21cn 等网站分类搜索。这些搜索引擎的招聘网站分类里通常都收录了上百甚至上千个与招聘相关的网站，求职者如果有时间可以去逐一了解。

②通过网址导航类网站，类似于搜索引擎的招聘网站分类，但是网址导航网站里的招聘网站通常都是是网上最常用的，数量一般只有几十个，界面简洁，使用方便。如网址之家，目前国内一些门户网站均增加了网址导航这方面的内容，求职者可以登录相应网站去了解。

③通过一些其它途径，比如网站里的友情链接、媒体报道、朋友推荐等，有时间的求职者可以也可以登陆一些与求职相关的论坛，比如天涯社区的职场天地，效果不错的。对于求职而言，选择三到五个招聘网站作为自己网上求职的主要网站应该就足够用了。求职者应该善于学会使用收藏夹，将一些对自己求职有帮助的招聘网站收藏进来，方便日后登陆。如果没有专门的上网电脑，不妨将一些招聘网站的网址抄下来或记下来，以备自己登陆之用。一些对网上求职比较熟悉的求职者在选择合适的招聘网站是基于这样一个原则的：全国性招聘网站一个、区域性招聘网站一个、行业性招聘网站一个，这样立体式的选择通常可以保证到求职者可以获得到足够的招聘信息了。

6. 登陆招聘网站注册个人资料，搜索相应信息，发送求职信与个人简历。目前国内招聘网站一般都是免费向求职者开放的。求职者只需要注册为会员就可以查询相关的招聘信息，为了提高求职的成功率，求职者应该认真填写相关的内容，用人单位在查询求职者人网上资料时，通常不会理会资料不全的求职者的，如果条件许可，最好在网上资料中留下详细的联系方式，而不只是一个邮箱或者 QQ 号码，建议大家要留下联系邮箱及电话码，最好不要留 QQ 号码，因为一般的用人单位都这样一个聊天工具是持反对态度的，既然不会有一个单位会在 QQ 上通知你去面试，求职者就不要留下这个联系方式了。求职者注意及时更新网站上登记的个人资料，保持网上简历的时效性。

7. 完成了在招聘网站进行登记并不意味着求职者就万事大吉可以坐等用人单位看到你的资料与你联系了，虽然也会有一些用人单位会主动在网站上搜索求职者的资料，主动约求职者面试，但是事实告诉我们，这样的情况是很少的，而且这样的工作通常是一些求职者不是太感兴趣的工作。不错的工作机会通常都会有大量求职者主动提交个人资料，用人单位根本不需要到网站去搜索，因此求职者需要在网站上要主动出击，及时了解了解相关职位信息，要充分利用招聘网站上为求职者设计的求职功能，比如职位搜索引擎、职位收藏夹、职位订阅等。搜索引擎使用起来很方便，求职者只要设定时间、地点、招聘职位名称、或公司名称等查询条件，直接便可查询到想要查询的信息，直达目标。职位收藏夹使用起来也很方便，只要设定要收藏的职位类别，系统便会把设定的信息发送到收藏夹里，一目了然。邮件订阅也是一个不错的办法，网站可以用时将相应的职位信息发到求职者的信箱里，这样求职者只要经常打开邮箱不会错过一些重要的职位机会。

8. 搜索到感兴趣的职位信息后，求职者就可以及时将自己的个人求职资料（求职信与简历）发给用人单位，有的网站有在线提交的功能，有的则需要求职者记下企业的招聘邮箱，将资料发到用人单位的邮箱里面。求职者一定要看清楚用人单位的招聘要求，比如有的是要求直接上门面试的，有的是要求电话联系的，这样的情况下发邮件过去就会失掉机会的。

三、网上应聘技巧

1. 采用行业招聘网站求职。因为行业招聘网站是按行业发布职位信息的，所以专业和工作经历比较对口。求职邮件应该简明扼要、重点突出。既要把自己在某一方面的特长讲清楚，又不要过于冗长。应该在邮件的主题里及邮件正文中注明申请的是何职位。许多用人单位同时招聘多个职位，如果求职者没有写明自己的求职范围，会导致工作人员不知所以而失去机会。

2. 如果不是用人单位特别要求，不要把简历贴在附件里发送。一是因为邮件太多，有时看邮件的工作人员不愿意打开；二是因为电子邮件病毒流行，许多用人单位不愿打开电子邮件的附件；三是因为格式的不同，有些附件在用人单位那里可能打不开。同时，要注意把简历转化为文本文件，不要出现字词及语法类的错误。

3. 一封电子邮件应聘一个职位，不要同时在一家公司应聘数个职位。一般来说，在用人单位看来，你越是对某一职位志在必得，他们会感觉你是认真的，这样应聘的成功率自然也就比同时应聘几个职业位要高。简历要与大公司沾边，当人事经理搜索招聘网站简历库简历时，一般会以关键字“知名企业名称 + 职位名称”为主，比如消费品行业可能喜欢可口可乐及宝洁的人，人事经理会这样搜索：“可口可乐 + 销售经理”，系统会搜索到简历中出现以上关键字的求职者。如果你的简历里出现知名企业名称的字样，就可以被搜索到，例如：“我在 xx 矿泉水公司工作，成功地令竞争对手——可口可乐旗下的天与地矿泉水在当地的市场份额减少……”，“我在可口可乐的广州白云区经销商工作”等，又提高了人事经理浏览简历的机会。

4. 用邮件发简历的时候，应该写一封求职信同时发出。求职信应该有足够的内容介绍自己，但要控制字数，不宜过长；求职信和简历都应该用文本格式. txt 来写，这样虽然会限制一些文本修饰功能，如粗体、斜体等，但你可以用一些符号来突出重点，如：“ + ”、“ − ”、“△”等。还要注意措辞，信中千万不可有别字。求职者可以在电子邮件的草稿箱里创建并保存一个求职信样式，这样稍加修改你就可以用它来申请其他的职位。

5. 求职信发出后可以在适当的时间向用人单位询问结果，向用人单位表示诚意，也让自己做到心中有数。询问的时候应该表示你对他们公司的职位仍然感兴趣并再简短介绍一下自己的专业特长和工作经验。但是不要反复询问结果，许多公司每天都会收到上百份个人简历，他们是不愿意被求职者反复打扰的。

6. 若有资格不符的职位，可以主动以电话和发 E – mail 的方式进行询问该职位所需求的条件与要求。许多招聘单位会对一些有特长的求职者放宽某些方面的条件，比如，如果你的经验丰富，用人单位可能不会非要坚持一定要本科以上学历，这样求职者就会多一次机会。不要只应聘最近三天的职位，一般求职者认为刚刚发布的最新的招聘信息肯定是成功率最大的，其实不然。因为很多企业人事经理没有及时登陆刷新刊登的职位，所以求职者在搜索职位时刚刷新的职位会排在前面，这些职位应聘的人多，竞争激烈；相反，一些职位已经是半个月甚至两个月前发布的，应聘的人少，成功率反而高。自己要学会让简历与职位匹配，两个观念都是有效的：一是不要太在乎对方职位要求的描述，很多职位描述只是写写而已，连经理都不知道要招什么样的人，如果你看到对方职位要求本科，你是专科就不敢投递简历，那就失去机会了。如果你看到对方要求有 5 年经验，你只有 3 年经验，你也不敢投简历，那完全没有必要。另外一个匹配观念就是，依照他对职位的描述，改变你的简历说法，如他说要求领导能力强，你的简历也说具有领导才能；他要沟通能力一流，你的简历也说“我最擅长沟通”。你的简历表面匹配度高，就可以多增加机会。你可以为用人单位对职位的描述量身定做简历。

7. 不必大量邮寄简历。许多求职者不管对方的职位要求如何，大量发送求职邮件，效果反而不理想，求职者应该仔细研究空缺职位的具体情况，确定的确符合你的兴趣和背景之后再去应聘。不要简历“满天飞”，无目的地投简历等于没投。

8. 求职的自荐材料内容应突出专业、学校、社会实践、自身性格，是否具有工作经验等重点内容。面面俱到、内容太多、太花哨的简历往往最容易被淘汰。经常刷新简历，当人事经理搜索简历库的简历时，符合条件的简历是按刷新的时间顺序排列，而一般只会看前面一两页。很多求职者其实并不知道刷新简历可以获得更多求职机会。因此每次登陆，最好都刷新简历，刷新以后，就能排在前面，更容易被人事经理找到。发邮件到企业指定的邮箱时，怎样才能让你的邮件永远排在最前面，让人事经理每次打开邮箱都首先看到你的邮件？只要在发邮件前，把电脑系统的日期改为一个将来的日期，因为大多邮箱都是默认把邮件按日期排序。

9. 新颖的邮件标题，人事经理每天收到大量的求职电子邮件，求职者一般会按企业要求把邮件题目写成：应聘××职位，怎样才能吸引人事经理的眼球，让他先打开自己的邮件？可以在邮件题目上做文章。一天人事经理收到几百封邮件，只有标题新颖的才有机会被打开。例如：一个女学生发了100多封邮件求职都没有任何反应，因为应聘做文员的太多了，而一个做过空姐的女士将她的邮件标题改为“空姐来广州找工作”，引起绝大部分男人事经理想入非非，结果三天之内有30多个男人事经理通知面试，三个月找不到工作的她一下子变成三天找到十份工作。

10. 简历最好放靓照，对于人事经理来说，每天需要浏览大量简历，如果同等的条件，一般会先通知有照片的求职者来面试，因为通过照片人事经理对应聘者又多了几分了解。如果是美女，被通知的可能性就更大。有一位人事经理，曾经招聘一个人事主管，在收到的300多封简历中找出有照片的前5份，通知了最漂亮照片的2个女生，经过面试聘用了其中的一个。中国人的旧传统是以貌取人，你即使不漂亮，也要照一个艺术照，这样就增多了面试的机会。

11. 求职者可以建立个人的求职网站。求职者可以在发求职信的同时将自己的网址告诉给用人单位，利用求职网站充分展示自身特色，吸引用人单位的目光。个人求职网站应该图文并茂，内容包括自己的求职信、简历、论文、实习报告、日记、个人论坛以及见报文章等。当然，网页粗糙的求职网站最好不要使用，那只会适得其反。

12. 网上求职的注意事项

①网上求职要保持平和的心态。求职者要坦然地面对挫折和困难，不必自卑胆怯和过分焦虑，要积极调整心态迎接挑战。求职时不要将全部的希望都寄托网上求职，网上求职只是求职的一个渠道，在网上求职的同时还要通过网下求职例如到人才市场参加人才招聘会、通过邮局发送求职信等方式求职。

②注意防范网上求职骗局。求职者为了防止网上诈骗，一定要登陆正规网站。一般正规网站在刊登人才需求信息时，都会仔细验证招聘单位的真实性，要求对方能提供单位营业执照、办理人员的身份证件以及加盖公章的单位证明等，严防虚假信息。因此，在网上求职时，应尽量寻找那些比较正规、知名的网站，以减少不必要的麻烦。网上求职的骗局通常有两类，一类是要求求职者汇款做为报名费、押金、手续费。凡是这类情

况，求职者应当立即放弃，甚至可以举报；另一类是网上传销的骗局，声称只需要交几十元会费就可以在家创业云云，着只不过是搬到了网上的传销而已。求职者在无法确定所要应聘单位的真实性与可靠性时，可以登陆当地的工商部门网站查询企业的注册情况，或者直接在“百度”或“GOOGLE”里输入“公司名+骗子公司”，看一下搜索结果；或者到一些求职论坛发帖请教，应该会有一个结果。

③网上求职，注意保密。网上求职要注意对一些私人的信息进行相应的保护，比如在网站上不要透露家庭地址，求职者只需要留下个人的电话、电邮及自己的大概位置就可以了，以防被骗子所利用。

第六节　上门求职

上门求职，这种看上去似乎有点“复古”的做法，有时候会收到极佳的效果。有些单位，由于各种原因，或是招聘人数较少，或是没有赶上大型招聘会时机，或是出于企业条件的考虑，他们希望以自己的“牌子”吸引求职者。如果你在这个时候“逆势而上”，登门求职，表现出勇气和诚意，就会得到“优厚待遇”。即使一次登门不成功，也是一种尝试，或许由于你把信心留在了这个单位，有机会的话，就会成为“首选”。

一、上门求职的概念

上门求职的方法也叫“闯见访问法”或“挨门挨户访问法”即叩响每个令你感兴趣的雇主、工厂或办公室的门，直接去公司应聘。这是一种比较原始的方法。求职者在不太熟悉或完全不熟悉用人单位的情况下，可以直接访问某一特定地区或某一特定行业中的所有单位。

二、上门求职的信息搜集

1. 校园信息：要特别关注学校就业中心发布的信息。学校就业中心有别于其他信息渠道的优势在于，校内的就业指导中心作为毕业生就业的重要中介机构，与中央有关部委和各省市的毕业生就业主管部门以及有关用人单位保持着经常、密切的联系，所以，国家有关就业政策规定、地方的有关政策、各地举办招聘活动的信息、有关用人单位简介材料及需求信息等，学校的主管部门一般都能及时掌握。

2. “双选会”信息：大学生招聘会多年来一直是毕业生求职的“重头戏”，招聘会相当于“双选会”，众多的用人单位、大学生双方在“供需市场”进行双向选择。如果以会场来划分，有在高校内举行的招聘会，也有在校外人才市场举办的招聘会。“双选会”一般都管理规范、信息集中，且可进场获取大量求职信息等材料、与用人单位进行“面对面”交流。值得特别提醒的是，高校毕业生还要多关注兄弟院校举行的招聘会，留意有没有和自己所学专业对口的就业机会。

3. 人脉关系信息面。不可否认，通过人脉关系来获取就业信息往往更为直接快捷、真实可靠。亲戚关系、老师校友、同学好友、实习单位……，都有可能成为招聘信息来源的渠道，充分利用这些“关系”，以拓宽信息面，此时显得尤为重要。很多招聘单位由于招收人数少、或者是为了节约招聘成本，往往不愿意在社会上发布招聘信息，这时靠“关系”得到的信息就尤为重要。“非亲戚型关系”也许给你的帮助不是最大的，但往往针对性更强一些。

4. 盯紧媒体把握最新信息。随着毕业生就业问题成为社会的热点话题，媒体对于这一问题的关注也越来越多，各地招聘会信息、各单位招聘广告、各类就业政策解读乃至应聘就业等一系列环节应注意的问题等都常见诸于报端，有些电视、报纸、杂志还为毕业生就业开辟了专题、专版、专刊，内容更新及时、传播速度快、涉及面广、容量大。专家认为，毕业生要善于利用媒体的信息，眼观四处，耳听八方，就能在媒体上得到大量的有用信息。此外，上门自荐、电话咨询、网上求职等途径也不失为获取信息的渠道。

5. 需要强调的是，就业信息不该局限在具体用人单位的需求信息，而该是广义上的信息。国家和地方有关毕业生就业的方针、政策、法规，某一用人单位的性质、经营状况、发展前景等等也是重要的就业信息。应该放宽眼界，除了关注用人单位的需求信息，与就业相关的“大”信息也不能忽视，特别是有求职意向的地域或者部门更应该多了解些。

三、上门求职的心理准备

上门求职最大的难处就是很难找到与公司领导会面的机会，可能要锲而不舍花上几星期，甚至更多时间，对方才肯见面。因此，上门求职要做好不断被拒绝饱受挫败的心理准备。使用这种方法，首先必须坚定这样一种信念：假定在被访问的所有单位中，一定有你所需寻找的单位，并且这些单位的数量与所访问的单位个数成正比例，只要有松下幸之助的“磨劲”，就会如愿以偿。

四、上门求职的方略

事先选择好单位，带着求职信和简历，有针对性地主动找上门去，做进一步的自我推荐，如今也成为大学毕业生的一种时尚。与其遍地撒网，不如主动上门。“送上门去”对于求职者来说，是给自己创造一个机会。

——自我推销。直接找到用人单位的人事部门领导或负责人事工作的领导，直截了当地讲明来意，表达求职的愿望，介绍自己的情况，听取他们的意见。用人单位不会当时答应你的求职，你可以留下求职信和简历，对他们的接见表示谢意。一定时间后，还要亲自上门询问，再次表示诚意。最好不要用电话形式询问。

——求人引路。这是在别人介绍推荐下实现职业选择的方法。充分利用人际关系的信息传递功能，通过别人推荐，扩大职业选择面，从中挑选出适合自己的职业岗位。这种方法适用性很强，因为任何人都有一定的社会关系，亲戚、朋友、同学等都可能成为职业介绍人，为自己开辟出广阔的职业选择天地。

——委托介绍。这种方式是，选择一家职业中介机构，把自己选择的单位告诉他们，请他们代为联系或提供相关信息；在获取信息的基础上，登门求职。这种方法主要是利用职业中介机构信息来源广泛、与用人单位联系密切的优势，有选择性的求职。

在访问前，要做好各种准备，除心理上的准备外，还要准备如介绍信、个人简历、成绩单等材料。材料齐备，可以节约用人单位人事主管和你自己的时间，避免不必要的往返。另一方面，"有备而来"本身就体现了一种良好、成熟的素质，能给接待者留下较好的第一印象。需要注意的是，这些材料最好不要使用复印件，以免给用人单位造成已经找了很多单位都没被录用的感觉。

第七节　参加招聘会应聘

人才招聘会作为人才服务中较为基础的传统业务之一，在促进人才资源优化配置的过程中发挥了重要作用，是目前人才交流的最普遍的一种途径，是高校毕业生等人才求职择业的主要形式之一。招聘会最大的优势是能与招聘人员面对面沟通，能透过呆板的职位说明进一步了解企业和岗位的信息，同时也能了解到一些职场和行业的相关信息。在毕业生求职调查中，最有效的求职方式中，招聘会排列第二位。毕业生就业过程中，参加招聘会的目的是：推销自己赢得面试。

一、招聘会的举办与流程

大学生了解不同类型的招聘会，了解招聘会的一般程序，是一种心理准备过程，也是有重点的选择参加招聘会的前提。对于此时急于找工作的大学生来说，如果盲目地一个又一个地参加招聘会，不仅是时间的浪费，还是精力的浪费。与其白白浪费时间和精力，不如踏踏实实地去做些有实质性有收获的事——有选择地参加招聘会。

（一）招聘会的举办

为了促进大学生就业，促进人才交流，举办一定规模的招聘会是为求职者提供了与用人单位见面的机会。人才招聘会涉及数千万人的利益，涉及高校毕业生就业，已经成为人民群众最关心、最直接、最现实的问题。为了规范办会、改善服务，使人才招聘会这一形式更好地为求职者找工作、为人才合理流动服务，中国人力资源和社会保障部制定下发了《关于规范人才招聘会管理改进人才招聘服务的通知》，这对于促进就业，维护好求职人才和用人单位的合法权益，科学合理配置人才资源，促进社会经济发展，具有积极的意义。

根据规定，县级以上政府人事行政部门是人才市场的综合管理部门，县级以上工商行政管理部门在职责范围内依法监督管理人才市场。开展人才中介或者相关业务的外国公司、企业和其他经济组织在中国境内从事人才中介服务活动的，必须与中国的人才中介服务机构合资经营。设立中外合资人才中介机构应当符合国家中外合资企业法律法规的规定，由拟设机构所在地省级政府人事行政部门审批，颁发许可证，并报人力资源和社会保障部备案，同时按有关规定办理其他手续。

举办人才交流会应当按照管理权限经县以上政府人事行政部门批准。其中举办全省(自治区、直辖市)范围内的人才交流会，须经所在地省级政府人事行政部门批准。全国性人才交流会是指冠以“中国”、“全国”等称谓的现场人才交流会。举办名称冠以“中国”、“全国”等称谓的人才交流会，由人力资源和社会保障部或其授权的省级人事行政部门批准。全国性人才交流会应由国家级人才市场或由人力资源和社会保障部颁发《人才中介服务许可证》且具备举办人才交流会资质的人才中介服务机构举办。未经批准，任何单位和个人不得举办人才交流会。

眼下市场开放，难免鱼龙混杂。有不少招聘会患上了“利润近视眼”，一味追求收入而缺乏专业的组织和招聘形式，往往挂出“稳定工作”、“热门行业”的招牌骗人，求职者却无所收获。那么，如何鉴别招聘会的“含金量”呢？对于毕业生而言，第一选择当然是毕业生专场招聘会，因为参加这类招聘会的用人单位不会刻意强调有工作经验；其次是选择企业主办的专场招聘会，目标性较强；其三是瞄准行业专场招聘会，比如软件业、金融业、房地产业等专场招聘会，这样针对性强。

对于那些专业技能倾向性很强的人才而言，专场招聘会是一种比较理想的模式。如果某个招聘会上企业来自“三教九流”，岗位类型杂乱无章，那么可以考虑不去参加。而有些招聘会“形散神不散”，与自己的专业特长比较契合，那么值得一去。比如“IT 行业招聘会”、“营销招聘专场”等等。

这类求职者最想知道他们将来的雇主是谁，与综合招聘会相比，专场招聘会注意把相关专业的人才和相关行业的用人单位“请到一起来”，如此，求职者和招聘“志趣相投”，自然比较容易“打成一片”。

对于非技术性人才而言，综合性招聘会是个不错的选择。公司规模多样，职务类型丰富，重视人的综合素质和实际工作能力，专业门槛不会太高，可提供给来参加招聘会的求职者更多的选择机会。

(二)校园招聘会的一般流程

01	校园专场招聘会的时间、场地安排	用人单位拟定招聘时间，与就业办核实无误后，确定招聘日期
02	用人单位招聘会信息的发布和宣传	理工大就业网和中国高校就业联盟网上同步刊登专场招聘会的信息；现场信息发布：对于交费的招聘单位优先在理工两块 LED 校园显示屏上发布，保证在招聘会当天显示该招聘单位的信息；在固定地点进行宣传海报和横幅的张贴、悬挂
03	为用人单位提供特色化的前期服务	进一步电话沟通确认是否需要提前预定住宿酒店和订票服务，以及是否需要提前制作宣传横幅并在校内悬挂，还有是否需要接送站、是否需要代为张贴公司宣传海报等等。特色化服务由市场化专业机构——中国高校就业联盟网提供接洽、收费事宜
04	招聘会的前期准备工作	每场招聘会指派一名专责联络人，负责现场协调指挥和人力、物资的调配。原则上要提前一小时开放招聘会场，并组织相关人员布置好现场；音响和投影设备要求提前半小时务必调试到位；如需接站的，要及时、妥善安排好专人接站；至少提前半天时间电话确认招聘单位
05	招聘会现场的协助服务	现场至少需要 2 名以上工作人员（需要佩带胸牌）进行协助，包括秩序的维护、代发宣传资料、在互动环节中帮助传递话筒、简历收取、笔试面试名单的发布和通知，以及尽可能地满足用人单位提出的任何合理的要求等
06	笔试、面试过程的服务	笔试和面试场地要有明显标识，并要指派专人引导用人单位和学生到达具体笔试和面试地点；负责维持现场秩序，协助招聘单位监考和面试工作。
07	回访	通过现场或电话进行沟通，询问招聘效果和下一步招聘计划。

下图为招聘会的一般流程：

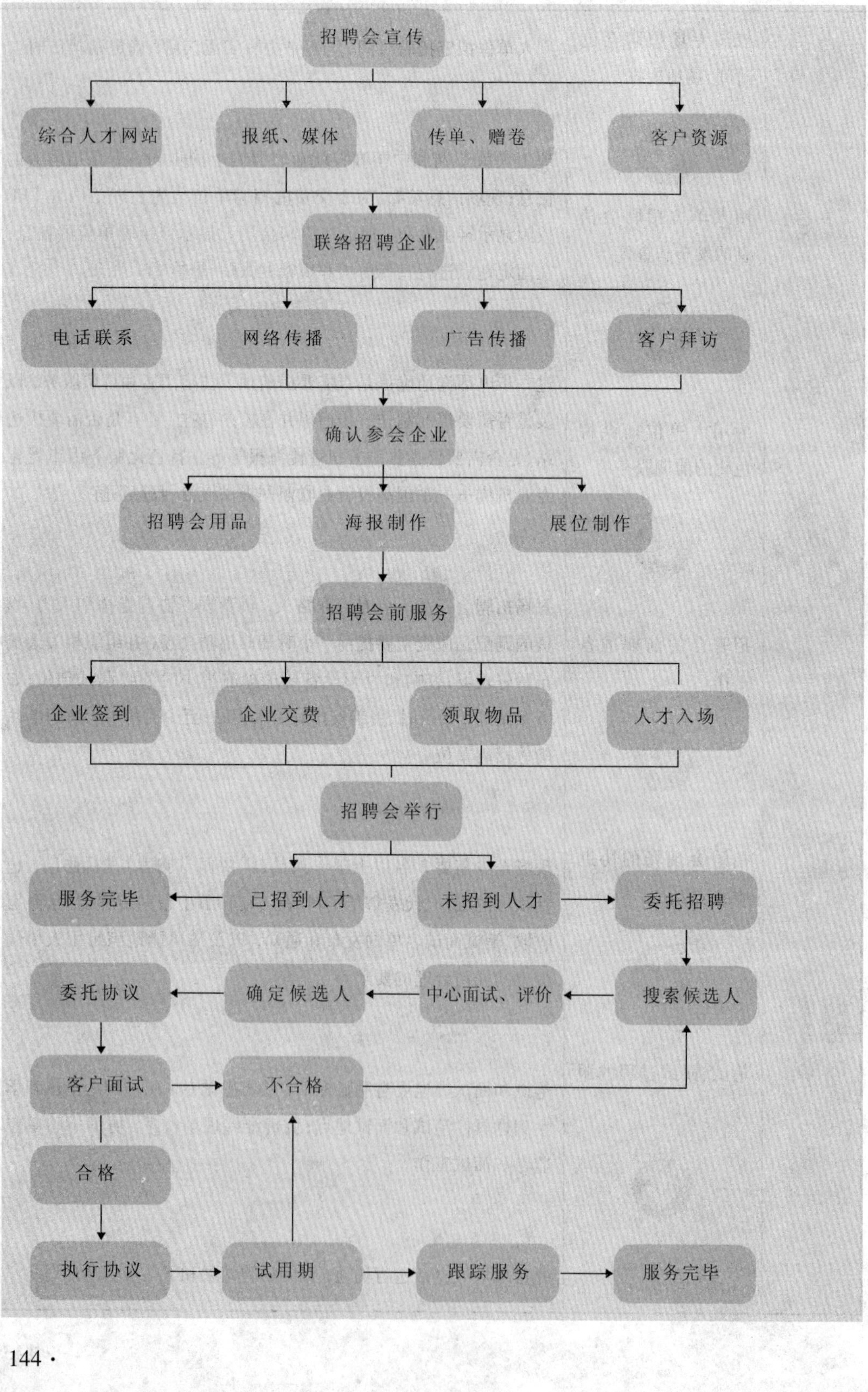

二、应聘技巧

掌握必要的求职技巧对大学生求职应聘是项具有重要意义的事情。

大学生走向人才市场，与用人单位首次见面，由于见面时间紧，用人单位和毕业生过于集中，所以，供需双方很难进行长时间、深层次的交谈。在这种应聘过程中，应注意掌握以下几方面技巧：

一是要选择目标。应聘什么职位，应聘什么样的公司，是选择企业单位还是选择事业单位？是国有企业还是私营企业？是选大公司还是选适合自己发展的中小公司？必须事先心里有个谱。对于主攻目标，要多费些心思，好好展现你的才能和魅力，表明想为公司效力的强烈愿望;对于次要目标，留下简历和简短介绍即可。

二是适当“包装”自己。在激烈的应聘竞争中，尽管用人单位最看重的是你的真才实学，但适当的“包装”也有其特殊的价值功效。一个人的穿着、打扮，往往能反映其自身的修养和内涵，得体的衣着，还可以弥补身体的某些部位的不足，增强应聘者的自信心。

三是充满自信。自信是成功的前提。心理学研究表明，在初次见面的交往中，特别是有求于人的时候，大多数人不仅感到在地位上屈居人下，而且在自己心目中难免产生不同程度的自卑感。为了消除自卑心理，在应聘之前应该这样考虑问题:世界之大，每个人都各有长短，求职不等于求人，因此不能有低人一头的感觉。这样想，就会使心理上取得一种平衡。要清醒地认识到，自己目前这种状况已经成为定势，即使你再自卑，一时也难以改变。缺乏自信，只能加剧失败。要懂得，在激烈的人才市场上，敢于竞争才能掌握主动权，越是处于不利的地位，越应该在心理上摆脱阴影，掌握主动，以弥补客观原因造成的不足。

精神状态是可以相互感染的，一个人神采奕奕，精力充沛，富有活力和自信，才能较好地激发对方的交际热情，显示你求职愿望的热切。如果无精打采，有气无力，会使人对与你的交际感到兴味索然，很可能因此失去一次很好的机会。

四是精神饱满。用人单位一般都比较喜欢朝气蓬勃、充满活力的年轻人。因为这样的人才具有开拓和进取精神，才能给企业或单位注入新鲜血液，带来生机。应聘者在应聘前一定要有充足的睡眠，以保持良好的精神状态。在应聘过程中打哈欠，将给人留下不好的印象。

(一)面试技巧

应聘礼仪是设计良好的个人形象、展示自己的精神面貌，给用人单位留下一个良好的印象。

1. 面试前

①出门前要检查一下仪表，检查面试相关物品的准备等，建议不要带太多东西，一般是拿个公文包装一些面试材料，或个人简历等。(小提示:笔及便携本用于面试时作些适当记录有助于提高面试官的好感)。

②提前十分钟到达面试地点，较好的时间观念能予人良好的第一印象。(小提示:佩戴手表也是职业礼仪的小细节)。

③进入应聘公司，从门位开始的所以工作人员都要以礼相待，主动打招呼或行点头礼。

④等待面试过程要注意礼仪细节，特别要站有站相，坐有坐相；

⑤等待过程中忌嚼口香糖、抽烟、与旁人唠叨或可旁若无人大声说话笑闹。可以适当的轻声于其它应聘者交流信息，这也可以体现出你乐于助人，谦虚好学的品。也可看看随身带来的材料以缓解面试的紧张心情。

⑥关掉所有通讯设备，这既是面试的礼仪，也以此表示对面试的重视。

2. 面试中

①当面试官叫到你时，一定要大声答应“是”，然后再进去面试。进去前可以做几下深呼吸，稳定一下情绪，然后从容前往。不论门是开着、关着、半开着，你都应该敲门。敲门时以指节轻扣三声，力度以面试人员能听到为宜。等到回复后再开门进去，开门一定要轻。进去后面向里边轻轻将门带上，向面试人员问好，鞠躬或行点头礼，并清楚的说出自己的名字。

②不要贸然与对方握手，除非他先伸出手来。握手时一定要使手臂呈“L”型，手心向上，从下到上迎向对方，握手时以两到三公斤的力道，上下垂直晃两到三下为好。一定要显示出自己的热情、自信。在对方没请你入座之前，不可贸然就座。若对方一直没请你入座，而那个位置偏偏有个座位，你可以适时提出“我是否可以坐在这呢?”的要求，得到对方允许后要说声“谢谢”，然后大方落座。（小提示:男生入座时要轻，至少要坐满椅子的2/3，后背轻靠椅背，双膝自然并拢(男士可略分开)，双手放在膝盖上。身体可稍向前倾，表示尊重和谦虚。女生入座前应用手背扶裙，坐下后将裙角收拢，两腿并拢，双脚同时向左或向右放，两手叠放于腿上。如长时间端坐可将两腿交叉叠放，但要注意上面的腿向回收，脚尖向下）。

③眼睛最好看着对方的眼鼻三角区(即“社交区”)，但不要一直盯着不放，否则对方会以为你很怪，应该时不时的移动一下眼神。若面试人员不止一个人，回答问题时一定要以目光扫视其他人，而将焦点集中在主考官身上。如果其他面试人员对你单独提问，一定要将焦点转移到他身上，回答完后再转移回来。思考问题时可以看着对方身后的墙，不要看天花板或窗户外边。

④注意力要高度集中。无论谈话投机与否，或者对方有其他的活动，如暂时处理一下文件，接个电话等。你都不要因此分散注意力。不要四处看，显出似听非听的样子。如果你对对方的提问漫不经心、言论空洞，或是随便解释某种现象，轻率下断语，借以表现自己的高明。或是连珠炮似地发问，让对方觉得你过分热心和要求太高，以至于难以对付，这都容易破坏交谈，是不好的交谈习惯。迅速理解对方的问题快速给出答案，当然对于一些比较难的问题可以适当思考一会，千万别表现出你对对方所提问题不理解而导致对方换一种说法问你，这样会给对方留下你思维混乱，逻辑性差的印象。回答应诚恳，知之为知之，不知为不知。这时便携本就发挥作用了，作下记录，一方面是表示对对方的一种尊重;另一方面是避免出现上述问题，要是你一时想不起来，或没法作答，你可以将问题记下来，并征求对方意见是否可以过后再补答这个问题。

⑤注意观察对方，适时结束面试。若对方显得饶有兴趣（身体前倾），说明你表现出色，可以继续下去。若对方表现出明显的不耐烦（打哈欠或目光无神）这时你可以停下来问他："您是希望我再讲讲……（刚刚说过的东西），还是想听听我在××方面的技能?"适时的引导对方。若对方希望尽快结束面试（收拾文凭或站起来）你应该明白，此时结束面试是明智之举，应主动提出，并提问面试后他们的下一步环节是什么?

⑥面试完后，起立，并向对方表示感谢，面向对方缓步退出面试室，不可走的太快，以免对方误以为你紧张、怯场、或有其它什么重要的事才这么快走的。最后出门时一定要对面试人员再次行点头礼，并轻轻将门带上。

3. 面试后

①面试三天后，再打电话，不可过早，通话时间不要超过五分钟。

②先表示感谢，再询问面试情况。

③续续应聘其它单位，在对方没给你下聘书之前，应多试几家单位，切不可守株待兔、以逸待劳。

④万一你在竞争中失败了，也不要气馁。这一次失败了，还有下一次，就业机会不只一个，关键是必须总结经验教训，找出失败的原因，并针对这些不足重新做准备，"吃一堑，长一智"，谋求"东山再起"。

⑤面试考察的是一个人的综合实力，不断总结面试经验，平时积累个人文化修养、礼仪修养时刻了解所求行业的动态，以及职位的最新要求，不断提高自己的个人能力，增强自身综合竞争力。另外，第一份工作别把钱看太重了，因为这是你从一个学生到社会一份子的转型期间，应注意把精力投入在如何更快地适应新环境，提升自身价值。

（二）装束

1. 男生可以穿西装，以毛料的深蓝色西装为宜，全身颜色最好不要超过三种，可以配一双黑色皮鞋、一双深色袜子和一条领带。西装要平整、清洁、有裤线；西装口袋不放任何东西；必需拆除西装商标。面试前应理发、修指甲、刮胡子、去鼻毛，务必处理好这些细节。另外面试当天记得洗两次脸，稍稍用些护发、护肤品，以淡雅的香气为佳；西装上也可以适当喷些香水，最好是前一天晚上就喷好，保证不要太刺鼻，否则会让面试官感到不舒服。无论是护发、护肤品，还是香水务必保持气味一致。

2. 女生可以穿正规套装、套裙，也应遵守三色原则。套裙最好不要高过膝盖三厘米，穿丝袜，配一双系带皮鞋，不宜穿高跟鞋。可以配一个小巧耳环或胸针，切忌有太多的饰物。做到大方、得体。发型文雅、庄重、梳理整齐、长发最好用发夹夹好，不能染鲜艳的颜色。化淡装，不留长指甲，最好涂自然色的指甲油。

（三）语言组织

语言是求职者在求职面试中与招聘人员沟通情况、交流思想感情的工具，更是求职者敞开心扉，展示自己的知识、智慧、能力和气质的一个主要渠道。恰当得体的语言无疑会增强你的竞争力，帮助你获得成功，反之，不得体的语言会损害你的形象，削弱你的竞争力，甚至导致求职面试失败。在应聘中，要十分注意语言的组织，讲究语言技巧。言为心声，声音能够传达出相当多的信息，是否热情？是否有激情？是否自信？是否有勇气？态度是否明朗？是否积极？是否坦诚？是否清醒清晰？是否在撒谎等等，都可以从语言中透露出来。

应聘中除了使用精美的声音语言外，还要注意使用视觉语言。

眼睛是心灵的窗户，面试中你需要观察对方，从他的眼神中察其对自己的感觉如何，如果对方很满意你，他的眼神一定会有所反映，他会随你的话加强对你的关注，你能看到他的眸子里多了一些光彩，如果很满意你的回答，他会情不自禁地点点头，凝神的眼光会突然闪亮。如果你能使他表现出这样的眼神，你的回答可以说成功了。最令人担忧的是这样的一种面试者：他的脸上似乎洋溢着笑容，但眼神中却无一丝笑意。如果始终不能改变他那双变化的眼睛，就说明你还未能使他满意。但是，你要紧盯对方眼神动态的话，仍能测出其内心的变化，如果对方眼光黯淡，一双眼睛仿佛收缩到眼眶中去了，说明他对你产生了不信任，如果对方对你的回答产生了厌烦，会有什么表现呢？他会把视线抛到老远的地方去，例如抬头望天花板，侧身注视窗外。

有关研究证明，在人们沟通的过程中，肢体语言所发挥的威力有时比语言本身还要大。

面试时，你必须识别面试主考官的身体语言的变化，从中获得他内心深处的真正情绪。当面试者厌烦时，表现出坐立不安，眼看着桌面的小东西，手指头轻敲着桌面，这时候你可以试着改变话题或主动提问，让面谈者重新回到面谈中来，当面谈者分神时，表现为眼睛在你身上到处游移，或眼睛看着桌上的东西，这时你说什么他都没有听进去。当面谈者不太愉快时，通常表现为双手在胸前交叉、身体向后靠、明显的改变坐姿等。当面谈者听了你的话感受到兴趣时，表现为坐姿向前倾，接近你，眼睛注视着你；但偶尔也会发生恰巧这些面谈者也精通身体语言而不表现出来。

因此，招聘者通过研究应聘者的肢体语言，对于掌握其性格、心理特征从而决定最终取舍，具有重要的实际意义。

一、思考题

1. 结合实际谈谈，大学生就业前的心情。

2. 怎样做好就业前的心理调整？

3. 为什么要充分了解当前的就业形势？

4. 为什么要充分了解当前的就业政策？

5. 就业渠道选择的原则是什么？

6. 就业求职信写作应该注意些什么？

7. 什么是网上应聘？网上应聘应该注意些什么？

8. 什么叫“上门就职”？上门求职应注意些什么？

9. 你认为选择哪种求职方法最适合于你？

10. 请你谈谈应聘技巧。

二、实战与演练

模拟面试

(一)成立公司，设置招聘目标

将全班按每8人一组进行分组，每组推选3至5人作为面试官，收集招聘信息，选择一个真实的公司进行角色扮演。

(二)招聘公告与宣传

1. 每组负责张贴自己的招聘广告。

2. 各组自行策划面试流程和方式，准备面试题目。

(三)面试

1. 每位同学制作和投递一份简历给自己感兴趣的公司和职位。

2. 各公司整理应聘信息，并通知面试者参加面试。

3. 开展面试大赛。

4. 各组宣布录用结果，并说明理由。

(四)考评

本次实训任务考评得分：各面试者组织占20%，个人简历占30%，面试表现占50%。

※第八章　职业的适应与发展※

☆本章旨要

大学生职业适应性的形成与发展是大学教育的一项基本任务，是每个准备走上工作岗位、进入社会生活领域的学生必须解决好的一个重要问题。职业适应性的具体内容应包括就业协议和劳动合同的签订、工作报到与派遣，以及劳动关系的人事代理等。当代大学生是社会发展的生力军，但从年龄特征上看，仍然处在由不成熟向成熟发展的过渡阶段中。由于学校生活的相对封闭性，他们的职业适应能力大多处于刚刚起步的萌芽阶段。然而，从当前人才市场和就业模式的要求看，大学生的职业适应水平已成为各项基本素质中的一项核心内容，不仅在某种程度上决定了就业的成功率，而且对就业后的发展前景也具有十分重要的影响作用。

第一节　就业协议和劳动合同的签订

毕业生王同学，寒假期间参加了某市的招聘会并与某企业签订就业协议书，该人事部门盖章进行了鉴证，随后将协议书寄到学校，学校毕业生办公室也盖章同意。后来该生又参加某银行组织的面试，该银行表示同意接收，该生向学校毕业生就业办公室索要就业协议，毕业生办公室的老师对他解释，因他已和某企业签协议，如要再和银行签协议，则应先承担违约责任，该学生表示不理解，想直接与银行签订劳动合同。从这个案例可以看出，有的毕业生对就业协议和劳动合同的法律性质还缺少真正的了解，以下针对毕业生就业协议和劳动合同作一些介绍。

一、就业协议

(一)就业协议的定义

就业协议是明确毕业生、用人单位和学校在毕业生就业工作中权利和义务的书面表现形式。就业协议一般由国家教育部或各省、市、自治区就业主管部门统一制表。

(二)就业协议的有关内容

1. 毕业生应按国家法规就业，向用人单位如实介绍自己的情况，了解用人单位的使用意图，表明自己的就业意见，在规定的时间内到用人单位报到，若遇到特殊情况不能按时报到，须征得用人单位的同意。

2. 用人单位要如实介绍本单位的情况，明确对毕业生的要求及使用意图，做好各项接收工作。

3. 学校要如实向用人单位介绍毕业生的情况，做好推荐工作，用人单位同意录用后，经学校审核列入建议就业计划，报主管部门批准，学校负责办理派遣手续。

4. 各方应严格履行协议，任何一方若违反协议，应承担违约责任。

5. 其他补充协议。

(三)就业协议的作用

签订就业协议书是国家为规范高校毕业生就业工作，避免混乱，杜绝就业欺诈行为，维护高校毕业生就业工作严肃性，为维护毕业生、用人单位和学校的合法权益而采取的一项必要措施。就业协议书作为学校列入派遣计划的依据，由学校发给，毕业生签字，用人单位盖章，毕业生本人保存一份作为办理报到、接转行政和户口关系的依据。

(四)就业协议的管理办法

教育部对就业协议管理制定了管理办法：

1. 毕业生与用人单位达成一致意见之后，均须签订就业协议。

2. 就业协议由教育部高校学生司制定，学校招生就业工作处统一翻印，各学院集体到招生就业工作处领取，或者由毕业生持本人学生证到招生就业工作处领取。每位毕业生只有一套就业协议，每套一式三份。

3. 任何单位或个人均不得复印、复制、翻印就业协议；在签订就业协议时，如果就业协议因破损等情况而不能使用，可持原件到招生就业工作处申请更换就业协议，不得挪用、转借、涂改，否则视为无效。

4. 毕业生在协议书上签署个人意见之后，用人单位或学校两方之中只要有一方在协议书上签字，毕业生即不得单方面终止协议的签订工作。毕业生违约时，必须办理完毕与原签约单位的解约手续，然后将原协议书交还招生就业工作处，并换取新的协议书。

5. 毕业生如果不慎将协议书遗失，学校原则上不再补发，到毕业派遣时，毕业生回生源地参加二次分配。若因特殊情况需要补发时，毕业生必须以书面形式提出申请，由所在学院主管毕业生就业工作的负责人签署意见，经招生就业工作处调查并研究之后酌情处理。同时具备以下四个条件时，招生就业工作处方予受理：①经核查，协议书确实属于遗失者；②招生就业工作处收到毕业生的申请书两个星期以上；③毕业生须交纳相当于违约金数额的费用。

6. 凡是通过地方或部委毕业生就业工作主管部门与用人单位签订《高校毕业生就业协议书》的毕业生，签约时可使用他们提供的《毕业生就业协议书》，但是毕业生回校后，必须与学校补签《高校毕业生就业协议书》。毕业生如果另有选择，则必须与原签约单位解除所签订的协议。

（五）就业协议订立的程序

1. 毕业生和用人单位达成协议并在就在协议书上签名盖章，用人单位应在协议书上注明可以接收毕业生档案的名称和地址。

2. 用人单位上级主管部门批准盖章。

3. 用人单位必须在与毕业生签订协议书起的十个工作日内将协议书送学校毕业生就业的工作部门。

4. 学校同意盖章，并及时将协议书反馈用人单位。

（六）就业协议的解除

就业协议的解除分为单方解除和三方解除。

单方解除，包括单方擅自解除和单方依法或依协议解除。单方擅自解除协议。属违约行为，解约方应对另二方承担违约责任。单方依法或依协议解除，是指一方解除就业协议有法律上或协议上的依据，如学生未取得毕业资格，用人单位有权单方解除就业协议，毕业生录取研究生后，可解除就业协议，或依协议规定，毕业生未通过用人单位所在地组织的公务员考试，用人单位有权解除协议，此类单方解除，解除方无须对另二方承担法律责任。

三方解除是指毕业生、用人单位、学校三方经协商一致，消灭原订立的协议，使协议不发生法律效力。此类解除因是三方当事人真实意思表示一致的体现，三方均不承担法律责任，三方解除应在就业计划上报主管部门之前进行，如就业派遣计划下达后三方解除，还须经主管部门批准办理调整改派。

二、劳动合同的签订

（一）劳动合同法的有关内容

《劳动合同法》实施是求职大学生的福音，有利于他们的合法权益得到更好的保障。尽管大中专院校毕业生们都说过《劳动合同法》，但其中绝大多数人对该法地具体规定知之甚少。事实上，不仅应届大学毕业生，连大部分在职场上摸爬滚打多年的白领人士都对这部即将生效的法律缺乏了解，甚至存在着不少误读。那么，我们毕业生们应该怎样正确运用《劳动合同法》，拿起法律的武器来维护自身合法权益呢？我们就与应届毕业生有关的劳动合同法进行分析，详见附录2《劳动合同法》。

1. 不要在简历中造假。《劳动合同法》第八条:“用人单位有权了解劳动者与劳动合同直接相关的基本情况，劳动者应当如实说明。”

《劳动合同法》不仅约束用人单位的用工行为，还约束劳动者的行为。《劳动合同法》虽然更加倾向于保护劳动者的权益，但并非劳动者可以为所欲为。该法虽然对资方的用工行为进行了严格约束，但同样约束了劳动者在职场中的不诚信行为。例如，根据《劳动合同法》有关规定，用人单位一旦发现员工在求职简历中含有虚假、夸大的内容，可不需支付任何赔偿将其辞退;而求职简历造假的求职者被招聘企业发现并被列入“黑名单”，将难有机会进入知名大公司工作。伪造学历、证书、简历;隐藏病史或受伤经历等行为，根据该法规定属于“不符合录用条件的”，企业可无条件和劳动者解除劳动合同。因此，毕业生提供给用人单位的简历或者用人单位要求的求职表格，都应该填写真实的信息，包括学历、在学校期间所担任职务、自己的实习和课外实践经历等等。

2. 试用期辞职要谨慎。《劳动合同法》第十九条:“劳动合同期限三个月以上不满一年的，试用期不得超过一个月;劳动合同期限一年以上不满三年的，试用期不得超过二个月;三年以上固定期限和无固定期限的劳动合同，试用期不得超过六个月。”

以往很多用人单位不愿意同劳动者签订长期劳动合同，因此很多用人单位与员工都是“一年一签”。但是，如果只有一两个月的试用期，用人单位会难以考察劳动者是否达到相关岗位需求。因此，一些用人单位会根据新法“三年以上固定期限和无固定期限的劳动合同，试用期不得超过六个月”的规定，同劳动者签订 3 年以上(比如 3 年零 1 天)的劳动合同，这样就可以对劳动者进行 6 个月的试用。

在面对这样的试用期合同时，一定要慎重。虽然大学生可以选择辞职而不需支付违约金，但如果未履行合同就辞职特别是“没干几天就走人”，那么在今后求职时，应聘单位可能会对其职场的适应能力、职业操守产生疑虑。所以，毕业生在面对长期工作合同时，一定要有比较明确的职业生涯规划，要选准职业，不要轻易放弃自己的第一份工作，否则将对于自己发展非常不利。

3. 转岗不用再签试用期合同。《劳动合同法》第十九条:“同一用人单位与同一劳动者只能约定一次试用期”。

《劳动合同法》第二十条:“劳动者在试用期的工资不得低于本单位相同岗位最低档工资或者劳动合同约定工资的百分之八十，并不得低于用人单位所在地的最低工资标准”;“在试用期中用人单位不得解除劳动合同的情形”。

以往《劳动法》规定，职工在试用期内达不到录用条件，用人单位可以随时解除劳动合同，并且不用支付经济补偿金，因此，少数用人单位常以“试用期”为名，侵害劳动者的权利。针对实践中一些用人单位滥用试用期的问题，新实施的《劳动合同法》明确规定了用人单位的违法成本;用人单位违反本法规定与劳动者约定试用期的,由劳动行政部门责令改正;违法约定的试用期已经履行的,由用人单位以劳动者试用期满月工资为标准,按已经履行的超过法定试用期的时间向劳动者支付赔偿金。

对于《劳动合同法》"同一用人单位与同一劳动者只能约定一次试用期"的规定,这也就是说:在试用期内解除劳动合同的,不管是用人单位解除还是劳动者解除,该用人单位再次招用该劳动者时,不得再约定试用期;试用期结束解除或者终止劳动合同后,用人单位又招用该劳动者,无论劳动者是在合同期限内变换工作岗位,还是合同期满后再次续订合同时变换工作岗位,用人单位都不得再约定试用期。

4. 如不签合同企业需付双薪。《劳动合同法》:"用人单位自用工之日起即与劳动者建立劳动关系";"建立劳动关系,应当订立书面劳动合同";"用人单位与劳动者在用工前订立劳动合同的,劳动关系自用工之日起建立";"用人单位自用工之日起满一年不与劳动者订立书面劳动合同的,视为用人单位与劳动者已订立无固定期限劳动合同"。

《劳动法》规定,劳动关系的建立以订立劳动合同为主要标志,但在实践中出现了很多用人单位用工却不与劳动者订立劳动合同的现象,因此,《劳动合同法》对此进行了较大的调整。按照《劳动合同法》,引起劳动关系产生的基本法律事实是用工,而不是订立劳动合同。即使用人单位没有与劳动者订立劳动合同,只要存在用工行为,双方之间的劳动关系即建立,劳动者即享有劳动法律规定权利。所以毕业生的工资条、工作证、食堂饭卡、单位出入证、考勤记录都可以证明劳动者和用人单位之间曾经存在事实上的劳动关系。他建议毕业生上岗多留个心眼,注意收集这些证据,一旦发生劳资纠纷就可以有效维护自身的合法权益。

《劳动合同法》还加重了用人单位违法不订立书面劳动合同的法律责任,规定用人单位自用工之日起超过1个月不满一年未与劳动者订立书面劳动合同的,应当向劳动者每月支付两倍地工资;用人单位自用工之日起满一年仍然未与劳动者订立书面劳动合同的,除在不足一年的违法期间向劳动者支付二倍的工资外,还应当视为用人单位与劳动者已定立无固定期限劳动合同。

5. 试用期内企业不能随意解除合同。《劳动合同法》第二十一条:"在试用期中,除劳动者有本法第三十九条和第四十条第一项、第二项规定的情形外,用人单位不得解除劳动合同。用人单位在试用期解除劳动合同的,应当向劳动者说明理由"。

《劳动合同法》第四十八条:"用人单位违反本法规定解除或者终止劳动合同,劳动者要求继续履行劳动合同的,用人单位应当继续履行;劳动者不要求继续履行劳动合同或者劳动合同已经不能继续履行的,用人单位应当依照本法第八十七条规定支付赔偿金"。

为了遏制部分用人单位恶意利用试用期压榨劳力,《劳动合同法》做出了有针对性地规定。该法规定用人单位在试用期中要解除劳动合同,必须有证据、有理由证明劳动者哪些方面不符合录用条件,为什么不合格。如果用人单位恶意使用劳动者,不尽应尽的义务,劳动者诉诸法律时,用人单位要承担败诉的风险。

根据该法第30条第一项规定，劳动者在试用期间被证明不符合录用条件的，用人单位可以解除劳动合同。他建议毕业生，在求职时一定要弄清楚用人单位的录用条件，这样才能有效维护自身的合法权益，避免还没有度过试用期就被用人单位以“不符合录用条件”为借口炒鱿鱼。一般来说，用人单位在招聘毕业生时，只对学历、性别、年龄、专业等提出要求，很多用人单位并没有把岗位职责列作录用条件。然而岗位职责是一个关键考核指标，用人单位解除劳动合同的理由，很多是员工不符合岗位需求。只有在招聘条件中提出岗位职责要求、或劳动合同中约定试用期内劳动者应达到的工作职责要求的前提下，用人单位才能够把劳动者“达不到企业的具体岗位要求”作为辞退的理由之一。因此，当用人单位以“经试用不合格”随意解除劳动合同时，求职者可以拿起法律武器保护自己。

6. 约定试用期前应签订劳动合同。《劳动合同法》第十九条：“试用期包含在劳动合同期限内。劳动合同仅约定试用期的，试用期不成立，该期限为劳动合同期限”。

《劳动合同法》第七十条：“非全日制用工双方当事人不得约定试用期”。

过去，大多数用人单位在同劳动者签订正式的劳动合同之前，通常只签订一份试用期合同，并约定用人单位可以在试用期内解除劳动合同。而《劳动合同法》实施后，这种“试用期合同”将成为历史。

根据《劳动合同法》规定，用人单位只有合同劳动者签订了劳动合同，才能够约定试用期。如果用人单位不肯直接和劳动者签订劳动合同，而采取只同劳动者签订一份试用期合同的做法，那么这种合同是不具备法律效力的。他表示，“签订劳动合同是约定试用期的前提条件，没有劳动合同就没有试用期”。有一些企业为了规避《劳动合同法》，可能会采取“先不签劳动合同，只签使用期合同”的做法，这是一种违法行为。

7. 企业收押金扣证件将受罚。《劳动合同法》第九条：“用人单位招用劳动者，不得扣押劳动者的居民身份证和其他证件，不得要求劳动者提供担保或者以其他名义向劳动者收取财物”；“用人单位违反本法规定，以担保或者其他名义向劳动者收取财物的，由劳动行政部门责令限期退还劳动者本人，并以每人500元以上2000以下的标准处以罚款；给劳动者造成损害的，应当承担培养责任。”

以“服装费”、“资料费”、“填表费”、“保证金”或“押金”等名义向求职者收取钱财，然后再借故把求职者炒掉，收取的费用自然就概不退还。这是一些不良企业欺诈求职者的伎俩，很多初涉社会的应届毕业生都深受其害。《劳动合同法》实施之后，企业在招工时收取押金、扣押证件的，不仅将面临行政处罚，还将面临民事赔偿。同时，该法还对此违法行为的处罚措施给予明确：“用人单位违反本法规定，以担保或者其他名义向劳动者收取财物的，由劳动行政部门责令限期退还劳动者本人，并以每人500元以上2000以下的标准处以罚款，给劳动者造成损害的，应当承担赔偿责任。”

8. 企业解约需多付一个月工资。《劳动合同法》：“在符合以上法定三种解除合同情形时，用人单位既可以提前三十日以书面形式通知劳动者本人，也可以额外支付劳动者一个月工资，然后解除劳动合同。”

《劳动合同法》补充规定了劳动者可以立即解除劳动合同的类型，如用人单位以暴力、威胁或者非法限制人身自由的手段强迫劳动者劳动的，或者用人单位违章指挥、强令冒险作业危及劳动者人身安全的，劳动者可以立即解除劳动合同，不需要事先告知用人单位。考虑到用人单位工作交接的合理需要，该法规将“劳动者在试用期内可以随时通知用人单位解除劳动合同”，变更为“劳动者在试用期内提前三日通知用人单位可以解除劳动合同。”

据了解，关于用人单位随时通知劳动者解除劳动合同的情形，《劳动合同法》补充规定了其他情形：劳动者同时与其他用人单位建立劳动关系，对完成本单位的工作任务造成严重影响，或者经用人单位提出拒不改正的；劳动者以欺诈、胁迫的手段或者乘人之危，使用人单位在违背真实意思的情况下订立劳动合同，致使劳动合同无效的。

另外，《劳动合同法》一方面延续了《劳动法》中关于用人单位提前三十日以书面形式通知劳动者解除劳动合同的规定，另一方面考虑到在这三十日时间内劳动者往往需要时间去寻找新的工作，又增加了解除劳动合同的替代方式，即在符合以上法定三种解除合同情形时，用人单位既可以提前三十日以书面形式通知劳动者本人，也可以额外支付劳动者一个月工资，然后解除劳动合同。

（二）就业协议与劳动合同的关系

就业协议与劳动合同是用人单位录用毕业生时所订立的书面协议，但两者分处两个相互联系的不同阶段，表现在：

1. 毕业生就业协议是毕业生在校时，由学校参与见证的，与用人单位协商签订的，是编制毕业生就业计划方案和毕业生派遣的依据，劳动合同是毕业生与用人单位明确劳动关系中权利义务关系的协议，学校不是劳动合同的主体，也不是劳动合同的见证方，劳动合同是上岗毕业生从事何种岗位、享受何种待遇等权利和义务的依据。

2. 毕业生就业协议的内容主要是毕业生如实介绍自身情况，并表示愿意到用人单位就业、用人单位表示愿意接收毕业生，学校同意推荐毕业生并列入就业计划进行派遣。劳动合同的内容涉及劳动报酬、劳动保护、工作内容、劳动纪律等方面，更为具体.劳动权利义务更为明确。

3. 一般来说就业协议签订在前，劳动合同订立在后，如果毕业生与用人单位就工资待遇、住房等有事先约定，亦可在就业协议备注条款中予以注明，日后订立劳动合同对此内容应予认可。

4. 就业协议是毕业生和用人单位关于将来就业意向的初步约定，对于双方的基本条件以及即将签订劳动合同的部分基本内容大体认可，并经用人单位的上级主管部门和高校就业部门同意和见证，一经毕业生、用人单位、高校、用人单位主管部门签字盖章，即具有一定的法律效应，是编制毕业生就业计划和将来可能发生违约情况时的判断依据。

第二节　派遣与报到

国家规定每一位全日制普通高等学校的大中专毕业生在毕业后都需要按一定程序办理相关就业手续，了解学校派遣和学生报到相应的流程对每个毕业生来说都是很重要的。大中专学生毕业以后，为解决与工作单位签订聘用(劳动)合同、落户、调动、技术职称评定、预备党员转正、办理身份证、出国、结婚等事宜，需及时办理就业手续。毕业生就业手续包括:办理《就业报到证》、党团关系转移、档案转移、人事代理、户口转移等，分别要到学校、派遣地人才中心和派出所办理。

一、《报到证》

报到证是学校派遣学生的依据，学生凭报到证到所在单位或所在人事局报到，单位或人事局为其办理了接收和落户手续，才算完成派遣(报到证开到人事局的也要办理报到手续)。如果不在报到证和户口迁移单里规定的期限内办理好手续，毕业生不仅不能正常落户，今后的工龄计算、职称评定、保险、结婚登记、出国、考公务员都会受到影响。一些同学出于将来跳槽方便的考虑，不去用人单位办理报到、落户手续;或者用人单位怕学生跳槽，不及时为毕业生办理报到、落户手续，都会造成袋袋户口现象，这将造成今后该毕业生人才流动不可逾越的障碍。所以毕业生不仅要诚实履约，主动及时办理报到、落户手续;同时也要有维权意识，敦促用人单位及时到有关部门为自己办理报到手续。

《报到证》的作用:毕业生身份证明;到接收单位报到的凭证;凭报到证办理毕业生的人事档案转递和户口迁移手续。报到证一人一份，由其他部门印制或签发的报到证无效。毕业生对报到证要妥善保管，凡自行涂改、撕毁的报到证一律作废。

二、调整改派手续

(一)调整改派的定义

调整改派是指毕业生的“报到证”已签发到接收单位，在改派期内，因特殊情况与原接收单位解除就业协议后，申请回生源地就业或与新接收单位签订就业协议，由各级人事部门办理的改派手续。

(二)改派适应情况

符合下列情形之一，毕业生可申请改派:

1. 因家庭发生不可预知困难需要回家庭所在地就业的;
2. 符合国家、省有关就业政策导向、流向合理的;

3. 国家政策照顾对象；

4. 接收单位因不可抗拒的原因(单位倒闭、破产、被兼并等)，无法接受毕业生的；

5. 毕业生就业主管部门下达调整就业计划的；

6. 已办理报到证，但本人提出志愿服务西部，并落实工作的；

7. 其他经批准的；

符合上述情况要求改派的毕业生(原则上为本年度毕业生)由本人提出申请，同时提供相关材料(原接收单位同意改派的证明、重新签订的就业协议书)，经学院同意，由校毕业生就业指导中心向省教育厅提出改派申请，办理有关手续。对毕业生不符合国家改派规定的其他重新开取报到证的请求，学校与院系要予以劝阻，并做好教育工作。

(三)毕业生改派的程序

1. 本人向原签约单位得出书面申请；

2. 原单位人事部门出具同意改派的书面材料；

3. 与新单位签订并经单位所在地政府毕业生就业；

4. 主管部门备案的就业协议书；

5. 学校已开具的毕业生报到证和户口迁移证；

6. 毕业生将上述材料交至学校毕业生就业工作部门；

7. 学校在 30 个工作日内报省教育厅改签可换发《就业报到证》；

8. 毕业生凭改派后的报到证和原户口迁移证到；

9. 派出所重新办理户口迁移证。

三、缓派手续办理

(一)缓派定义

缓派是指毕业离校时未落实工作的高校毕业生，可根据个人意愿，申请将档案、户口保留在原就读学校，以继续落实用人单位。缓派的毕业生不发放“报到证”，缓派期最长不超过两年。超过缓派期仍未落实工作的，由学校将其派回生源所在地，学校只负责办理就业报到证、档案转递手续，户口由毕业生持学校出具的证明自行到公安机关办理。逾期不领取“报到证”、不办理户口迁移证明的导致“报到证”无效不能报到的，由毕业生自行承担一切后果，学校不承担相关责任。

(二)申请办理缓派

申请办理缓派的毕业生，应在规定时间内(届时见学校另行通知，一般在 6 月中旬)向所在学校院系提出书面申请，各学校院系将符合条件的申请签章后报学校就业指导中心审核，由就业指导中心将具备缓派资格的毕业生列入建立就业计划，并报省就业主管部门审批。缓派的毕业生不再是学校的学生，应与所在院系、就业指导中心签订《缓派毕业生档案管理协议书》，遵守学校的有关管理规定动作。缓派仅限未落实用人单位、以落实工作为目的的毕业生，已落实用人单位或因升学、出国等原因申请缓派的，一概不予办理。

（三）缓派的毕业生办理派遣手续

按就业主管部门的规定，缓派的毕业生在落实就业单位后，可以向原就读学校提出派遣申请，由原就读学校按规定时间（自当年8月份开始，每个月的最后一个工作周）统一到省就业主管部门办理。在两年缓派期内，未落实用人单位的毕业生不能派遣。缓派毕业生落实用人单位后，签订有效就业协议书（无协议书的，可以由用人单位出具接收函，但需按协议书的格式由用人单位及上级主管部门签章、鉴证机关鉴证）后，持协议书、档案托管协议到学校就业指导中心申请办理就业报到证，学校就业指导中心自当年8月份开始，一般是在隔月最后一个工作周到省主管部门办理就业报到证。然后，由毕业生本人持身体证到学校领取就业报到证、办理户口迁移证和档案转递手续。

毕业生有特殊情况不能亲自办理的，可以委托他人代为办理，但不能采取邮寄方式，以防丢失或增加不必要的麻烦，委托他人代领报到证的，代领人需持有当事人的身份证（复印件亦可）、本人有效证件，否则不能代为办理。

四、毕业生的档案、户口关系

毕业生档案由其高考档案和在校学习期间的材料两部分组成。在校材料包括学业成绩、毕业生登记表、体检表、奖征情况及毕业论文等，由所在院系整理、学校就业指导中心转递。

档案转递一般采用机要、特快专递或专人送达三种形式。通过机要和特快专递形式转递的档案，由学校就业指导中心通过机要局、邮政局统一办理，其它的由学校就业指导中心组织专人送达。档案转递地址由毕业生（或所在院系）填写，必须填写清楚，以免无法投递或遗失，造成不必要的麻烦。

档案转递原则：升学的毕业生档案，直接转至录取学校研招办或录取院系总支；到各地市教育系统就业的毕业生（含未落实单位的师范类毕业生），档案转到接收地地市教育局；未落实单位的非师范类毕业生，档案转至生源地地市人事局毕分办；到省（市）直机关事业单位、部队就业的，直接转至用人单位人事部门；到各类企业就业的，根据协议要求，转至用人单位或用人单位所在地人才服务机构；到省外就业的，按协议书注明的地址转递。

对毕业离校时未落实用人单位的高校毕业生，本人可申请户口和人事档案保留在学校经批准后按规定可保留两年。

五、转移党团组织关系

根据中央组织部《关于进一步加强党员组织关系管理的意见》（中组发［2004］10号）规定，高校毕业生党员（含预备党员），已经落实工作单位的，应将党员组织关系及时转移到所去单位党组织；尚未落实工作单位的，可将党员组织关系转移到本人或父母居住地的街道、乡镇党组织，也可以随同档案转移到县以上政府人事（劳动）部门所属的人才（劳动）服务机构党组织。接转组织关系应由党员本人亲自办理，党员组织关系介绍信由自己携带并妥善保管。如有特殊情况，本人不能办理时，应由党组织代办或通过机要通信转递，不能委托他人代办。

第三节　人事代理

人事代理是指由政府人事部门所属的人才服务中心，按照国家有关人事政策法规要求，接受单位或个人委托，在其服务项目范围内，为多种所有制经济尤其是非公有制经济单位及各类人才提供人事档案管理、职称评定、社会养老保险金收缴、出国政审等全方位服务，是实现人员使用与人事关系管理分离的一项人事改革新举措。人事代理的方式有委托人事代理，可由单位委托，也可由个人委托；可多项委托，将人事关系、工资关系、人事档案、养老保险社会统筹等委托区人才服务中心管理，也可单项委托，将人事档案委托区人才服务中心管理。

一、需办理人事代理的对象

1. 在非国有制企业或非国有控股的股份制企业中的专业技术人员和管理人员。

2. 国有企事业单位见习期内的大中专毕业生。

3. 有工作单位但未能签订《协议书》的或从事个体经营的大中专毕业生。

4. 暂未落实工作单位的大中专毕业生。

与用人单位签订《协议书》的毕业生由用人单位委托人才服务机构办理人事代理并交纳相关费用；因各种原因未能与用人单位签订《协议书》的毕业生由个人委托人才服务机构办理人事代理并交纳相关费用。

二、人事代理服务内容

1. 档案的收集、整理、保管、利用、传递等管理工作。

2. 办理聘用签证。

3. 办理档案工资的调整和工龄计算业务。

4. 出具户口关系的证明材料或代办户口关系迁移手续，协助管理相关的集体户口。

5. 代办职称（资格）的考试、评审的有关手续。

6. 出具因公（私）出国出境、个人婚姻状况等其他证明材料。

7. 代管委托单位和个人的党（团）员组织关系。

8. 代办社会保险、住房公积金。

9. 办理人才流动手续。

三、人事代理程序

1. 委托方向代理方提出申请，并提供有关材料。

个人办理委托人事代理，根据各自情况的不同，须向当地人才流动机构分别提交下列有关证件：

①应聘到外地工作的，须提交委托人事代理申请。聘用合同复印件、身份证复印件、聘用单位证明信（证明其单位性质、主管部门、业务范围）等。

②自费出国留学的人员，须提交委托人事代理申请、原单位同意由人才流动机构保存人事关系的函件、出国的有关材料等。

③辞职、解聘人员尚未落实单位的，须提交委托人事代理申请及辞职、解聘证明，身份证复印件等证件。

2. 代理方对委托方申报的材料进行审核。

3. 委托方与代理方签订人事代理合同。

4. 代理方向有关方面索取人事档案及行政、工资。组织关系等材料，并办理有关手续。

5. 人事代理当事人的权利和义务，由双方以协议的形式予以明确，共同遵守。

一、思考题

1. 什么是就业协议？就业协议包括哪些基本内容？

2. 如何解除就业协议？

3.《劳动合同法》中与大学生就业有关的条款有哪些？针对这些条款，学生应该注意哪些事项？

4.《就业协议》与《劳动合同法》有什么关系？

5. 什么是《报到证》？

6. 如何调整改派？如何办理缓派？

7. 什么是人事代理？

8. 人事代理的程序是什么？

二、实战演练

《劳动合同法》中与大学生就业有关的条款有哪些？针对这些条款，学生应该注意哪些事项？

※第九章　求职就业的安全※

☆本章旨要

随着大学毕业生数量的增加和就业压力的不断增大，大学生的就业焦虑也越来越高，求职心情非常迫切。许多毕业生为了找到一份满意的工作，遍投简历，广搜信息，只要是符合自己意愿的招聘信息，就积极行动，绝不放过，这也给不法分子造成了可乘之机。有的不法之徒利用大学生求职心切的心理，巧设名目，设置的求职陷阱，给大学生再次求职蒙上难以抹去的阴影，造成恶劣的社会影响。据公安部门统计，这种案件在近两年内呈急剧上升趋势。面对这些问题，除了学校要加强安全防护措施外，大学生自身在求职就业过程中更要注意提高警惕，增强安全自我防范意识。

第一节　树立求职安全意识

由于大学生就业的劳动力市场的不够健全、不够规范，学生在求职过程中求职心切、自我防范安全意识不强，以及社会不法分子的趁虚而入等，都是的大学生再就业过程中存在着许多安全隐患。对于学校、老师、家长、亲朋好友，都有向求职大学生进行提高求职安全意识教育和提醒的义务。

一、求职过程中的主要安全问题

1. 利用招聘，诱骗大学生踏入非法“传销”陷阱。发布、传播虚假信息，以高薪招聘为由，设立圈套，诱骗一些求职心切的大学生踏入传销公司。很多传销组织拥有体面的外衣，他们通过正规程序在工商部门注册了公司，但所从事的却是非法传销业务，面对这样狡猾的不法分子，即便是正规的人才中介机构往往也是防不胜防，这就需要求职者提高警惕。这类组织发布的招聘信息一般都比较简单，涉及细节方面的东西都没有明确注明，比如没有详细的岗位职责和应聘条件等，如果接到这样一些公司让你前去应聘的电话，首先应在网上搜索其相关信息，充分了解该公司情况，对照公司名称、地点是否相符，进行初步判断。一些传销公司还混进校园招聘会场，非法招聘。

【案例1】张某是某高校美术专业的毕业生。一天，张某接到朋友周某从广州打来电话，希望他来公司工作。张某来到广州后，周某让他签订了一份合同书，并让他要交押金3000元，并承诺如辞职离开公司，押金随时如数退还。张某认为周某与自己是朋友，又有合同和承诺，便拿出3000元交了押金。当天下午，周某就带三人开始岗前"培训"。"培训"主要是讲怎样赚钱，怎样暴富和赚钱要不择手段以及"发展下线、金字塔"理论等等。经过几天"培训"、"洗脑"后，公司让他"上班"，就是打电话、动员蒙骗认识的、想找工作的人来"工作"。

大学生被非法传销组织所骗受困的原因主要有：一是大学生自身防范意识薄弱，轻信他人上当受骗；二是对同学、朋友的介绍过于信任，没想到熟人还会骗自己；三是就业压力过大，择业时放松了必要的警惕，轻信以用人单位身份出现的非法传销公司；四是个别学生存在不劳而获的思想，被非法传销组织宣传的高额回报引诱，甘愿从事非法传销活动。

2. 收取保证金、押金、押证件，诈骗大学毕业生。根据《劳动合同法》规定，企业在招聘员工时，不得以任何借口收取上岗培训费、合同费、服装费等相关费用。可是很多大学生求职者却对此规定茫然不知，或是怕好不容易找到一份工作，就因为几个"小钱"被"踢"了出来，所以明知是"当"也不得不上。一个有发展前途的企业首先应该是一个遵纪守法的企业，如果它在一开始招聘时都不遵守国家的规定，那么我们又有什么理由相信它能够遵守对求职者许下的其他承诺？有人从调查中得出结论说，目前多数大学生的安全意识和知识能力不成比例。要改变这种"不成比例"的现状，就必须学法用法，用法律维护自己的合法权益不受侵犯。

【案例2】韩某，大学毕业生，在人才交流市场，经过初步了解，与某家公司达成就业协议。但韩某了解到，进这家公司，每人要收取200元的服装保证金，用于制作工作服，离开公司的时候，200元可以原封退还。1个月后，韩某按照公司的约定来到公司的办公地点参加培训，但却发现，该公司和主管人员早已经人去楼空，才知自己已经上当受骗。

一些用人单位会要求大学生支付押金，承诺交了押金后就可以上班，但之后又以人员已满等各种借口要求大学生等消息，而且拒绝返还押金，最后就没有音讯了。有的单位收取保证金，称以此"保证"学生按要求上班，并答应在打工结束后归还，可是到结算工资的时候，保证金却不见踪影。多见于临时促销工作中。

一般情况下单位是不应该收押金、保证金的，如果确实要收，要问清理由，并将费用的性质、什么时间、什么情况下归还等都写进协议中。切记，如果数额太大则宁可放弃打工。因为真被骗了，去诉讼会花更多的钱。没多少经济能力的大学生只能吃哑巴亏了。最好不要押任何证件！证件一旦流失，不法分子可能利用它来买手机等贵重物品进行诈骗或者伪造证件等不法活动。

3. 盲目签约上当。大学生找到一份工作后，感到很欣慰，在签约时往往会忽视一些细节问题，或是对《合同》中的条款不理解、或是有误解、或是被忽视……，等到完全弄清楚的时候，才知道“上当”。一些用人单位也会抓住大学生求职心切的“楔机”在合同上做文章，写进去一些“霸王条款”或是歧视性条款，有些条款不加注释，在理解上很容易产生歧义，如果不能把这些问题提高到求职安全上加以防范，势必给大学生求职者造成很多麻烦。

【案例3】王某，大学毕业生，由于急于找到工作，没来得及仔细推敲合同里的条款，结果不但失去了这份工作还付了一笔违约金。据其称，他与公司签合同时还未毕业，但公司要求其进入实习期。在4个月的实习期里他卖力地工作，却只能得到300多元钱的“实习工资”。实习结束后，他以为工作已经敲定，打算回学校修完剩下的一些课程，9月再回到公司正式上班。但当他向公司请假时，公司却以合同中“工作前两年不得连续请假一周以上”的条款为由，认定王某违约，索要违约金。王利只好交了2000元的违约金。

在大学生择业的过程中，像王某这种情况的比较普遍，由于就业形势比较严峻，大学生在求职过程中往往处于弱势地位，很多用人单位都提出了一些明显的不合理条款，如违约金、服务期等。对于毕业生来讲，虽然知道这些附加条款是显失公平的，但也不敢明确表示异议。现实生活中，在职场上把“试用期”当成“剥削期”已经成了一些无良老板逃避法定义务的惯用伎俩。

4. 女大学生求职安全危险增多。女大学生在求职场上本来就处于弱势地位，在当今就业压力增大的形势下，不仅求职就业难，而且求职的危险性增多。女大学生在求职时，一是要尽量做到言行谨慎，避免招惹是非；二是要切实增强自我保护意识，采取必要的防范措施，确保求职安全。

【案例4】女大学生王某，几天前到省会某地做家教时被杀害。由于过分的轻信他人，该同学在未经认真核实的情况下，只身去应聘家教，结果遇害。另一相关的案例是：女大学生吴某，根据广告找到一家俱乐部作高级商务公关，在交纳400元“制卡费”后，却发现工作竟是“三陪”。

近年来，女大学生在就业过程中遇到的不法侵害的事情层出不穷，这也给我们敲响了警钟，安全问题要时刻牢记，危险离我们并不遥远，就业机会有无数，但生命只有一次。

5. 利用求职者个人信息进行诈骗。信息时代，信息就是资源。每当大学生发出一份求职简历，就会给自己带来一次求职机会，同时也增加了一份个人资料泄露的安全隐患。一些不法分子四处收集个人简历和信息，除了到招聘会上去捡，还可能花钱到一些不太规范的公司去买。他们把简历进行分类，然后提供给职业中介、婚姻中介、假证制造者、短信服务商、广告商们，接下来骚扰就源源不断了。大学生手机上的垃圾短信的增多，还有一些色情服务信息；有些女同学甚至名誉受损；更有甚者，根据简历上的家庭地址和电话对家人进行诈骗行为。在求职过程中，一定要注意对自己的信息保密，不给违法犯罪分子可乘之机。

【案例5】毛某，是大学毕业生的家长，日前在家中接到一个长途电话，称其在儿子在车祸中撞伤，正在医院抢救，急需手术费5万元。毛某闻讯立即拨打儿子手机却怎么也打不通，相信真的出事了。就在此时，一个自称是儿子学校领导的人又打来电话，证实确有其事，并留下一个账号。毛先生连忙筹集了5万元汇过去。几小时后，毛先生终于打通儿子电话，方知上当受骗。

套取并利用求职者信息进行诈骗的案件屡见不鲜。毕业生在求职过程中，往往要填写一些表格，其中涉及到很多个人信息，尤其是网上求职，要求填写的内容更是事无巨细，从个人电话号码，到家长姓名、家庭住址、家庭电话、父母情况一应俱全。许多毕业生粗心大意，随意填写，结果给骗子留下了可乘之机。加强信息保密，是大学生求职时要时刻提醒自己的事情。

6. 网络招聘和皮包公司招聘欺骗。据不完全统计，目前国内的招聘网站有2000多家，很多小网站根本不具备提供系统的招聘中介能力。另外，国内招聘网站中也存在着“山寨”现象。对于初出茅庐的大学生求职者来说，缺乏社会经验是最大的致命伤，一些不法分子就利用了求职者“找工心切”的心理，布下种种招聘陷阱。为了防止上当，应当仔细观察网上招聘公司有无具体地址，仔细查看招聘公司网站内容，通过搜索引擎来浏览有关这个公司的一些信息，如果是骗子公司，有类似经历的网友极可能会在网上披露；查询公司所在地的114，一般正规的公司都在114有登记，求职者能够轻松查得电话号码所在位置及类型，如果对方留的是小灵通或者大众卡之类号码，就应该提高警惕；打12315或者在网上咨询12315，即刻就能查到公司是否为合法注册公司。

没有固定资产、没有固定经营地点及定额人员，只提着皮包，从事社会经济活动的人或集体，多挂有公司的名义的“皮包公司”实际上是搞“假招聘”嫌疑的企业，大部分是保健品、化妆品、房地产和广告类的行业，还有一些培训机构借招聘会“招生”骗取涉世未深的求职大学生钱财。求职大学生必须了解所应聘的企业是否证照齐全、正规合法经营，在社会上的口碑如何，以免上当受骗。

【案例6】王同学去一家开价很高的翻译公司打工，对方的办公地点看起来很正规，工作人员态度也不错，为表示自己工作的诚意，她没有提出与公司签协议，只口头商定一个月发一次工资，分500元底薪和翻译费两部分。一个月后，王同学因故不能继续工作了，可公司却以财务有问题为由，承诺两星期后再付报酬。半个月后，当王同学再去公司索要工资时，却发现那家公司已经不知去向。

根据法律规定，两年不参加工商年检的公司，会被吊销营业执照，所以有的公司就利用这点跟大学生签订短期合同，骗取免费劳动力。我们可以到工商局查询用人单位最近一年的年检情况。(要带着自己的身份证并交纳一定的手续费才能查询)。

7. 未签劳动合同，自身利益受损。劳动就业合同是大学生和用人单位确立劳动关系的基本法律形式，也是实现大学生劳动权利的法律形式。今天，大学生就业已从计划分配转变为自由择业，在这种形式下，就业劳动合同就成为规范劳动就业市场的重要法律依据，也是合同双方维护自己权利的法律武器。同时，大学生通过与用人单位签订劳动合同，使双方的权利义务规范化、明确化，以此来防止用人单位的不当解雇，违反约定支付劳动报酬和提供劳动保护条件等不合理现象的发生。另外，当大学生与用人单位发生劳动争议时，就业劳动合同就是大学生用来维护自己合法权益的有效证据。

【案例7】应届毕业生王某与某私企达成工作意向，双方当场签订了《高校毕业生就业协议》。1个月后，王某毕业，并顺利进入用人单位开始工作。但该企业始终不愿意与小王签订《劳动合同》，得到的答复是：双方在《就业协议书》中并没有明确要求何时签订劳动合同，更何况关于工资、劳动期限等条款在《就业协议书》中已有约定，双方没有必要为此再另行签订《劳动合同》。王某觉得双方确实没有约定什么时候签订劳动合同，而单位不签劳动合同似乎也有道理，就不再向单位提起此事。不料一日忽被裁员，公司一分赔偿金也没给。王某后悔莫及。

《就业协议书》与《劳动合同》存在着不同，《就业协议书》作为一份简单的格式文本，很多诸如工作岗位、工作条件等劳动合同必备条款并不在《就业协议书》中直接体现。因此，单凭《就业协议书》对于学生正式报到就业后的劳动权利无法全面保障。

二、求职安全的防范

求职大潮风起浪涌，既蕴含着无数机遇，又隐藏着险滩暗礁，毕业生只有牢牢记好求职安全带，不断增强安全防范意识，才能够做到一帆风顺。

1. 层层过滤，确保就业信息的真实性、准确性和可靠性。学校就业信息网上发布的就业信息，都经过了严格核实，包括核实用人单位的工商许可证、营业执照以及通过电话向当地有关部门核实等，基本上确保了就业信息的真实性、准确性、安全性。对于通过其它渠道获得的就业信息，一定要想方设法，通过各种途径进行核实。

2. 面试过程中，要时刻保持安全的警惕性。在求职过程中，毕业生更应保持高度的警惕性，擦亮眼睛，识别就业陷阱的迷惑。

①当前往面试的第一天或职前训练的前几天，要留意该单位是否继续隐瞒工作性质及业务性质。

②面试地点偏僻、隐密或是转换面试地点的状况，或是要求夜间面试者，皆应加倍小心。面谈地点不宜太隐密，过于隐密地点不要去。对于用人单位约您面试的地点，如果不是学校就业指导中心发布的信息，是您从其它渠道获得的信息，用人单位约您到宾馆或其它非公开、非正式场合见面，绝对不能贸然前往。

③面试时，要注意以下环节：一是应详记该单位及主试官的基本情况及特征；二是对方所提工作内容空泛不具体时，不要被夸大言辞所迷惑；三是身份证、毕业证书及印章等证件，不宜给对方；不可轻易出示银行账户号码及密码，以免不法之徒有机可乘；四是主试官说话轻

浮，暧昧不清，眼神不正常等都是危险的前兆；五是如果有不安全、不对劲的感觉或不正常的状况，要以某种借口来迅速离开该单位为宜；六是拒绝不合理的邀约及要求；七是在面试时尽量不要随便喝饮料或吃东西。

④进行面试的过程中，如果遇到用人单位要您交保证金或其它培训费用(如报名费、训练费、材料费等)时，一定要慎重，千万不要为了保住工作而盲目交费。

⑤面试最好有同学陪同前往，并备有适当的防范器物。尤其是女性，要避免夜间到荒僻的地点面试。如果无法结伴而行，至少要将自己的行踪告知辅导员或同学，最好是让辅导员或同学知道面试的时间与地点。

⑥面试前后随时与学校辅导员、同学、家长保持联系，并告知面试场所地址及电话号码。

⑦要求提供亲友名单，身份证号码(复印件)均可能有诈财之患，要注意避免!

在求职过程中，毕业生为了预防“陷阱”，要做到：一忌贪心，看到“高薪”字眼首先要掂量一下自己，然后再摸清对方的背景；二忌急心，急于找工作的心理让一些人找到了借机骗财的机会，这些人以各种名义收取应聘者的费用后，便人去楼空；三忌糊涂心，求职者要对自己的职业生涯发展脉络有个清楚的构想，只要仔细研究还是能识别招聘中的大多数欺骗的幌子。要时刻提醒自己，不缴不知用途的款，不购买自己不清楚的产品，不将证件及信用卡交给该公司保管，不随便签署文件，不为薪资待遇不合理的公司工作。

3. 求职后，要谨慎行事，学会用法律保护自己。在找到合适的工作单位，双方达成就业意向后，毕业生需要签订《全国普通高等学校毕业生就业协议书》(以下简称就业协议书)。就业协议书的签订在形式上宣告了就业工作花开有果，尘埃落定。但近来，就业协议引发的纠纷屡有发生。有的毕业生正式到单位报到后，单位却一改初衷，擅自降低劳动报酬，变更原来双方约定的工作岗位，更有甚者以“试用期”(或见习期)为由不签订劳动合同，使得毕业生长期处于“试用期”，做最累的工作拿最低的报酬，从而利益受到侵害。所以，在签订就业协议以前，一定要反复斟酌，多方面考察，方可落笔。

三思后行，面试后认真核查：

①上网或通过其他途径查看，该单位(特别是企业单位、公司)登载的营业项目、报上刊登的项目、面试现场所见三者是否相符。

②登陆有关部门的网站查看，或与亲友交谈，看看该公司是否被列入黑名单之中。

③问问自己，面试的职务内容是否与自己找工作时的初衷相符，并且所获得的待遇是否合乎期待值。

④当面试当天或初进该单位的数天内，求职者即需要付给该单位一笔钱者，就要特别注意。

4. 谨防黑中介，防止陷入非法传销

①签订协议书、合同书须坚持三原则：一是平等自愿；二是协商一致；三是不得违反国家法律、行政法规的规定。

②协议、合同各方必须认真协商和审核协议、合同内容，协议、合同内容应该包括工作期限;工作岗位;工作内容;劳动保护和福利;各种社会保险，工作报酬;工作纪律;协议、合同终止的条件;违反就业协议、合同的责任及双方协商约定的其他条件。双方认同后，各方人员签字盖章后生效。

③协议、合同由用人单位及上级主管部门签署意见并盖章，非国有性质单位可以委托人才服务中心管理。

④凡口头协议和许诺无效。双方另行商定的条件和劳动合同等，须在协议中表述清楚，注明“协议附件，与正式协议具有同等效力”。

第二节　实习与就业安全意识

大学生的安全问题越来越引起学校和社会的关注和重视，增强大学生的安全意识，提高大学生的安全防范能力，是一项紧迫的任务。尤其是要加强实习和就业的安全教育和管理，确保大学生在实习和就业的安全。关于安全方面内容，同学们在大学安全教育课程都具体学习过，在此仅简单介绍几点。

一、生产岗位安全

1. 明确生产实习任务，遵守安全操作规程，注意保密工作，严格遵守劳动纪律、工艺纪律、操作纪律、工作纪律。严格执行交接班制度、巡回检查制度，禁止脱岗，禁止与生产无关的一切活动。

2. 实习的好坏很大程度取决于每个学生的实习态度，学生应在短时间内与自己的实习指导人建立起较好的师生关系，工作中要积极主动，遵守纪律，服从实习指导人的工作安排，对重大问题应事先向实习指导人反映，共同协商解决，学生不得擅自处理。要认真执行岗位安全操作细则，防止刀伤、碰伤、棒伤、砸伤、烫伤、跌倒及身体被卷入转动设备等人身事故和设备事故的发生。

3. 开机前，必须全面检查设备有无异常，对转动设备，应确认无卡死现象、安全保护设施完好、无缺相漏电等相关条件，并确认无人在设备作业，方能启动运转。启动后如发现异常，应立即检查原因，及时反映，在紧急情况下，应按有关规程采取果断措施或立即停车。

4. 严格遵守特种设备管理制度，禁止无证操作。正确使用特种设备，开机时必须注意检查，发现不安全因素应立即停止使用并挂上故障牌。

5. 按章作业，搞好岗位安全文明生产，发现隐患(特别对因泄漏而易引起火灾的危险部位)应及时处理及上报。及时清理杂物、油污及物料，切实做到安全消防通道畅通无阻。

二、人身和财产安全

（一）人身和财产安全保护的一般知识

1. 要有防的意识，保持良好的防护习惯。

2. 用法律维护自己的人身财产安全。特别是面对暴力犯罪，要坚决制止不法侵害。对正在进行行凶、杀人、抢劫、强奸、绑架以及其他严重危及人身安全的暴力犯罪，采取防卫行为，造成不法侵害人伤亡的，不属于防卫过当，不负刑事责任。

3. 发生案件、发现危险要快速、准确、实事求是的报警求助。

4. 留心观察身边的人和事，及时规避可能针对自己的侵害。注意防火，防盗，防交通意外。

（二）积极预防不法侵害危及的人身安全

1. 抢劫的预防。注意观察，及时识别；选好外出行走路线；不在陌生人面前暴露自己的行踪；保持行车途中及住地警惕；遇到抢劫时沉着冷静应付；及时报案，以便组织追捕。

2. 滋扰的预防。慎重处置；依靠集体力量，积极制止违法犯罪行为；注意策略，防止事态扩大；自觉寻找证据，用法律保护自己。

3. 性侵害的预防。正确识别性侵害；注意自身的言行举止；尽量避免在开放性场所独处；加强教育，增强性自卫能力；净化校园治安管理；遭遇性侵害时，要沉着冷静对待，努力消除性侵害成功的机会和条件；加强性侵害过程中的自身防卫；积极报案，提供证据。

一、思考题

1. 求职中有哪些主要的安全问题？

2. 毕业生实习中需要注意哪写问题？

3. 如何积极预防危及自身的人身安全？

二、实战演练

《劳动合同法》案例分析

案例一

某高校毕业生小张通过参加招聘会找到一份不错的工作，双方签订劳动合同，正式建立劳动关系后，小张发现用人单位并没有依照劳动合同所约定的承诺支付劳动报酬。小张多次与用人单位交涉未果，随后，其与用人单位大吵一顿，甩袖而去。事隔 3 个月后，小张欲通过法律途径维护合法权益，被告之已错失法律的最佳保护时机。

案例二

刚刚大学毕业的张某，与某公司签订一年期的劳动合同，双方约定试用期三个月，试用期工资1500元，(当地最低工资是2000元)转正后正式工资2500元.试用期满后，该公司以换岗为由与张某再次约定了三个月的试用期.一个月后，公司以张某工作表现不符合录用条件为由解除劳动合同.张某认为，公司给其的试用期工资低于法律规定，向劳动仲裁委提出申诉.按照法律规定张某有权提出什么申诉理由？

案例三

2009年，大学应届毕业生小马被上海某公司录用。8月15日，小马与公司签订了3年期劳动合同。合同约定:1.公司同意聘用小马并为小马申请办理上海户口;2.双方经协商，小马同意为公司服务3年，自2009年8月15日至2012年8月14日;3.如果小马在服务期内提出辞职，应支付5万元违约金给公司。此外，公司在对小马进行面试时，曾口头承诺，如果小马业绩好，可以在年底得到一个超级大红包。劳动合同及服务期协议签订后，公司为小马办理了留沪手续。小马工作亦非常努力，做出较好的业绩。但到了次年年底，公司却始终未提年底红包的事情。于是，小马于2010年3月5日向公司提出辞职，并要求公司支付年底红包;公司书面答复不同意，并且以小马违约为由将其告至劳动争议仲裁委员会，要求小马支付违约金。那么，小马是否应该向公司支付违约金？公司是否应当向小马支付年底红包？

参考资料

全国普通高等学校毕业生就业协议书

毕业生

用人单位

学校名称

教育部高校学生司制表

按《普通高等学校毕业生就业工作暂行规定》的要求，为维护国家就业计划的严肃性，明确毕业生、用人单位、学校三方在毕业生就业工作中的权利和义务，经协商，毕业生、用人单位、学校三方签订如下协议：

一、毕业生应按国家规定就业，向用人单位如实介绍自己的情况，了解单位的使用意图，表明自己的就业意见，在规定的时间内到用人单位报到，若遇到特殊情况不能按时报到，需征得用人单位同意。

二、用人单位要如实介绍本单位的情况，明确对毕业生的要求及使用意图，做好各项接收工作。凡取得毕业资格的毕业生，用人单位不得以学习成绩为由提出违约，未取得毕业资格的结业生，本协议无效。

三、学校要如实向用人单位介绍毕业生的情况，做好推荐工作，用人单位同意录用后，经学校审核列入建议就业计划，报教育部批准，学校负责办理派遣手续。

四、学校应在学生毕业前安排体检，不合格者不派遣，本协议自行取消，由学校通知用人单位。如用人单位对毕业生身体条件有特殊要求，原则上应在签订协议前进行单独体检，否则，以学校体检为准。

五、毕业生、用人单位、学校三方如有其它约定，应在备注栏注明，并视为本协议的一部分。

六、本协议经各方签字、盖章后生效。三方都应严格履行本协议，若有一方提出变更协议，须征得另两方同意，由违约方承担违约责任。

七、本协议一式三份，毕业生、用人单位、学校各执一份，复印无效。

✻第十章　就业的初期适应✻

☆本章旨要

大学毕业生在就业初期，为更好地适应社会环境，首先，要从观念转换、环境转换及生活方式、人际技能转换等方面做好充分的准备；其次，在职业道德规范上加强自身的学习和打造，以实际行动履行个人的职业道德；再次，要让自己主动融入到社会的工作及人际环境中，充分发挥自己的专长，虚心向同事和老同志学习，伴随着自己的职业目标一起成长，掌握职业生涯的主动权。

第一节　就业初期的角色转换

大学生只有树立正确的择业及就业观念，适应新的环境，转换个人的生活方式和人际关系，准确给自己定位，实现就业初期的角色转换，才能更好地适应新的环境、新的岗位、新的生活。

一、观念转换的适应

毕业生要正确认识自己，主动适应社会。在择业过程中，每一位毕业生都希望找到一份称心如意的工作，这是人之常情。但是怎样才能实现这种愿望，这就需要正确认识自己，客观评价自己。不少毕业生更多地考虑“我想从事什么职业”、“我愿意干什么工作”，而很少了解社会需求，很少能用“我能干什么”的眼光全面地审视一下自己，因而使自己陷入择业期望值过高的误区。毕业生应当给自己做出一个正确的评价，自我评价要全面、客观，既要看到长处的一面，又要看到短处的一面；既要对某一方面的特殊素质进行具体的评价，又要对其他各方面进行综合评价；既要考虑全面的整体因素，又要考虑到其中占主导地位的重点因素。

1. 正确认识自我。每个毕业生都应该全面回顾自己在德、智、体各个方面的表现情况，并与本班同学做一个比较，了解自己在本班同学中所占的位置，做到心中有数。这样，才能使自己在择业过程中做到扬长避短，发挥优势。

2. 树立自信。信心是成功的第一要诀。在求职择业过程中，信心不仅给毕业生带来勇气和力量，也会使用人单位，首先从气势上产生认同感。要使自己在择业过程中保持坚定的信心，首先要相信自己的能力，相信自己能够胜任工作。其次，要发挥自己的优势，扬长避短。要抓住自己的特点，发挥自己的优势，尽量避开自己的不足，这样，就有可能使你在择业竞争中占据主动。其三是要有一腔打动用人单位的热情。要给人感觉到，我是热爱生活、热爱事业的。

3. 消除依赖心理。有些人在生活中依赖性很强，无论做什么事情总要请一个参谋，一旦没了参谋，就成了无源之水，无本之木。于是这些人在择业中往往表现出很没主见，人云亦云，别人觉得这个单位很好，他亦认为不错;别人说那个单位很差，他亦认为不行，患得患失，手忙脚乱，心里一片茫然，不知何去何从，其原因在于他们不能深刻认识自己。一个了解自我的人，才可能把握好自己，才有可能把握好自己择业的方向，明确自己适合从事什么性质的工作，因此他们在择业中，就有明显的针对性和方向性。机会虽然很少，但他却能抓得很准很稳。一个深入了解社会的人，信息畅通，思维开阔，就能很清楚各个单位的经济构架及其发展状况，能对自己所掌握的信息做出可靠的分析和有效地判断。这样他们就能很顺利地找到自己想去的单位，并能很快适应单位的需要和社会的发展。

4. 具备良好的心理素质。有些人心理素质较差，到招聘单位参加面试，原本准备充分，有条不紊，可是一见单位领导，就惊慌失措，手忙脚乱，顿时心理一片空白，不知所措，好端端的一个机会就这样失去了。

二、环境转换的适应

大学毕业后的择业及就业就意味着学生生涯及学校环境的暂时结束，新的工作和生活环境的开始，对每一个大学生来说不能不说是一个新的挑战:新的复杂的环境，新的观念和态度，不可预知的未来……。如何才能更好地面对和适应新的环境呢？以下几个方面必不可少：

1. 平和。不要对自我的期望值过高，要认清所面临的就业市场的情况，结合个人的专业特长，用平常之心去面对每一个就业的机会，即使失败，也不要过分失落和自卑，要学会总结和分析失败的原因，以便调整自己的心态并改变自己的不足。

2. 务实。在抓住某一个就业机会时，要对自己保持清醒头脑，懂得“厚积薄发”的道理，踏踏实实地从基层、从基础做起，积累业务经验和人际经验，在实践中磨练和摔打自身的弱点，让自己变得更坚强和自信。

3. 宽容。要提高自己的适应力，学会适应和调整，以宽容的心去面对上级或同事的不理解及误解，对自己受到的某些不公平的待遇，要学会忍耐、沟通和化解，要以自己的方式和实力，以事实去为自己赢得尊重和地位。

4. 沉稳。遇事要冷静，虚心接受上级的批评及建议，不要轻易地为小事争吵和辩解，注意学习别人的长处，积累人际技能，打造健康的心理和稳健的性格。

通过不断地改进和锻炼，相信大学生会逐步适应新的复杂的工作和生活环境的。

三、生活方式及心理转换的适应

就业，是毕业生人生的重大转折。随着高等教育制度和就业制度的改革，目前的就业竞争空前激烈，既给大学生提供了尽情表演的舞台，也为大学生带来了巨大的心理压力。现在的大学生，多数是独生子女，在成长的过程中一直受到父母、长辈的呵护和宠爱，基本没有遭受过太多的挫折，心理承受能力普遍不强，因此也有专家称大学生为心理品质的“高危人群”。

面对严峻的就业形势，毕业生更加容易出现心理偏差，尤其是迟迟未落实工作岗位的毕业生在这方面表现得更加突出。近些年来，有不少毕业生因为承受不了就业带来的压力而自暴自弃，甚至轻生自杀。因此，注重毕业前的生活方式调整和就业心理调适，对尚未找到理想工作或正在找工作的毕业生来说，是十分重要而且必要的。

1. 摆脱就业恐惧感。求职面试的多次失败，很容易让一些大学生求职者对就业产生恐惧感，谈之色变。当一个人的头脑中充满了恐惧感，意味着其思维的瘫痪、停滞和精神上的困惑，进而导致逃避现实，不敢面对挑战。应该通过控制自己的思想，从恐惧这个恶魔的纠缠中摆脱出来。在战场上，一个想着自己会被打败的人总是要被打败的；而那个信赖自己并坚守使命的人往往会获得最后的胜利。

2. 突破受挫的心理障碍。每个人遇挫后都会产生心理障碍，事实上任何的心理障碍都是可以突破的，突破的最快方法就是：一要明确自己的障碍；二要想出 20 个解决这个障碍的方法来；三要找出最可行的方法立刻去行动。想想在就业的过程中，哪些是自己失败的主要因素，应该如何扬长避短，适当调整自己的求职目标和途径，然后鼓起勇气迅速行动。千万不能让心理障碍带来的负面情绪，在自己的身上停留过长的时间。

3. 控制焦虑不安情绪。焦虑心理在毕业前夕表现得尤为突出。人都有互相比较的心理：看着周围同学兴高采烈地即将奔赴工作岗位，自己却尚无着落，怎么向父母交代，怎么去实现价值，因而产生“英雄无用武之地”的焦虑，寝食难安；或者是自己的工作比起别人差得太远，面上无光，情绪长时间难以平复。其实，这绝不是世界末日，与其终日惶惶，不如定下心来，把焦虑转化为前冲的动力，通过努力去改变现状。

4. 克服自卑心理。许多毕业生未找到理想工作，除了主观能力有所欠缺外，还受到客观条件的影响，如招聘者对身材、相貌、性别、疾病等等的歧视性眼光，很多人因此而心生自卑，怨天尤人。招聘不是选美，别人的有色眼镜只说明他们内在的浅薄。大学生毕竟受过高等教育，绝对不比别人差多少，多给自己信心与鼓励，世界之大，总有你发光发热的地方。当然，如果能力未达到要求，也不是临时抱佛脚能一蹴而就的，就需要重新审视自己，调整定位，加强综合素质的培养去提高自己的就业竞争力。有竞争就必然有失败，自卑是面对竞争时最大的敌人。

5. 从迷茫中解脱。遇到就业过程中受挫的心理问题，毕业生要学会化解和调适，正确对待挫折，保持乐观向上的情绪和积极的心态，主动去适应社会和市场的需要。在排解心理问题时，可以用有效的手段去消除思想负担和不安情绪，比如合理宣泄、转移调节、逆向思维等，坚决对扰乱意志的思想说“不”！严防心理病毒的滋生、繁殖和扩散，尽早从失落和迷茫中解脱出来。如果确实始终无法驱逐“心魔”，就一定要向有关的专家和高校老师求助。向他人倾诉也是减除精神压力非常有效的良方。

四、人际关系转换的适应

人际关系是最难理顺的问题，也是很难找到正确处理方法的问题，是包括走向职业生涯的大学生在内的所有人都较困惑的一个问题。人的个体差异很大，世上没有两个性格、兴趣爱好、品格及思想、思维方式等完全一样的人。如何洞察你周围的人、如何了解和认识他们，如何与之相处，建立良好的人际关系，创造一个融洽的团队，是一个组织和这个组织中每个成员要不断努力的追求的目标。在这方面，首先要有自己坚定的理想和信念是非常重要的。

对每一个大学生的职业生涯，所要面临的人际关系主要贯穿于如下十种关系中：

第一，企业与员工之间的关系；

第二，“企业主人翁”与“岗位主人翁”的关系；

第三，就业与创业之间的关系；

第四，企业文化与管理制度之间的关系；

第五，经营、管理、技术、服务之间的关系；

第六，规范与创新之间的关系；

第七，批评与素质提升之间的关系；

第八，惩罚与奖励之间的关系；

第九，个人和团队之间的关系；

第十，优秀企业与问题企业之间的关系。

如何建立和改善自己的人际关系，提高自己的人际技能，对刚刚走出校门的大学生来讲，确实是需要投入更多的精力，甚至会影响到自己的本职工作——但必须要面对，而且要努力改变自己和学会适应。要从以下几方面提升自己的人际技能：

1. 培养自身的良好心态和健康的性格。要使自己时刻保持积极、乐观和上进，性格开朗，心胸开阔，立足于长远，不要短视，只注重眼前的个人利益，为自己的未来发展做好性理准备。

2. 学会沟通和相处。经常与同事、领导沟通，从工作到休息，抓住有利的时机，找到合适的话题，以谦卑的姿态与别人沟通，多倾听，少辩解或过多炫耀自己，以此了解对方的性格和外事哲学、品格和思维，为以后相处找到合适的方法。

3. 要主动融入到新的组织文化中。不同的工作环境会存在不同的文化，对你来说，理解并主动融入到这种文化中，才能更准确地洞察周围的同事如何工作和与人相处，才能为改进自己身上的缺点，打造自己的价值观和为人处事的风范，更快地融入到团队中。

五、身份转换的适应

1. 自我定位是关键。一般而言，影响毕业生自我定位有如下因素：

其一是职业定位模糊。由于是初次择业，大多毕业生大都抱着“边走边瞧，边走边跳，走一步，算一步”的想法，没有认真想一想自己的职业定位问题，也没有一个职业生涯规划。

其二是不能正确地评价自己。有的毕业生在择业过程中总是过高地估价自己，自我定位过高——工资看外企、职位看白领、单位看名气、环境看气派，因此总是找不到一个适合自己的就业岗位，到最后反而“嫁不出去”。

其三是社会因素的干扰。一些毕业生往往受亲朋好友的影响较大，自己明明已看好某个职位，该职业也较符合自己的综合能力，可周围的亲友一有反对之声，自己就开始动摇了。现实生活中存在的社会职位竞争的不公平、操作的不规范现象，也常常使毕业生感到很迷茫，找不准位置，看不清方向。

其四是心理素质不过硬。当前我国正处于深刻的社会变革时期，一些毕业生没有完全适应这种变革，在职业定位时往往为心理因素所左右，因此很准做出理性的选择，在择业中或盲目从众，或消极逆反；不是过于自尊，就是过于自卑。凡此种种，都会对毕业生顺利就业形成巨大的障碍。

因此，毕业生在选择职业的过程中，首先要针对自己的实际情况，做好自己的职业定位，规划自己的职业生涯；其次，要根据自己的专业、技能、综合能力和社会用人单位的要求，确定自己的职业定位；另外，毕业生还要排除各种外界干扰，如果自己和用人单位彼此都很满意，就应该早做决断，尽快签订就业协议；再者，就业是一个复杂的过程，往往会遇到这样或那样的困难，这就要求毕业生努力培养良好的心理承受能力，勇敢地迎接选择未来生活的种种挑战。

2. 努力克服心理弱点。对于面临职业选择的毕业生来说. 能否战胜自身的心理弱点，直接影响到择业的成败。

一是自愧不如的心理。面对激烈的择业竞争，不少毕业生容易在“本科生择业难”的影响下产生自卑心理和示弱心态：“我能竞争过研究生、名校生吗?”“要是碰钉子多丢人!”“万一失败了怎么办?”这种自我设置的心理障碍，往往使毕业生缺乏竞争的勇气和获胜的信心。

二是依赖心理。一些毕业生平时养成了对父母亲友的依赖心理，面临职业选择，也容易产生“反正父母会给我想办法”的依赖思想。试想。一个缺乏自立、自主、自强意识的毕业生，怎么能做出符合自己特点的职业选择呢?

三是犹豫不决的心理。求职择业是人生的一个重要转折。面对这一转折，毕业生既应做到知己知彼、权衡利弊，又要不失时机，抓住转折机遇，当机立断。而毕业生优柔寡断、犹豫不决的心理弱点往往会产生“这山望着那山高”、“不识庐山真面目”的困惑与迷茫，以致白白失去择业的良机。

四是自视过高心理。一些毕业生因自己的学习成绩好、家庭条件优越，或者因自己的能力强、具有一定的竞争实力，或者因自己容貌出众、多才多艺等，产生自命不凡的优越感和自视过高的心理。在求职时，过高地估计自己，这个单位瞧不上，那个单位也不遂心，而用人单位对这种缺乏自知之明、自视清高的学生常常不会提供就业机会。毕业生要想使自己在择业竞争中保持良好的竞技状态，自如地应付所遇到的各种问题，必须做好各种思想准备、心理准备，增强心理的承受力，不要一遇到挫折就心灰意冷，自暴自弃。要知道，在择业中遇到挫折是很正常的事情，应该把挫折看成是锻炼意志、增强能力的机会，放下思想包袱，认真找寻失败的原因。求职择业的过程，是一个全面展示自己的过程，必须努力完善自己，提高自身的素质，要有展示自己才华的勇气。作为一名毕业生，要坚持自尊、自信、自立。要有自信心，要相信自己和名校生一样有实力，要敢于竞争，克服自卑、胆小、怯懦等不良心理状态。

3. 精心打造个性品牌。毕业生要打造个性品牌，必须进行个性品牌设计，也就是对自我有一个清醒的认识，只有这样才能克服在树立个性品牌上的盲目性。

自我认识包括:我想成为何种类型的职员？个人特长在哪儿？我的个性适合从事什么样的工作？我这样工作是否有价值等等。不同的人会有不同的自我认识。因此，找出自己与他人的不同点，即找到自己在就业市场存在的独特价值，这是个性品牌设计的关键所在。一般而言，产品品牌定位的方法也同样适用于个性品牌定位，即别人认为我最大的长处是什么，最值得别人注意的个人特点是什么，如何使自己的技能和工作风格形成特色，具有不可替代的价值。毕业生还必须有一技之长，并能保证自己的工作质量——精湛的专业技能是个性品牌建立的要素。只有个人技术专而精，自己个性品牌才有价值，个人的发展空间才会更加广阔。

当然，打造个性品牌还必须强调个人的学习能力。要知道打造个性品牌是一个长期的过程，即使已经形成了个性品牌，要保持也须不断学习新知识、补充新内容。毕业生必须不断学习，但不要盲目跟风，而应学习那些对自己职业有用的东西。要学会包装、推销自己。包装就是要成功地展现品牌的个性和特色，让他人充分地认识到你的价值，但同时须注意包装要讲究适度，因为过分的包装会对个性品牌产生负面影响。

第二节 树立职业道德

成功就业，只是迈出职业生涯的很小一步，要想很好地履行职责，就必须树立良好的职业道德。要想在工作岗位上更好地履行职业道德，首先要学习、理解所从事职业的道德规范和深刻认识职业道德对提升个人业务水平、承担职业责任的重要性，为职业生涯的发展打下坚实地基础。

一、学习和掌握职业道德规范

职业道德是所有从业人员在职业活动中应该遵循的行为准则，涵盖了从业人员与服务对象、职业与职工、职业与职业之间的关系。随着现代社会分工的发展和专业化程度的增强，市场竞争日趋激烈，整个社会对从业人员职业观念、职业态度、职业技能、职业纪律和职业作风的要求越来越高。在新的历史条件下，加强职业道德建设，全面提高职工道德素质，是认真贯彻《公民道德建设实施纲要》的重要内容，对于形成“追求高尚、激励先进”的良好社会风气，保证社会主义市场经济的健康发展，促进整个民族素质的不断提高，具有十分重要的意义。

下面提供了科研工作者、医务工作者、新闻工作者、饮食行业、交通运输业、建筑业、外事工作、出版行业、司法、律师、警察、军人和学生、会计、百货行业的职业道德规范，供学习和参考。

1. 科研工作者职业道德。知识分子职业道德之一，是从事科学技术工作的人们在其职业活动中所应遵循的基本道德规范。科研工作者的职业道德是人们在长期的实践中逐步建立和发展起来的，有一定的历史继承性和阶级性。社会主义社会中的科研工作者的职业道德是社会主义道德、共产主义道德在科研工作者身上的具体化。它继承了以往科研道德的优良传统，在新的历史条件下，又有了新的发展，提出了更高的要求。其主要内容是:①热爱祖国，忠于人民，坚持四项基本原则，为社会主义物质文明和精神文明建设服务;②热爱科学，追求真理，刻苦钻研，勇于创新，为科学事业的发展而献身;③谦虚谨慎，勤奋好学，发扬学术民主，坚持百家争鸣，虚心听取批评，坚持真理，修正错误;④尊重别人，乐于协作，团结互助，同工人农民交朋友，充分发挥自己的技术专长。建设社会主义现代化强国，关键是科学技术现代化。要实现科学现代化，科研工作者不仅要接受和坚持党的领导，具备必须的物质条件，而且要有高尚的道德。科研工作者只有加强职业道德修养，才能更好地发现真理，攀登新的科学高峰，为促进我国科技事业的发展贡献自己的力量。

2. 医务工作者职业道德。医务工作者在医疗实践活动中所应遵循的道德规范，知识分子职业道德之一。医德是随着医学的出现而产生的。中国最早的医书《黄帝内经》中就有《疏五过》、《征四失》等论述医德的专著。唐代名医孙思邈在他的巨著《千金要方》中有一章专门写医德，系统地提出了医生的道德准则。他在书中要求医者不避艰险，尽心竭力，治病救人，不怕脏臭，不分贵贱贫富，一视同仁；不以一技之长，掠取民众财物。这些要求，长期以来被奉为医务人员的道德箴言。医德同其他社会职业道德一样，在实践中不断充实、发展，形成稳定的职业心理和习惯，世代相传。在社会主义条件下，广大医务工作者对以往传统的医德有继承的一面，但又有很大的区别。它的宗旨是全心全意为人民服务，救死扶伤，实行革命的人道主义。具体内容主要是：①忠于社会主义医疗事业，热爱本职工作，处处关心病人的疾苦，把维护人民的生命，增进人民的健康，同疾病作斗争，作为自己崇高的职责；②认真钻研医务技术，对技术精益求精，勇于攻克疑难病症，积极进行革新创造，不断开拓医学新领域；③对工作极端负责任，对病人极端热情，一视同仁，时刻想到病人的痛苦和安危，养成严谨细致的医疗作风，平等待人，不收礼，不"走后门"；④服务细致，谨慎周到，一丝不苟，诊断准确无误，勇敢果断，敢于负责；⑤保守病人病情"秘密"，举止文雅，端庄可亲，不利用工作之便，侵害病人权利。广大医务工作者应加强医德修养，更好地为人民的健康服务。

3. 新闻工作者职业道德。从事新闻报道、宣传工作人员所应遵循的基本道德规范，知识分子职业道德之一。新闻记者的职业守则，最初在20世纪20年代初期开始系统编纂。各国的新闻职业守则在形式和范围上大不相同。在阶级社会，新闻工作者职业道德带有鲜明的阶级性。在资本主义制度下，新闻工作者的职业道德是建立在生产资料私有制基础上的，是受资产阶级道德的基本原则利己主义所支配的，是为维护资产阶级的统治服务的。无产阶级新闻道德与资产阶级的新闻道德有本质区别。在社会主义条件下，新闻工作者的宗旨是为党、为社会主义、为工人阶级、为广大人民群众而工作。新闻职业道德是在共产主义道德原则指导下的先进的道德规范。其主要内容是：①热爱党、热爱社会主义祖国，坚持四项基本原则，坚持新闻的党性与人民性的统一；②坚持新闻的真实性，忠于事实，不搞虚假报道，以人民利益为准绳，宣传党的政策，反映群众的心声，克服新闻报道中的客观主义倾向；③热情讴歌正义与光明，无情揭露邪恶和黑暗，主持公道，坚持正义，不畏惧任何压力，时刻同群众保持密切的联系；④严格要求自己，廉洁奉公，不利用工作之便谋私利，不拿版面做交易，吃苦耐劳，深入基层，有良好的新闻意识，遵守新闻纪律；⑤热情为广大读者服务，提供有益身心健康的稿件，甘当无名英雄，同行之间，相互尊重，相互学习；⑥认真学习马克思主义基本理论和党的路线方针政策，树立共产主义理想、信念，掌握丰富的科学文化知识，加强职业修养，勇于献身新闻事业。

4. 饮食行业职业道德。饮食系统广大工作人员在工作实践中所应遵循的基本道德规范。社会主义饮食行业是非常重要的服务性行业。它与人民群众的生活、健康紧密相联。良好的饮食行业道德，体现了社会主义社会人与人之间的新型关系，体现了社会主义精神文明。饮食行业道德是社会主义职业道德之一，是社会主义道德、共产主义道德在饮食行业的具体体现。

其基本要求：①热爱社会主义祖国，热爱人民群众，树立全心全意为人民服务的思想，立志做好本职工作，甘当人民的勤务员。②生产和制作符合质量标准和卫生标准的饮食。坚持按规定标准和制作程序下料加工，不偷工减料、降低标准，不加工和出售腐烂变质和过期的食物。一切要对人民群众的健康负责。③对顾客热情和蔼，说话和气，服务周到，千方百计为顾客着想。对顾客一视同仁，不以衣貌取人。不分年龄大小，不论职位高低，都以同等态度热情接待和服务。④刻苦学习业务技术，练好基本功，提高服务质量。⑤注意节约、反对浪费。⑥廉洁奉公，不利用职业之便谋取私利，坚决抵制拉关系、走后门等不正之风。⑦谦虚谨慎，自觉接受顾客监督，欢迎群众批评，不断改正缺点，提高服务质量。⑧仪容整洁，举止文雅，相互帮助，搞好协作。

5. 交通运输业职业道德。交通运输系统的工作人员在生产实践中所应遵循的基本道德规范，是司机（驾驶员）、调度、乘务员、车辆维修人员及交通运输管理部门的行为准则。交通运输是社会主义建设的大动脉，在国民经济的发展中具有举足轻重的作用。交通运输业道德是社会主义职业道德之一，是社会主义道德、共产主义道德在交通运输系统的具体表现。

其基本道德要点是：①热爱社会主义祖国，热爱人民，立志为繁荣祖国的交通运输事业，促进经济发展和人民生活水平提高做贡献。②对国家财产和人民生命负责，切实保证交通运输的安全可靠。经常检修交通运输工具，使之时刻处于良好状态，决不带故障运行。无论是客运还是货运，都要有极端负责的精神。货物要做到文明装卸，不毁坏国家财产。当国家财产和人民生命受到威胁时，要挺身而出，见义勇为，不怕流血牺牲。③热情为乘客服务，急乘客所急，帮乘客所需；热爱劳动，不怕吃苦，为乘客提供干净、舒适的旅行环境。④廉洁奉公，遵纪守法，不利用手中之权谋私，不索贿受贿，不索要用户托运的东西。在运输工具、车辆的调度上，要根据计划，根据实际需要进行安排，杜绝走后门，坚决纠正交通运输业存在的不正之风。⑤认真学习科学文化和专业知识，对技术精益求精，不断提高为人民服务的思想觉悟和为人民服务的本领。⑥培养集体主义精神，搞好分工协作，相互间团结友爱，互相帮助。⑦欢迎广大群众监督，虚心接受群众的批评，不断提高为人民服务的质量。

6. 建筑行业职业道德。建筑系统工作人员在生产、施工实践中所应遵循的基本行为规范，是建筑工人、工程设计人员及其指挥人员的行为准则。建筑行业是社会主义现代化建设中的一个十分重要的行业。工厂、住宅、学校、商店、医院、体育场馆、文化娱乐设施等等的建设，都离不开建筑行为。它以满足人民群众日益增长的物质文化生活需要为出发点。建筑行业道德是社会主义职业道德之一，是社会主义道德、共产主义道德规范在建筑行业的具体体现。

其道德要求的主要内容是：①热爱社会主义祖国、热爱人民，树立全心全意为人民服务的思想。一切建筑工程的设计、施工，都必须从广大人民群众的根本利益出发，既要立足于发展生产、美化环境，改善人民生活，又不能脱离国情。②严格按照精心设计的图纸和设计要求科学组织施工，确保工程质量。“百年大计，质量第一”，一切都要向人民负责，向用户负责。施工中在原材料使用和设备安装上，不以次充好，不偷工减料。③热爱劳动，不怕吃苦，注意节约，不浪费原材料，以主人翁的态度做好自己负责的工作。④严格遵守劳动纪律，维护生产秩序，做到文明施工，安全施工，保持施工场地的整洁。⑤廉洁奉公，遵纪守法，忠诚老实，讲究信誉。在工作中不以权谋私，不行贿受贿索贿。正确处理个人利益、集体利益与国家利益的关系。⑥工程技术人员和工人，以及工人之间要团结友爱，互相学习，取长补短。⑦努力学习科学文化知识，刻苦钻研生产和施工技术，不断提高业务能力，讲究工作效率。

7. 外事工作职业道德。外事工作者在从事外交事务过程中所应遵循的基本道德规范。外事工作是一项政治性和政策性很强的工作。它对认真执行国家的外交政策，维护祖国的荣誉、民族的尊严和人民的利益，加强同世界各国的经济、技术和文化交流，促进各国人民之间的友谊和世界和平，有着非常重要的作用。社会主义外事工作道德是社会主义道德、共产主义道德在外交事务工作中的具体体现。

其道德规范的主要内容是:①无限忠于祖国、忠于人民，把祖国的利益看得高于一切，自觉维护祖国的荣誉、民族的尊严和人民的利益。要有民族自尊心、自信心和自豪感。在对外交往中，既不夜郎自大，也不崇洋媚外。在任何情况下都不做有损国家、民族利益的事，不做丧失民族尊严，丧失国格、人格的事。虚心学习别国的长处，对外国朋友一视同仁，以礼相待。②坚决执行党的外交路线和对外工作的方针、政策，加强同各国人民的友谊和团结。在复杂的国际环境中，要有坚定的无产阶级立场。积极支持被压迫民族、被压迫人民的正义斗争。反对帝国主义、霸权主义和新老殖民主义。③严格遵守外事工作纪律，严守党和国家的机密，遵守所在国的法令。④认真学习马列主义、毛泽东思想，学习党的外事工作的路线、方针和政策，钻研外事工作业务，不断提高思想政治水平和外事工作能力。⑤严格要求自己，廉洁奉公，自觉抵制资产阶级腐朽思想和生产方式的侵蚀。

8. 出版职业道德。指从事出版工作的人在书籍编辑、出版工作中所应遵循的基本道德规范。在阶级社会中，出版道德是阶级道德的具体表现，有其鲜明的阶级性。编书、出书的目的是出版道德的出发点，是为统治阶级的利益服务的，封建社会中，编书、出书虽然在客观上对保存古籍经典、传播文化起到了一定的作用，但主要是为封建统治阶级提供统治经验与知识。资本主义社会中，除了上述作用外，主要目的就是为了赚钱。在社会主义条件下，社会主义的出版道德与以往的出版道德有本质区别。

其主要内容是;①热爱社会主义祖国，热爱共产党，坚持四项基本原则，反对资产阶级自由化，为提高中华民族科学文化水平而编书、出书，利用出版物为人民服务，为社会主义服务;②以社会效益为重，不片面追求利润，不编不出低级、庸俗、荒诞的书刊，千方百计提高图书质量，讲究书籍的思想性、科学性和学术价值;③对工作认真负责，一丝不苟，精心编辑、装帧、设计、印刷，精益求精;④热爱编辑出版工作，甘当无名英雄，乐为他人做嫁衣;⑤同著作者加强联系，建立新型的同志关系。发现人才，善当伯乐，尊重作者劳动;⑥对稿件选用坚持质量标准，一视同仁，维护作者合法权益，不以手中权力谋私、杜绝索礼、受贿、收受佣金、降低标准，以及互换稿件、版面等不正之风;⑦一切向读者负责，同行之间互相支持，互相协作;⑧认真学习马克思列宁主义，毛泽东思想，邓小平理论和社会主义核心价值观，学习出版业务，不断提高理论水平和业务能力，努力为社会主义出版事业贡献自己的一切。

9. 司法职业道德。司法人员在司法活动中所应遵循的基本道德规范，是审判、侦查、检察和司法警察等人员的行为准则。司法工作有鲜明的阶级性。司法道德是阶级道德在司法工作中的特殊表现。剥削阶级的司法道德是为少数统治阶级服务的，在本质上是极其腐败的。剥削阶级的司法人员的阶级属性决定了他们的司法道德的腐朽本质与二重性。一方面，贪赃枉法，挟私报复、狱中虐待，草菅人命等；另一方面，只有极个别司法人员做到“执法如山”、“廉洁奉公”、“刚正不阿”等。社会主义司法工作代表了广大劳动人民的意志，具有广泛的人民性，是共产主义道德在司法工作中的具体体现。这主要是由无产阶级的历史地位决定的。社会主义司法道德，以共产主义道德规范为依据，同时吸收了历史上司法道德中具有人民性的进步因素。

社会主义司法道德的基本要求是:①热爱人民，忠于人民，保护人民的权益，同反对社会主义祖国、破坏社会主义法制、违害人民群众利益的违法犯罪行为作坚决斗争，为保卫祖国和人民群众利益不怕牺牲;②忠实于法律，忠实于事实，以法律为准绳，依法办案，坚持在法律面前人人平等;③遵守司法纪律，依照法律程序，认真收集有关证据，严禁逼供信，廉洁奉公，不贪赃枉法，不循私情。“铁面无私”，“执法如山”;④要有严谨的作风，吃苦耐劳，一丝不苟，深入调查，依靠群众办案，严肃热情，文明办案;⑤实行社会主义人道主义，废除法西斯式的审查、管理方式;⑥实事求是，有错必究;⑦保守司法业务机密，同行间相互学习、相互帮助，密切配合;⑧认真学习马列主义，毛泽东思想，邓小平理论和社会主义核心价值观等，学习党的方针政策和法律知识，不断提高理论水平和办案能力，做一名合格的司法人员。

10. 律师职业道德。指从事社会主义法律工作的人民律师在刑事辩护、民事代理、法律解答等活动过程所应遵循的基本道德规范。人民律师是国家的法律工作者，其任务是对国家机关、企事业单位、社会团体、集体经济组织和公民个人提供法律帮助，以维护法律的正确实施，维护国家、集体的利益和公民的合法权益。人民律师这种工作的性质、任务和特点，决定其道德规范的主要内容是:①热爱社会主义祖国，热爱党，一切言行从维护社会主义国家法律的尊严和人民的合法权利出发;②认真学习、深刻领会，熟练掌握国家的法律法令，以党和人民的利益高于一切，执法公正，铁面无私，忠实地履行自己的职责;③一切从实际出发，忠于客观事实，坚持“以事实为依据，以法律为准绳”的原则出庭辩护，对当事人的合法权益负责，对社会主义法制负责;④办案过程中，出以公心，见义勇为，仗义执言，据理力争，不患得患失;⑤举止端庄，文明礼貌，待人诚恳谦逊。人民律师作为社会主义法制的维护者，作为人民合法的代言人，它的职业道德如何，直接关系到社会主义法制能否正确实施，人民的合法权利能否得到保护，坏人坏事能否得到及时的法律制裁，因此，直接关系到党和国家在人们心目中的威信。人民律师要认真遵守职业道德，使自己成为“执法公正，品德高尚”的法律工作者。

11. 警察职业道德。人民警察在执勤中所遵循的道德规范。人民警察是无产阶级专政的重要工具之一，主要任务是保护人民，惩罚犯罪，打击敌人，维护社会治安。

其职业道德的主要内容是:①热爱社会主义祖国，热爱党，坚定地站在人民利益的立场上，忠实地履行人民民主专政赋予的职责，敢于同一切制造动乱、扰乱社会治安、破坏四化建设，危害人民利益的各种违法犯罪分子进行坚决的斗争。②实事求是，一切从实际出发，重视调查研究，处理案件不捕风捉影，主观臆断；分清敌我，明辨是非，不伤害好人；忠于事实真相，光明磊落，有了错误不推卸责任。③模范执行党的方针、政策、严守工作纪律，倾听群众意见，接受群众监督，不利用职权拉关系、谋私利，不徇私枉法。④坚持法律面前人人平等的原则，不畏权势，不徇私情，刚正不阿，秉公执法。⑤以身作则，带头守法，严格要求自己，模范遵守社会公德，为人民做出表率。警察职业道德面貌的好坏，不仅直接关系到人民群众的切身利益，而且直接关系到党的威望、国家的声誉和专政机关的尊严。人民警察应自觉按照职业的特殊道德要求，为社会主义现代化建设做出应有的贡献。

12. 军人职业道德。军队和其他武装力量的全体指战员所应遵循的基本道德规范，是阶级道德在军人职业上的特殊表现。古代军人就有尽忠报国、英勇作战、严肃军纪、赏罚分明、国重于家的精神。无产阶级的军人道德继承和发展了这些美德，但同过去一切军人职业道德有着根本的区别。中国人民解放军是中国人民的子弟兵，它的职业道德是在极其艰难困苦的武装斗争中逐步形成发展起来的。几十年来，在党和毛泽东等老一辈无产阶级革命家的领导下，形成了党对军队的绝对领导的原则，全心全意为人民服务的建军宗旨；战斗队、工作队、生产队的三大任务；官兵一致、军民一致、是解放军的政治工作三大原则；政治、经济、军事三大民主；三大纪律、八项注意，以及拥政爱民，艰苦奋斗，革命英雄主义，爱国主义和无产阶级国际主义等一整套人民军队所特有的优良传统。

这些优良传统，凝聚着共产主义的高尚精神，包含着对革命军人的道德要求，革命军人职业道德的基本要求是：①提高警惕，保卫祖国；②拥护政府，热爱人民，全心全意为人民服务；③模范遵守党和政府的政策、法令，遵守军队的纪律，服从命令，听从指挥；④不怕艰难困苦，不怕流血牺牲，英勇顽强，具有革命英雄主义精神。“四有”（有理想、有道德、有文化、有纪律）、“三讲”（讲军容、讲礼貌、讲卫生）、“两不怕”（不怕艰难困苦、不怕流血牺牲）的要求，就充分体现了我军的优良传统和对革命军人的道德要求。

13. 学生职业道德。在校读书的学生在学习生活中所应遵循的基本道德规范。学生不是终身职业，它只是各种职业的预备队。但学生时期的道德状况，直接关系他们以后走上各种职业岗位的职业道德面貌。因此，学生道德也属于整个职业道德范围之内。自古以来，各个阶级为了培养自己的接班人，对学生都提出了许多道德要求。封建教育对学生讲仁、义、礼、智、信、孝、悌等；也讲学而不厌，锲而不舍，清贫节俭。资本主义教育要求学生刻苦学习，同时履行资产阶级的所谓“自由、平等、博爱”的原则。在社会主义条件下，学生道德是建立在培养共产主义事业接班人基本要求的基础之上的，是共产主义道德在学校教育中的表现，是与德、智、体、美、劳，全面发展的根本方针相一致的。一方面，它继承、借鉴了以往学生道德中合理的、积极的因素；另一方面，它抛弃了封建主义、资本主义等教育中存在的腐朽、没落的东西。

学生道德的基本要求是：努力做到有理想、有道德、有文化、有纪律。①各级各类学校的学生都要学习马列主义，毛泽东思想，邓小平理论和社会主义核心价值观等，逐步树立无产阶级的阶级观点、劳动观点、群众观点，辩证唯物主义观点，树立正确的世界观和人生观，树立远大的共产主义理想；②热爱祖国，拥护中国共产党的领导，立志为社会主义事业服务，为人民服务；③勤奋学习，刻苦钻研，知难而进，持之以恒，努力掌握文化科学知识，掌握基础理论、专业知识和基本技能；④尊敬师长、尊敬职工，听从父母教导，诚实、谦虚，言行文明，合乎礼节，勇于开展批评和自我批评；⑤遵守社会公德，爱护公共财物，注意勤俭节约，衣着整洁，仪表端庄，生活朴素；⑥遵守国家政策法令，遵守学校规章制度，保守国家机密；⑦听从祖国召唤，服从国家和组织分配，到国家最需要的地方去。学生阶段，是学习知识、学习生活、学习做人的阶段，养成良好的道德习惯，终生受益无穷。

14. 会计职业道德规范。爱岗敬业——基本要求是：正确认识会计职业，树立职业荣誉感；热爱会计工作，敬重会计职业；安心工作，任劳任怨；严肃认真，一丝不苟；忠于职守，尽职尽责。

诚实守信——基本要求是：做老实人，说老实话，办老实事，不搞虚假；保密守信，不为利益所诱惑。

廉洁自律——基本要求是：树立正确的人生观和价值观；公私分明，不贪不占；遵纪守法，尽职尽责。

客观公正——基本要求是：端正态度；依法办事；实事求是；保持独立性。

坚持准则——基本要求是：熟悉准则；遵循准则；坚持准则。

提高技能——基本要求是：具有不断提高会计专业技能的意识和愿望；具有勤学苦练的精神和科学的学习方法。

参与管理——基本要求是：努力钻研业务，熟悉财经法规和相关制度，提高业务技能，为参与管理打下坚实的基础；熟悉服务对象的经营活动和业务流程，使管理活动更具有针对性和有效性。

强化服务——基本要求是：强化服务意识；提高服务质量。

15. 中国百货行业职业道德规范。百货行业职业道德规范，即三个字"德、诚、信"。("守法经营、以德经商、诚信为本"。)八句话"诚实守信、货真价实、买卖公平、服务真诚、顾客满意、环境优雅、创立品牌、发展文化"。

①诚实守信。诚信，是百货行业职业道德建设的核心，是企业立足、生存、发展之本，是企业最宝贵的无形资产。

对社会各界要相互信用，实现双赢。对顾客，要真品、真价、真情，确保商品质量和服务到位。

②货真价实。必须严把进货关，防止"病从口入"。

供货商(批发商、代理商、经销商、生产商)必须具有国内(国际)依法登记注册的营业执照、税务登记表、法人委托书、商标注册证明、商品的质量检测报告、商品代理证明等法律证件。

签订进货合同，必须明确双方在商品质量上的法律责任。

严格商品进货检查验收制度。杜绝假冒伪劣和“三无”“（无厂名、无厂址、无品名）”两全“（全外文、全拼音）”商品上柜销售，切实维护企业和消费者的利益。

合理制定价格，切实保证货价相符，按质论价。出售的商品必须明码标价，标明名称、产地、质量等级、产品规格、计量单位和价格。计量必须使用国家规定的量具。

③买卖公平。广告宣传要实在，介绍商品不夸大，杜绝任何欺诈和误导消费者的行为。

同行之间公平竞争。不以低价倾销或大肆降价销售等不正当手段，排挤其他经营者，占领市场。不侵占或破坏他人的知识产权。

供货商（批发商、代理商、经销商、生产商）是零售商的合作伙伴。严格按照合同规定按时（定期）结算货款，取信于人。供货商严格按照合同要求，保证按时提供符合国家（省、市、自治区）质量标准要求的品，以维护企业信誉。

④服务真诚。服务，是百货商业企业生产力的重要组成部分，是其经久不衰的内在动力。坚持“以人为本、真诚服务”，想顾客所想，为顾客所为，悦顾客所悦，推崇“三无”服务理念（无微不至、无处不在、无可挑剔），实施全方位服务（全员、全面、全程），服务规范，语言热情，服务方式适度、自然，贴近消费者的需求。

⑤顾客满意。顾客是企业的上帝，是企业的衣食父母。顾客满意是衡量百货商业企业服务质量的最高标准之一。

售前，熟练掌握商品知识和业务技能，当好顾客参谋。

售中，尽量节约顾客购物成本，做到“三省”，即挑选商品省劲，结算付款省时，提运商品省心。

售后，必须是“我销售，我负责”。要有专人专职部门负责商品质量、服务质量和售后服务。

⑥环境优雅。购物环境必须整洁、美观，空间通畅便利，货品布局合理丰满，感觉舒适，空气清新，创造一种优雅的时尚购物空间。

提供的休息空间、卫生设施、标牌标识等安全便利。保障顾客在购物中的人身财产安全。

⑦创立品牌。品牌，是企业的一面旗帜、一种资产，是企业职业道德的有效载体。其实质是信用。通过创立企业品牌、服务品牌、员工品牌，造就一支高素质、知识化、现代型的员工队伍，为建设百货行业信用体系奠定基础。

企业依托劳动模范、服务明星、商品专家、技术能手等培育品牌，并将其由服务品牌向商品品牌延伸、转化，使品牌不仅成为企业职业道德的示范，同时还成为企业创造经济效益的源泉，推动企业各项效益的最优化。

⑧发展文化。企业文化是企业物质文明、精神文明的集中体现，是企业经营理念、管理制度、职业道德的沉淀和升华，是企业持续、全面、健康发展的恒久动力。发展企业文化，就是通过企业理念、企业规范，作用人、影响人、引导人、激励人，使企业不断进步。

二、努力践行职业道德规范

职业道德是适应各种职业要求而必然产生的道德规范，是人们在履行本职工作过程中所应遵循的行为规范和准则的总和。它包括职业观念、职业情感、职业理想、职业态度、职业技能、职业良心、职业作风等多方面的内容。

职业道德是整个道德体系的基本组成部分之一；职业道德也是直接影响社会生产的主要成份之一；职业道德又是社会关系中最先发生变化的内容之一。

那么，如何去践行职业道德呢？

1. 员工的职业道德是职工在长期的工作实践中形成和发展起来的。因此，员工职业道德建设要与工作实践紧密结合。一个优秀的员工，应该在工作中将自己的道德认识转化为道德行为，并逐步使其成为一种具有职业特点的道德品质。

职业道德的实践性说明，一个人没有置身于职业实践当中去，无论有多么美好的愿望和多么惊人的接受能力，对于职业道德的规范和内容都无从做起。当然，不是医生可以对于医生的医德做出善意的评价，但不是医生却无法把医德用于自身。

“在各行各业呼唤人才的当今社会，什么样的人才称得上是人才？”一位颇有成就的私企老板回答说：“很简单，能做好一件事的人就是人才。比如我要一位清洁工，她每天能把地打扫干净，能把卫生搞好，那么她就是清洁这一块的人才。”这个简单的例子告诉我们，从“做好”两个字细细地去分析，作为人才，不仅是能做事，也就是具备专业技能，还要具备职业道德。

2. 职业道德建设不要停留在口头上，要在行动上、在工作中显示出来。在教育不断发展的今天，会做事的人已经越来越普遍，人才市场已经由卖方转为买方，所以用人单位想找到一个能做事的人不是很难；但光能做事、会做事并不一定让人成为被委以重任的人。在安然公司里面，能做好会计事务的人每个都是，而且可称为专家，他们都具备能做事的条件。可是安然的财务欺骗，让世人都唾骂。

3. 要通过工作实践检验自身的职业道德水准，言行一致、不断提高。虽然职业道德大多没有实质的约束力和强制力，仅通过员工的自律实现，也没有确定形式，只体现为观念、习惯、信念等。但一个优秀的员工，应通过工作实践检验自身的职业道德水准，要做到言行一致、身体力行。比如，在工作中该保密的要保密，该讲奉献时就要乐于奉献。不能口头上讲“爱岗”，结果却心猿意马；讲钻研技术，结果却是得过且过。

总之，工作实践是人们道德品质形成的基础，离开工作实践，职业道德建设就成了无源之水、无本之木。

第三节 构建和谐环境

构建社会主义和谐社会，践行社会主义核心价值观是我们党对执政规律和社会发展规律的深刻认识，是对马克思主义理论的重大创新和丰富发展，是开创社会主义现代化建设事业新局面的重大任务。进入职场的大学生，要通过构建和谐的人际关系和工作氛围，为提升个人的工作业绩、逐渐走向成熟和自信创造良好的职业生涯环境。

一、构建和谐人际关系

人是世间最基本、最具活力，也是最可宝贵的要素。人在参加社会活动和生产实践的过程中，为了不断改善和发展自身物质文化需求的生存条件，就不断创新文明、完善制度、提高效率、修养道德，从而推进了社会文化的发展进步。通俗地说，人要生存，就必须参加生产与社会活动，而在参与各项活动的过程中，个体的人与人就交织为各种特定的群体关系。这种关系是其它各项关系的基础，在某种程度上又决定着其他关系的本质与社会特征。可以想见，如果没有良好和谐的人际关系，社会就会失度失衡，道德就会滑坡跌落，经济就会迟滞僵化，文化就会散失变异，自然也会缺耗不再。行为失谐，尚可挽正；人际失谐，百事无成。只有以良好和谐的人际关系为基点，才能圆润各种社会关系，化解各种现实矛盾，妥置社会各阶层存在及相互关系，建设人民群众日益向往的健康和谐的美好社会。

人的自身和谐虽为人际和谐奠定了必要基础，但真正实现人际关系的和谐并不是一件容易的事情，而是伴随着人际关系和谐不断推进社会和谐的一个长远的历史过程。静心一想，目前有不少社会矛盾、经济坎坷、利益纠纷、思想颓废等不和谐问题，深究起来，正是人际关系的不和谐或直接、或间接、或演变、或激化造成的。这些问题是枝蔓、是表象，根源是人——决定于人的自身素质。人际关系的不和谐，本质上是利益关系的不和谐，而利益关系的不和谐将会制约并诱发人际关系的不和谐，还将在人与自然的关系中失去理性的选择与和谐。

建立良好的人际关系，首先要尊重别人，允许别人不完美，接纳别人与自己的不同。从本质上来说，人和人都是差不多的。即使有差别，也仅仅是量上的差别而已。我们要接纳差异的存在，瞧不起别人和瞧不起自己都是不对的。在交往中，要尊重别人，对别人的缺点要多一份宽容和理解。金无足赤，人无完人。既然我们自己是不完美的，又怎能苛责别人?

其次是待人真诚、自然，不装模作样、矫揉造作。真实、真情和真诚是良好人际关系的法宝。待人真诚，就要敞开心扉，袒露情怀；就要敢讲真话，对于自己的缺点，也不藏着掖着。在交往中，举止言谈得体、大方，表情、动作、语调、用词非常自然，就会给对方以好感。相反的话给人的第一感觉就是虚假，其次是不沉稳、素质低或者可笑。

以上两点是建立良好人际关系的基本原则，但在人际交往中还有许多具体技巧需掌握。

1. 重视良好第一印象的建立。在人际交往中，能够与我们朝夕相处从而了解我们的人毕竟较少。在与别人的短暂接触中，双方的第一印象很重要，对交往的继续与否有决定性的影响。怎样表现自己才能给对方留下良好、深刻的印象呢？卡耐基总结出了六条途径：①真诚地对别人感兴趣；②微笑；③多提别人的名字；④做一个耐心的听者，鼓励别人谈他们自己；⑤谈符合别人兴趣的话题；⑥以真诚的方式让他们感到自己很重要。

2. 主动热情。主动是一种礼貌礼节，有"礼"走遍天下；主动是一种尊重，而尊重是相互的。热情是一种较强烈而深厚的情感，它是推动和鼓舞人们前进的一种力量。有同学认为："先向别人打招呼，不是低看了自己吗？""我向他打招呼，他要不理睬我，那多难堪。"实践证明，我们主动交往得不到相应理睬的情况极少，除非对方对你积怨太深。即使对一些"傲慢"、"古怪"的人，我们自然、亲切地打招呼，他也会对你"另眼相看"。对于极少数不接受善意的人，不选择他或抱以相同态度就可以了。

3. 学会赞美别人。希望得到别人的注意和肯定，这是人们共有的心理需求。赞美是最能满足这种需求的。学会赞美别人，首先要时时留心身边的人和事，多发现别人的优点，真心实意地赞美你周围的人；其次要把握分寸，赞美得恰如其分，切忌"吹捧"、"夸张"。

4. 积极的自我暗示。不少同学在与人交往时，由于在交往中不够自信，特别关注别人是如何评价自己的，心情轻松不下，言语动作、表情姿态不自然，从而影响了双方的继续交往。那些害怕与人交往的同学，应该经常给自己积极的心理暗示，如对自己说："我是受欢迎的人，我准行！""我又没有做过什么见不得人的事情，有什么可紧张的"，在头脑中把自己想象成一个良好的交际者。这样的心态会使你在与人交往时轻松坦然，挥洒自如。

5. 善于找自己与别人的共同点。有些同学在交往中，不善于找自己与别人的共同点，常常带着偏见。有时候，只听别人讲几句就不愿再听下去了，尽管后面的内容很精彩；有时候，一听谈话内容就觉得没劲，不知道别人正需要了解这方面的信息；有时和一个人第一次交往觉得合不来，以后就躲得远远的，殊不知对方还有另一面。针对这些现象，要做到耐心、细心，不要匆忙就下结论。两个人的交往需要慢慢磨合，耐心地寻找和等待，你就会发现双方的共同点。

6. 善于共情。即"善解人意"，指一个人体验到他人的内心感受，就好像那是自己的内心感受一样。也许做到这一点很难，但只要我们平时多从对方的角度来思考问题，设身处地地为他人着想，就可以不断提高自己的共情能力。当遇到危机（譬如"非典"）或特殊情况时，如果别人采纳了和自己不同的行为反应，要去理解和倾听他们，不要一味地进行道德谴责和情感批判。

二、构建和谐工作环境

社会是由许多元素构成的，诸如人、家庭、单位等，在倡导的构建和谐社会的今天，首先要搞清楚什么是和谐社会？所谓和谐社会是指整个社会处于和谐、安定、稳定的状态，大家相互尊重，平等友爱，团结互助，扶贫济困而形成的人与人、人与社会，人与自然及自然界内部之间诸多要素相互兼容，稳定有序，协调动作，是共同发展的社会。作为一个人，要构建一个和谐的家庭，作为一个单位就要构建一个和谐的工作环境，家庭和睦幸福、工作舒心顺畅，那么我们的社会不就多了一份和谐的音符吗？

你常常会听到上班族的人发出这样的感慨：工作烦死了，心太累了，环境太复杂了等等。是的，复杂的人际关系严重制约着工作的创造力，这种现象显然是不和谐的，那么如何构建和谐的工作环境呢？这就要处理好同事间的关系。

首先要相互尊重。尊重他人，就是尊重自己，尤其是尊重他人的人格和尊严格外重要，因为人格和尊严是人际关系的核心位置。同事间共处，相互尊重这是构建和谐环境的准则，上下级相处也要遵守这一准则，因为作为个体的人，每个人都从心理上都非常渴望得到别人的尊重，如果上级能以一种平易近人的态度去尊重下属，既展现了你良好的风度，又拉近了与下属的距离，同时更会赢得下属对你的敬重。尤其是下属能受到你真正意义上的尊重，他的内心会充满感激，从而激发出工作创造力。要不，怎么会有古语：“士为知己者死”的感言呢？反之，你盛气凌人，颐指气使，霸王作风只会遭到众人的反对，事与愿违。

其次要相互关爱。相互关爱是相互尊重的情感升华。有一首歌唱得好：“只要人人都献出一点爱，这世界将变得更加美好”。其实从人性的角度讲，每个人都希望得到他人的关爱，尤其在遇到困难和挫折时，心灵总渴望得到一些抚慰。关爱他人是一种美好的情操和品德。乐于帮助他人的人，走到哪里都会受到别人的欢迎和尊敬。反之，自私自利，漠视他人疾苦的人，必将也是一个孤独的人。大家相互关爱，它会让你觉得世界的美好，生活的美好，也更加完善你的品格。

要相互理解。工作中难免有所误会、冲突等，倘若我们能心平气和的相互沟通，相互理解，也许事情的结果也就没有想象的那么糟。为什么我们会发出“理解万岁”的呐喊，什么事都能站在对方的角度想一下，工作上的协调性就会加强，工作的效率就会提高。所以要大力提倡团队精神，合作精神，这里面就有一个相互理解的内容；反之，各自为政，相互拆台，既伤了和气和身体，又妨碍了工作的开展。

工作中大家在一起就是一种缘分，相互尊重，互相关爱，彼此理解，这无疑就在构建一个和谐的工作环境，融入其中，就会身心愉快，工作顺畅，从而也激发了团队的工作创新力和战斗力。

第四节 发挥专业特长，创造性地工作

要做到爱岗敬业，就要虚心向老前辈学习，深入实际踏实工作，发挥个人专长，大胆创新;勇于向社会学习，不断积累人生的阅历，融入新的工作和生活环境中。在不断变化的社会、工作及生活环境中，只有正确理解和认识环境的转换，为自己的职业生涯做出灵活而符合实际的调整，才能够做到与时俱进，不断进步。

一、虚心向老同志学习，尽快熟悉掌握工作

在你工作的环境中，在你的周围，一定会存在许多的老同志老前辈，他们或是你的上级，或是你的同事，或是你的朋友，或是你的师傅，不管是什么样的角色，他们身心上的优秀品格和精湛业务及对组织文化及社会、人文的深刻理解，都是值得去关注和认真学习的。老同志一般会具有以下几个方面的优势：

1. 丰富的阅历和深层的组织文化认知。老同志在长期的组织工作和生活中，已经积累并总结了许多成功的处事及工作经验和技巧，对整个组织的价值观及工作原则、同事间和上下级间的关系等均有深刻的认识和理解。多与他们接触，注意观察和总结他们的言谈举止，可增强自己适应并融入组织的能力，缩短进入角色的时间。

2. 处理复杂人际关系的技能。老同志的阅历和组织文化理解力，使得他们在面对复杂且微妙的人际关系时，显得十分从容，其对人际关系的艺术化处理成为学习的典范。如在面对上司的明显不合理、不符合实际的安排时，是直接给予拒绝，还是接受并从另一个角度或以实证来让上司意识到自己的失误，及时调整决策呢？对一位老同志来讲，他可能就会选择后者，不仅回绝了领导的错误安排，又赢得了上级的好感。

3. 精湛的业务能力。多年的工作经历和学习积累，老同志大多对自己的业务十分熟悉，总结并掌握了许多工作技巧和处理突发事件的反应能力，这对迅速提升自己的业务能力提供了许多机会。在处理好与老同志的关系基础上，经常虚心向他们学习，接受他们的指导和培训，对尽快掌握核心业务能力，提高自身的业务素质，十分必要。

4. 良好的品格和成熟的心里。大多数的老同志在心里上都十分成熟，具有优良的传统和优秀的品格，他们的沉稳、善于思考，对社会和工作负责的态度，敢于承担责任，对年轻一代的影响非常大。要学会思考，学会总结，传承他们身上的优秀品质，学会他们的稳健性格，让他们身上的闪光点在自己身上延续。

诚然，对老同志身上的弱点，如保守，缺乏一定创新及过分谨慎、不愿放权等，要给予理解，多学习他们身上的优点，让自己在他们的引领下快速进步。

二、结合实际，发挥专业特长，创造性地工作

由于历史的、现实的、主观的、客观的原因，非重点大学的毕业生在社会职业的选择上常常处于劣势。由于一些用人单位抱有偏见，甚至明确宣布“只要211工程学校”，从而给广大非重点大学的学生择业就业带来了很大困难。事实上，无论专业知识积累还是动手能力，非重点大学的学生往往与名校生毫不逊色，甚至某些方面比其还更胜一筹。因此，必须充分认识自身的特点，清楚自己的长处和弱点，在求职择业过程中扬长避短，发挥自身的优势。

如果你运用语言词汇的能力较强，在语法、造句、阅读能力等方面表现出色，可以从事文字整理、编辑、翻译、播音员以及教育、接待洽谈等工作，如果你在形象思维能力以及思考问题的细致、周全上具有优势，可以去做形象设计等方面的工作。如果你知识较全面，并能广泛听取各方面的意见，又善于与他人合作共事，你可以从事机关和企事业单位的管理工作。如果你习惯在相对单调乏味的条件下仍能孜孜不倦地长期工作，耐心持久，态度认真，有较强的工作责任心，你可以在资料整理、图书情报、档案管理等工作中很好地发挥自己的优势。对每位同学来讲，其专长各有不同，参差不齐，其形成也并不是短期的，而是一个长期学习、积累和锻炼的过程，这就给每一位即将走向社会的大学生提出了更现实的要求:要想在以后的就业中取得成功，功夫在于平时，在于学校期间抓住所有的机会，在挖掘自身潜力的基础上，重点去培养自己的某方面专长，体现自己的个性化，才能增强在未来人才市场上的竞争实力。

比如，有些同学性格稳重、内敛、爱好专研，内心细腻，则要突出自己的这方面特常，打好理论基础，积累丰富的专业知识，做好将来向研究院所、教育及社会组织或企业的科研部门等相应岗位就业的职业规划;而有些同学性格活泼，善于沟通交流，善于洞察人的内心活动，喜欢挑战和变化的环境，则要在打好专业基础的同时，做好向销售、社会服务、管理、律师等职业方向就业的规划，在职业岗位上进一步发挥个人的专长。只有正确地认识自己的条件和素质，并做出适合自身条件的职业选择，才会取得成功。

三、向社会学习，融入新的生活

1. 细节决定成败。随着社会的不断发展，企业对人才的考察已不仅仅停留在专业、技能、经验方面，二是同时考虑人才的性格、合群、创新能力，注重细微工夫。有些大学生求职者不能真正领会“勿以恶小而为之，勿以善小而不为”的古训，导致求职败北。奥泰斯电子有限公司的一位员工在接受采访时说:“员工接听电话时，如果讲话不小心，就有可能丢掉客户”，类似的现象，在企业发展中屡见不鲜。为减少企业管理的失败成本，选择人才时注意细节考察，顺理成章。

2. 突出自己的优势。应届毕业生与社会人士相比，自有其不足之处，但未必所有环节都居人之下。如果在求职过程中能将自己的性格特征、专业优势、鲜明亮点表现出来，或许能让用人单位耳目一新，“万花丛中一点红”，被录用的可能性就会增加。卓越典范企管顾问公司

陈志嵘在谈到自己的招聘经验时说:"相当多的应届生，因不擅长总结自己的优点、不能发现自己的长处，导致求职失败者比比皆是。"相关资料统计表明，应届毕业生因为不能突出自己的优势特长而失败的比率超过77%，不能不说是个沉痛的教训。

3. 乐意从基层干起。许多从事人力资源管理工作的HR表示，他们的企业并不是不需要招聘应届大学毕业生，而希望通过输入新鲜血液的方式改变后备人才不足的困境。可因招聘到的绝大多数应届大学毕业生不愿到基层接受必需的锻炼，使得企业在百般无奈之下忍痛割爱，找些学历、专业、悟性并不如应届大学毕业生的初高中生做学徒或培训干部。我国高校教材编写专家邹金宏表示:"万丈高楼平地起。如果应届大学毕业生不愿到基层接受锻炼，会有哪家企业敢冒风险，将项目交给一个几乎没有驾驭风险能力的新手呢?"如果应届生要想成为企业的顶梁柱，在社会这所大学中，还需到基层去吃苦。

4. 拥有感恩的心。企业使用应届生是需付出一定代价的。可有些应届大学毕业生进入企业后，往往因为一些琐事闹别扭，甚至与企业分道扬镳，签订的劳动合约犹如一张废纸。为人要讲诚信。现在有些大学生，似乎视诚信如粪土，没有上班之前信誓旦旦，而上班之后往往心猿意马。没有一门心思用在企业里，倒更多关注哪里会有更适合自己发展的地方，时刻准备跳槽。某外资企业的老板说:"不要埋怨我们不聘用应届生，而是对他们的心态抱怀疑态度。如果拥有一颗感恩的心，真正同企业生死与共，在日趋激烈的社会环境中，难道我们有人才不要不成?"

5. 自信创造奇迹。自信是创造奇迹的灵丹妙药。可是一些应届毕业生在求职时，往往担心自己缺乏实际操作经验而无法在所应聘的工作岗位前表现十足的信心，导致企业不得不拒之门外。有一点想告诉涉世不深的求职朋友:企业确定招聘没有社会经验的应届生的时候，就已在其培训计划与资源配置方面做了相应的安排。万事俱备，只欠雄心。用你的信心去征服即可!

即将走出"象牙塔"，走上工作岗位，要实现由一名学生到一名"职业人"或"企业人"的转变，大学生必须调整心态，树立积极正确的观念，才能尽快适应社会，有所作为。

A. 客观全面评价自己:

大学毕业生大都自视较高，在走出校门之前，大都有"天高任鸟飞，海阔凭鱼跃"的想法，有创造一番业绩的宏大抱负，但对社会生活的估计往往失之于简单和片面，他们的理想目标不是建立在客观条件之上，而是建立在"理想"之上，一旦遭遇挫折，很容易产生不安或不满情绪，失去竞争的勇气。其实，社会是一个万花筒，其中既有好的、有利于人发展的一面，又有不好的、不利于人发展的一面。作为大学生，只有正视现实，接纳现实，正确地了解、认识自己，恰当地评价自己，将主观愿望与客观实际结合起来，才能站稳脚跟，找到真正改造世界创造业绩的切入点。

B. 主动调整生活节奏:

结束了宿舍——教室——图书馆三点一线的学校生活，来到了一个生活节奏全然不同的新环境，只有主动调整自己的生活节奏，才能尽快适应新环境。首先，要适应作息时间的变化。早上睡到九点，下午三点起床的“九三学社”生活方式千万要不得了。如果你是在医院、部队、公安等单位工作，还要适应三班倒或夜间值勤的规律。其次，由于南北方的生活习性、饮食结构、风土人情等差别，还要学会调整原来的生活习惯，培养新的生活习惯，顺利度过异地生活关。再者，要学会安排自己的业余生活。在学校里课余有作业，晚间有自习，周末有丰富的文化活动;参加工作以后，业余时间的学习和文化生活，主要靠自己来支配、安排，不善于支配自己的业余生活，同样很难适应新环境。

C. 了解环境进入角色:

社会好比是一个大舞台，每个人都有自己的角色位置。毕业生进入新单位后，首先应该认清自己在工作环境中所承担的工作角色以及这个角色性质、职责范围，弄清楚工作关系中上级赋予自己的职权和自己承担的义务。只有这样，才能尽心尽力地去扮演好自己的角色。如果角色意识淡漠，一意孤行，我行我素，该请示的擅做主张，该自己处理的事务不敢做主或推给上司、同事，势必会与新环境格格不入。

D. 完善自己知识结构:

一个大学毕业生在学校学到了许多专业知识，这是因为学校培养的是专门人才;而实际工作中碰到的问题往往是综合性的，涉及到跨学科、多领域的知识。你是学工的，领导要你写一篇新闻报道或调查报告，动起笔来你会感到很吃力;你是学新闻的，到工厂、科研单位采访，会因自然科学知识贫乏、科技专业术语不通而力不从心。社会需要的是“通才”、“复合型人才”，要使自己胜任工作、适应新环境，必须根据工作需要不断补充学习新知识，完善自己的知识结构。总之，走向社会的大学毕业生必须明白，社会不会再象家长和老师一样，欣赏你的天真清纯。社会要求你遵守规则，社会期望你劳动、贡献。社会与自然一样奉行一条法则:适者生存。

四、正确看待“跳槽”现象

人才流失，是企业心头难言之痛，如何吸引人才，留住人才，现如今已经成为用人单位永远的课题。

对于企业员工来讲，一个适宜、安全、和谐、愉快的工作环境，是每个人都梦寐以求的。一个单位能激发工作热情，能给就业者一个展示自己才能的机会，在某种程度上可以补偿薪酬的不足，正所谓“士为知己者死”。然而，在市场经济条件下，企业员工时时刻刻在朋友、同学、领导、同事、不同企业之间做着全方位的比较。如果处在一个非良性的工作环境中，势必造成员工在事业、工作、生活等方面产生一种挫折感和失败感，即:事业没有前途，工作失去价值，生活不能满足需要。为了改变处境，“跳槽”就成为一些员工的唯一选择，结果是导致企业大量的优秀人才流失，企业原本不足的技术力量更加弱不禁风。综合分析，造成“跳槽”的主要原因有以下几个方面:

一是个体利益最大化驱动。俗话说:人往高处走，水往低处流。追求更多的物质利益享受，满足更高层次的精神愉悦，是每个人都有的内在需要。在市场经济条件下，拥有特定的知识和技能的人才，对于最大限度地满足自己的物质和精神需要的要求日益强烈，他们期盼和呼唤所获取的利益与自己的优势相一致。即使他们对自己目前的工作环境已经感到比较满意，一旦出现更好的地方，有的人仍然会舍掉芝麻去捡西瓜。对个体而言，"跳槽"是很正常的现象;但对企业而言，必须经常关注和研究"跳槽"现象，分析企业技术人才的离职率是否达到警戒值。当企业内的高级技术人才离职率较高时，就应当警惕"跳槽"已经不再是某一个体行为而是群体行为，很可能是企业自身有了真正的问题，让这部分员工感到不满。

二是不公平待遇政策。无论什么类型的企业，其员工大致可以分为三类:管理人员、技术人员和操作人员。其中，管理人员和技术人员是企业建设的骨干力量。如果把企业比作一头雄鹰，则管理人才和技术人才好比这头鹰的翅膀，同等重要。但许多企业在实际管理中对管理人才和技术人才给予差别对待，重视管理人才，轻视技术人才，拔高管理人才待遇，将技术人才视同普通员工。对管理人才和技术人才的不公平对待，比较突出地反映在薪酬和生活待遇方面。如高级经营管理人才实行年薪制，享有高额车补、无限制通信等服务，在住房、医疗方面享受高规格待遇，可以评定和聘任高级专业技术职务，并享有高级专业技术职务津贴;而高级专业技术人才却相差甚远，实行普通的岗位技能工资制，住房医疗等待遇规格低得多。概括为一句话就是，技术人才享有的，管理人才可能全享有;管理人才享有的，技术人才却可能享受不到。然而，就薪酬而言它具备两个基本功能，一方面保障员工基本生活所需，另一方面激励员工努力工作。所以，不公平的薪酬待遇政策，不仅起不到激励作用，反而会大大挫伤员工的积极性。

三是缺少发展机会。技术人才多属于事业型人群，有着较高的获得专业成就的欲望，在工作中他们期望能拥有更多的培训机会、晋升机会和创业机会，努力使自己的职业生涯能够趋于完美。在不重视技术创新的企业，这对于技术人才几近于一种奢求。企业常常只重视为管理人才提供轮训机会，而为技术人才很少提供类似的条件。虽然国家也要求对技术人员开展继续工程教育，但往往主要依靠技术人才的自学完成专业技术知识更新。企业管理人才有比较宽广的职务晋升通道，可以纵向沿着科员、副科长、科长、副处长、处长、副总师、副总经理、总经理的职务阶梯步步攀高，也可以横向在不同的部门或公司任职。技术人才的职务晋升相对狭窄得多，仅有技术员、助理工程师、工程师、高级工程师、优异高级工程师五个职务级别。同时，企业出于各种因素考虑和受限于现状条件，不能够给技术人才提供一个优良的创业环境，让技术人才以各种形式自主地开发新项目、新课题。种种不利于技术人才发展的因素，让技术人才看不到自己在企业的发展前途。

四是激励措施不力。有的企业吸引不到技术人才，留不住技术人才，并不是由于对技术人才不重视的因素，只是受限于现实条件制约，企业无法或没有能力对技术人才采取诸如提供高薪酬、提供诱人的职业发展机会、给予重金奖励等有成效的激励手段。再有，有限的技术研发投入不能合理支出，在对做出成果的技术人才奖励时采取人人分杯羹或者领导挂帅一条龙式的分配做法，对真正付出辛勤劳动的技术人才造成了抹不去的伤害。如此还怎么能让技术人才心甘情愿地为企业贡献自己的才智呢？

对于很多新人来说，到一家公司不是为了赚到多少，而更多的是要问自己学到了多少。对于一些资深人士来说，寻找一个适合自己发展的平台则显得至关重要。但是，不可否认，“跳槽”对于职场人士来说也有其消极的一面。首先，要“跳槽”就要花费一定的时间和精力来找另一份工作。其次，当你找到另一份工作后还要用一段的时间来熟悉环境和工作程序，另外，如果你是离开原来的工作然后再找另一份工作的话还要支出在找工作期间的所有费用。客观地讲：现如今人才市场虽待聘职位很多，但真正适合各类人才的职位并不多。所以“跳槽”者应冷静规划自己的职业生涯，对自己有个正确的理解和定位，切忌盲目乱跳，要谨慎行事。

俗话说：“树挪死，人挪活。”适度跳槽也有好处。

对个人的好处，是可以增强人的竞争意识，学到新的本事。跳出原先的“槽”后，要能找到更为理想的岗位，必须刻苦学习，深入钻研业务知识，以求能够适应新的需要。这样，无形中就树立了他们的竞争意识，也使他们学到新的本领。一位职介所管理员说，近来接连接待几名中年求职者，问及其技能，往往是“单打一”。这样，可以为他介绍的单位、岗位就相当有限了。为什么不能像年轻人那样怀揣几张“证”呢？原来，他们以前从未跳过槽。所以，年轻时适度跳槽，多学几门本事，有利于日后从容再就业。

对单位的好处，是可以通过人才的竞争推动企业的发展。一个优秀人才进来，会触动整个环境。谁都不甘落后，员工都处于竞争环境里，他们就会自觉地爱岗敬业，在岗位上就能不断地做出业绩来。这也正是企业发展的重要动力。

当然，跳槽要讲究一个“度”。如果从适度变成了频繁，那么会使人心浮气躁，不能安心工作，达不到发展自己的目的，最终会因为碌碌无为而遭到淘汰。

目前，越来越多的人开始尝试跳槽，他们中的很多人都找到了更适合于自己的工作，但也有一些人未能如愿以偿，甚至觉得每况愈下。造成这些结果的原因是多方面的，其中一个重要因素就是跳槽时的心理状态陷入了误区，主要表现为这几种：

A. 冲动心理：有些人由于一些突发事件，如未获得期望的奖励，与同事、上级发生争执，被人误解等，决意要离开现单位，全然不顾所付出的代价。事实上，这些人所关注的并不是将要加入的新单位，而是要尽快摆脱目前的工作环境。这就难免造成他们在挑选新单位时显得过于急切。他们往往抱有“不管新工作如何，先离开这里再说”的想法，很显然这种情况下是很难一下子找到合适的工作的，不得不屈就某处。即使以后有了更好机会而另谋他职时，也已浪费了不少时间和精力。

B. 盲从心理：有些人选择工作并非根据自己兴趣及个人能力特点，而是随波逐流，哪种行业热门就转向哪个行业。其实，行行出状元，不同的工作虽然整体看来有收入、社会地位、工作条件等各种区别，但对于每个人来说，最重要的是工作要适合自己。

C. 攀比心理：择业时以别人的工作为标准，想方设法为自己找一个符合此标准的职业，这个标准可能会是收入、住房福利、出国机会、管理等级等。这种心理的危害是片面强调单方面因素而忽视其它重要方面。

D. 犹豫心理：在做出是否跳槽决定时表现出犹豫不定，不知是否应该冒险舍弃目前的工作。抱有这种心理的人一方面对新工作很感兴趣，另一方面又害怕放弃原来的工作会带来太大损失，他们患得患失，反复权衡，难以从大局出发，立下决心。这样的心理往往会导致两相权衡时莽撞从事，而最终错误做出转换工作的决定。

从以上列举的情况可以看出，不管是哪种心理误区，其根源都在于不能对各方面信息进行全面细致、主次分明的考虑。想要成功地跳槽，就需要对主、客观两方面因素加以认真分析、把握，再加上科学的决策方法，这样才能抓住良机，把握人生。

一、思考题

1. 大学毕业生在初次就业时应实现哪几个方面的角色转换，主要内容是什么？
2. 职业道德规范的概念
3. 简述学生的职业道德规范。
4. 结合自身的专长，阐述如何践行职业道德规范？
5. 大学毕业生在初次就业时应实现哪几个方面的角色转换，主要内容是什么？
6. 职业道德规范的概念
7. 简述学生的职业道德规范。
8. 结合自身的专长，阐述如何践行职业道德规范？
9. 和谐环境包括哪两个方面，主要内容是什么？
10. 老同志自身具有哪些优点，怎样向他们学习？
11. 何为“跳槽”，你是怎样看待“跳槽”现象的？
12. 讨论：为尽快适应社会环境，我们应该向社会学习什么，怎样学习？

二、实战演练

小王毕业后，通过应聘进入一家服装厂工作。他的上司是一位40多岁的中年妇女，平时对员工很苛刻，经常强迫大家加班加点，小王组织几个新来的员工捉弄她，看她的笑话。小王的做法对吗？如果你遇到这样的上司，你会如何处理？

参考资料1

人际关系和谐交际的10个“音符”

卡耐基说过:“和谐的人际关系是一笔宝贵的财富。”那么,我们怎样才能拥有这笔财富呢?换言之,我们应该如何来奏响人际关系的和谐乐章呢?下面是人际交往中应当遵守的10条基本原则,也是和谐的交际不可或缺的10个基本“音符”。

一、平等

生活在现实中的每一个人,无论职务高低、知识多寡、性别不同,在人格上都是平等的。因此,在人际交往中我们绝不能把自己高抬一寸,把别人低放一尺,有意与对方“横着一条沟,隔着一堵墙”,给别人一种“拒人于千里之外”的感觉。如果在交际中出现以权压人、以势压人、以强凌弱,把自己看得高人一等,把别人看得一钱不值,那就根本不可能有人人平等,不可能有和谐相处的人际关系。

二、尊重

渴望受到尊重是每个人的基本心理需求。在人际交往中,我们对所有的人,不管其地位高低贵贱,都应该给予应有的尊重。我们不仅要尊重他人的人格、他人的个性习惯、他人的权力地位、他人的情感兴趣和隐私,还要尊重彼此存在的外显或内在的心理距离,不要轻易地去突破它、破坏它,否则就是对通与的冒犯,势必造成对方的戒备、反感和疏远。

自尊心是人的心灵里最敏感的角落,一旦挫伤一个人的自尊心,他会以十倍的疯狂、百倍的力量来与你抗衡。其实做到尊重别人并不难,有时只需一个微笑、一句问候、一声敬称、一双善于倾听的耳朵、一张不刨根问底散布流言蜚语的嘴巴,就会给别人的心情带来阳光和温暖,当然也会为您自己带来真挚的友谊与和谐的交际。

三、沟通

央视著名节目主持人白岩松曾说:“每个生命都需要表白。”那么,与表白如影随形的便是人际关系之间的沟通。只有沟通,才能让别人了解自己,同时自己也才能了解别人;只有沟通,才能不断增进彼此的理解,从而减少或避免一些不必要的误会和摩擦。越是不作沟通,越是有意设防,就会越难使人心达到交融。沟通需要主动,一味地等着别人与自己沟通,等不来“好人缘”。能沟通不等于会沟通,善于沟通者知道根据不同的对象、场合、采取不同的交际方式,懂得“到什么山,唱什么歌”。沟通总是与口才紧密相连,口才能为你的沟通铺平顺畅的道路,能帮你的交际书写和谐的华章。

四、宽容

天下没有两片相同的树叶,也没有两个完全相同的人。俗话说“尺有所短,寸有所长”,人的性格、特长各有差异,在处理人际关系中不能强求一致。人与人要和谐相处,就要有求同存异、相互谅解、不求全责备的宽广胸怀。既然我们自身都不完美,我们又怎能苛求他人完美无缺呢?在人际交往中,我们对他人的要求不要过分,不要强求于人,而要能让人时且让人，能容人处且容人。人非圣贤，孰能无过？一旦对方犯了错误，我们也不要嫌弃，应给他提供改过的宽松条件，原谅别人的过失，帮助别人改正错误。“海纳百川，有容乃大”，古语又说，“水至清则无鱼，人至清则无友”，在工作和生活中，人们总是喜欢和那些宽容厚道的人交朋友，正所谓“宽则得众”。

五、欣赏

希望得到别人的注意和肯定，这是人们共有的心理需求，而欣赏正是满足这种需求的一种交际方式。人际关系大师卡耐基说：“避免嫌弃人的方法，那就是发现对方的长处。”因此，在交际中我们应抱着欣赏的心态来对待每一个人，时时留心身边的人和事，多发现别人的优点和长处。赞美是欣赏的直接表达。有道是“良言一句三冬暖”，一句真诚的赞美往往可以给别人也给自己带来好心情。学会发现别人的长处并由衷地赞美吧，这是促进人际关系和谐的“润滑剂”。

六、换位

在现实生活中，我们总是习惯从自己的主观判断出发为人处世，因而常导致一些误解的发生。所以，要达到彼此的认同和理解，避免误会和偏见，我们就要学会“换位思考”。所谓“换会”，即俗话说的“板凳调头坐”，就是要善于从对方的角度和处境认知对方的观念、体会对方的情感、发现对方处理问题的个性方式。只有设身处地地多为别人着想，才能够最大限度地理解别人，从而找到相处的最佳途径、解决问题的恰当方法。孔子有言，“己所不欲，勿施于人”，意思是自己所不想要的，不要施加到别人身上，说的就是这个道理。也正如一位哲人所说：“你希望别人怎样对待你，你就先怎样对待别人。”因此，交际中只要少一点自以为是，多一点换位思考，就会少一些误解和摩擦，多一些理解与和谐。

七、弹性

一个人的人际关系不和谐，原因可能是多方面的，其中往往与他交际方式太死板，不留余地有关。因此，我们需要在交际中建立一个“弹性隔离带”，使自己、对方、甚或双方都能获得更大的回旋空间，以减少或避免一些不必要的摩擦或伤害。比如说，在答应别人时，不要总是那么言之凿凿，一旦自己因客观原因无法兑现，岂不给对方以“言而无信”的印象；在拒绝别人时，不要总是那么生硬地一口回绝，不妨先答应考虑一下，给自己留点回旋的空间，以便到时候“进退有据”；在批评别人时，不要一味地高声大嗓，如果是在公众场合，最好点到为止，照顾一下对方的自尊；与人争论或争吵时，不要口不择言地说些“过头话”“绝情话”，这不仅会严重伤害对方的感情，而且也往往使双方难以“下台”；在请人帮忙时，不要直接让对方按你的要求去做，一旦事情不该办或对方无能为力，难免会造成尴尬的僵局，等等。大量实践表明：为自己的交往增加些弹性，给自己和他人都留些余地，有助于你的人际关系更加和谐。

八、诚信

孔子说：“人而无信，不知其可。”诚信是无形的“名片”，关乎一个人的形句和品质。在现实生活中不少人“一切向钱看”，不讲诚信，连自己的亲朋好友都敢蒙骗，由此使得人际之间信誉度降低，严重损害了人与人之间的关系的和谐。面对诚位的缺失，光是呼唤是不够的，我们每个人都是建设诚信大厦的砖瓦，需要我们从自身做起，从身边的一件件小事做起，如：不要失信于人，对别人有求于我们的事，我们一旦答应了就要尽全力去办。如果确因客观原因无法完成，就应向人家解释清楚，求得对方的谅解；要尽可能本色地做人，不要总是带着一副假面具与人交往，虚对委蛇；不要抱着“没有永远的朋友，只有永远的利益”的想法，以一种“利用”的心态与人交往，甚至做出“过河拆桥”的卑鄙之举；防人之心固然不可无，但也不必处处设防，总是用一种怀疑的眼光来看人，须知猜疑是人际关系的暗礁。只要我们每个人都以自己的实际行动恪守诚信，相信诚信之火定能成燎原之势，到那时和谐的人际关系何愁不能建立？

九、合作

当今社会，人与人之间的竞争日益激烈，但这并不意味着合作变得可有可无。相反，随着社会分工的精细和工作内容智力成分比重的增加，许多工作不再依靠个体力量来完成，而要依靠团队合作来实现。一个人即使本领再大，是块“好铁”，但充其量又能打几颗“钉”呢？因此，合作是人际交往的基本准则，一个善于交际的人必定是个善于合作的人。在合作基础上竞争，在竞争基础上合作，是人际交往的基本态势。如果只讲竞争不要合作，那么竞争必定会不择手段的恶性竞争和无序竞争，人际关系的和谐也将无从谈起。所以在人际交往中，我们应予对方多一些支持，少一些拆台；多一些协商，少一些固执；多一些沟通，少一些封闭。只有这样，我们的人际关系才能少一些紧张与摩擦，多一些温馨与和谐。

十、互惠

在现实生活中，人与人的关系之所以会出现不和谐的音符，产生一些矛盾和摩擦，其中就与一方某方面的利益受损有关。因此，要有效化解矛盾，消除摩擦，就不能太自私、“吃独食”，而应坚持“互惠”，追求“双赢”。比如：在交际心态上，不要只想自己享受，不让别人舒服，更不能以置对方于死地为后快；考虑问题时不能只为自己着想而不为他人考虑，只顾眼前的利益而不考虑长远的利益；在双方意见不能统一时，可跳出“思维定势”，谋求一个折衷方案；对利益有争议时，双方要坐下来诚恳协商，必要时不妨都做出一定的妥协。人际关系要达到和谐，必须保持一定的平衡，任何一个好的关系都是双方受益，如果一方长期受损，这种关系是长久不了的。在交际中，只要我们肯让自己先退一步，肯把对方用面子给足，肯在自己的底线上留有一定的弹性，肯与通与利益共享，共谋发展，那么，就一定能取得沟通的最佳效果，也一定能使人际关系变得更加和谐。

参考资料2

中国石油天然气股份有限公司员工职业道德规范

中国石油天然气股份有限公司(以下简称“公司”)为规范全体员工的职业道德行为，维护公司利益，根据国家法律、公司上市地监管要求和公司章程，制定本规范。

一、本规范适用于公司总部机关部门、专业分公司、地区分公司及全资子公司的全体员工。公司控股子公司参照执行本规范。

二、公司全体员工必须遵守的职业道德规范：

(一)认同公司精神及宗旨，践行公司核心经营管理理念。公司员工要发扬“爱国、创业、求实、奉献”的企业精神，贯彻“诚信、创新、业绩、和谐、安全”的核心经营管理理念，实践“奉献能源，创造和谐”的企业宗旨。热爱本职，忠于职守，熟练掌握职业技能，自觉履行职业责任，注重工作效率。保护公司的合法利益。

(二)禁止参与可能导致与公司有利益冲突的活动。主要包括以下方面：

1. 公司员工不得私自占有应当属于公司经营活动范围的机会;不准利用公司财产、信息或地位谋取个人利益。

2. 公司员工不得在与公司有竞争关系、与公司利益有冲突或有冲突可能的公司、单位以任何身份任职，不准从事与公司有竞争的活动。

3. 公司员工不得接受可能影响商务决策和有损独立判断的有价馈赠。也不能允许其亲属或第三人接受该类馈赠。员工在商务活动中可以交换非现金礼节性纪念品，但不能因此影响业务正常往来。严禁为商务目的而以任何手段向政府官员提供、给予或承诺给予金钱和其他有价值的物品。公司员工代表公司购买商品应遵循公司的采购政策，在业务往来中不允许进行贿赂、收取回扣或其它诱惑。

4. 公司员工必须遵守公司关于商业秘密保护的有关规定，不准泄露或擅自使用任何与公司相关的保密信息。

5. 公司员工及亲属，不得违反章程规定收购公司资产、接受公司所提供的贷款或贷款担保。

(三)公司员工要忠诚于公司，诚实守信，反对出于任何目的的欺骗、作假行为。

(四)公司员工要继承弘扬中国石油优秀的职业道德作风。保持说老实话、办老实事、做老实人，严格的要求、严密的组织、严肃的态度、严明的纪律的优良传统。

(五)公司员工要遵守公司经营业务所在地区的法律、法规，遵守公司上市地有关监管规则的要求。

(六)公司员工在经营活动中，要公平对待公司的客户和供应商，赋有管理领导职权的员工，还要公平公正对待所管理领导范围内的所有员工。在履行职责和对外业务交往中，不得有损于公司公平廉洁声誉。

(七)公司员工在业务运作中，要严格按照有关规章、制度条款执行，保证公司的各项业务记录准确、清晰。严格禁止在业务中舞弊、弄虚作假或其他不良行为。

（八）公司员工在一切经营活动中，应当树立保护公司资产并使公司资产用于合法目的的业务意识，依法保护公司资产，确保有效使用。

（九）公司员工有权利和义务向公司监察部报告本人和他人违反国家法律、公司内部管理规定及本规范的行为，公司对报告人予以保密，任何人不得打击报复。

三、公司员工要严格遵守本规范。公司员工违反本规范的任何行为，除依照国家法律、上市监管地规则进行处理外，公司监察部、人事部可以根据有关文件规定对其处分直至解除劳动合同。

四、公司监察部根据公司管理层的授权对公司员工遵守本规范进行监督，公司企业文化部负责本规范的实施和解释。

五、本规范自印发之日起施行。

✻第十一章　自主创业开出一片新天地✻

☆本章旨要

自主创业是自己开辟工作环境的与就业模式相对的一个工作形式，是自主创业者用自己的劳动和社会资源获得财富。我国曾有过三次自主创业的高潮。中国第一次自主创业高潮，是在改革开放初期(1978～1985年)间，以无业人员为主，通过前期积累，小商品贸易，获得了改革开放的第一批领头人;第二次自主创业高潮是1990～1996年，以国家公务人员离职创业为主，以科技等高素质人才为主;第三次自主创业高潮是1999～2005年，以互联网行业的兴起为标志和“下岗”潮的影响，互联网技术的兴起与普及，是互联网行业创业的基础，还有一部分人群是由于国企改制，减员分流，导致一部分人失去工作而被迫进行创业。现在又迎来了第四次自主创业的高潮，第四次自主创业的主体是大学毕业生。大学生曾有过自主创业值得骄傲的历史；为了适应当前经济和社会发展的需要，大学生自主创业更具有重要的现实意义和深远影响。对一名没有社会经历的大学生来说，自主创业要面对和解决一系列困难和难题，国家为鼓励大学生自主创业出台了一系列政策措施，大学生要结合自身的专长和优势，选择自主创业的有效途径，艰苦奋斗，勇往直前，就一定能用智慧和汗水开出一片新天地。

第一节　自主创业的意义

了解大学生创业的历史，根据国家和地方鼓励大学生自主创业的有关政策，参照国外大学生创业的做法，正确认识自主创业的意义和必要性，树立自主创业的时代感和紧迫感，为走出创业的第一步做好心理准备，是新形势对大学生提出的新要求。

一、大学生自主创业的历史回顾

在上世纪九十年代初期，我国的大学生毕业开始实行“双向选择”后，即大学生自主择业和用人单位录用结合的就业机制，大学生就业开始逐步走向市场化，国家逐步对大学缩小并取消包分配的政策，适应社会发展要求，大学生就业实现了公平、公开竞争的新格局。

伴随着大学生就业机制的改革，我国的人事制度也发生了深刻的变革，“国有”、“铁饭碗”、“吃皇粮”等传统的思想，逐渐被时代所淘汰和遗忘；“自主择业”、“人才市场”、“劳务市场”或“就业中心”、“再就业”、“创业”等新名词代表了新时期的人才和就业、创业观念。在这场对中国人来说意味着脱胎换骨的变革中，我们悄然发现中国的经济、中国人的观念也发生了巨变。中国的大学教育和大学生毕业生在新世纪迎来了空前的扩张和自主就业选择的新时代。伴随着高等教育的繁荣，我国的大学生就业压力也日渐显现，人才培养不对口、高教水平参差不齐、虚假文凭及盲目扩招、人才市场对专业需求的不确定性等一系列问题，以及90年代末期，我国经济发展出现的严重通货膨胀，经济发展持续下滑，失业严重，提供的就业岗位越来越少，使得国家教育部及人力资源社会保障部等不得不面对大学生就业问题的深刻思考和创新。

正是在这样的背景下，2002年以后，国家开始陆续出台了一系列鼓励大学生自主创业的指导政策和扶持政策，包括：自办各类公司在申办、税收及资金方面的优惠和扶持、到农村做村官、到西部及偏远地区工作、对暂时未就业人员给予一定期限的标准补助、提供相关专业的岗前的培训指导、就业指导等等。在国家鼓励和扶持大学生创业的政策引导下，我国出现了大学生新的创业潮，全国各大中城市，陆续建立了各种规模的创业园，一批批创业企业先后发展壮大，如北京的中关村等一批典型科技创新型的园区快速发展，为推动经济的发展、促进就业、提高大学生的创业积极性起到了很好的示范作用。

面对新世纪全球经济一体化的形势，面对人才流动的全球化趋势，更多的海外留学人员回国创业，他们拥有的先进理念、掌握的先进技术和高涨的创业热情在一定程度上带动了国内大学加入到创业大军中去的热情。创业实际是一种全新的就业方式，是把握主动权，充分发挥大学生自身专长，在实践中打造自己的是好方式，在一定的风险下，积极主动去创业，可为自己的事业成功抢占先机。

二、自主创业是时代向大学生提出的新课题

在全国就业形势严峻的情况下，大学生自主创业的出现，宛若“柳暗花明又一村”，不仅在大学校园一石激起千层浪，在教育理论界也引起轩然大波。结合我国经济发展实际和人才科学流向、合理分布的原则，对这一新生现象，社会给予了充分的肯定。

1. 大学生自主创业的涵义。大学生自主创业就是改变就业观念，利用自己的知识、才能和技术以自筹资金、技术入股、寻求合作等方式创立新的就业岗位，即毕业生不做现有就业岗

位的竞争者，而是为自己、为社会更多的人创造就业机会。在绝大多数人的观念中，从小学到大学毕业最关键的问题是找到一个工资高、地位稳定的职业，然而社会现有的岗位是有限的，如果他们无所事事地等待就业机会的到来，将是智力资源难以估计的损失。因此，大学生与社会力量合作，与家庭合作，与同学合作创造属于自己的产业或社会新的产业，不仅是一种可能，而且也是一种必需。

2. 大学生自主创业的社会基础

①目前我国就业市场现状。我国经济自 1997 年下半年以来社会总供求关系发生了历史性转折，通货紧缩替代通货膨胀，生产资料价格总指数已连续下降，其他如国际收支、经济增长率等指标均表明我国通缩状况正在加剧。“中国经济面临的最大难题就是劳动就业问题”开始成为现实。城镇有近 1 亿失业及潜在失业人口，农村还有 1 亿以上过剩劳动力。同时，劳动力增长水平也不低，国民经济总体的劳动生产率也在提高，使得劳动市场就业压力持续增大。

再看看人才市场，虽然我国仍属高等教育不发达、人才稀缺的国家，但在长期计划经济体制下，高校毕业生大多流向国企、事业单位，近些年才出现选择三资、私企、民营等非国有部门，而在政府减员增效、高校扩招、非国有经济形式发展不容乐观的形势下，社会对人才的需求增长越来越低。人才市场供大于求的矛盾日益突出起来，造成不同经济发展阶段教育与就业的矛盾。这时，能够提供给知识劳动者合适的就业机会较少，出现“知识失业”。解决失业危机，西方经济学家一贯主张政府采取财政金融政策扩大国内需求以增加就业机会。我国政府为此通过调整个人所得税、增加工资、征收利息税等方式刺激内需，但效果不大。一定时期内通货紧缩并无大改变，依靠政府创造就业机会来解决人才市场供需矛盾，短期内可能性不大。

②大学生自主创业迎合了产业发展转向“知识经济”的趋势。随着知识经济在中国逐渐萌芽，经济增长对人才的需求也渐渐由过去的简单型转向复合型，由知识型转向技能型。高新技术产业、第三产业和民营经济将是人才需求新的增长点。但从全国经济发展的产业结构来看，包括研究与发展、教育、信息及高技术产业在内的知识产业在国民经济中的发展水平即知识产业发展度仍然很低。如果美国现有水平为一个发展标准 1 的话，我国只有 0. 26，还不及美国上世纪 50 年代的水平。这与中国经济发展的历史起点有关，但劳动者素质低也是重要影响因素。鼓励大学生自主创业，打破传统大学生委尊就屈的人才高消费现象，使有可能从事知识技术产业的从业人员比例大大增加，刺激知识产业发展度攀升，从而使稀缺的人才资源发挥较高的使用价值，尽可能避免人才资源因分布不合理将产生的边际效益。

3. 大学生自主创业的教育基础

①大学教育培养模式的改变。全面素质教育的改革思路已经深入人心，许多大学围绕这一人才培养模式，结合自己的特点在校内展开讨论，几乎所有的高校经过讨论都把培养大学生的创新精神放在了非常突出的位置。清华大学于 1997 年底开始的历时 2 个多月的大讨论，

被称为清华“近年来的一次教育思想革命”，它的第一个突破口就是实行创造性培养计划；上海交大在办学要求“起点高、基础厚、要求严、重实践”的基础上，强调创新精神和创新意识。该校叶取源副校长指出：“今天的大学生如果不能以自己的创新成果为社会做出有益的独特贡献，就算不上一位优秀大学生。”正因为学校从上到下达到了这种共识，高度重视创新人才脱颖而出的良好氛围，从而为大学生科技创新、科技创业提供了难得的良机。

②自主创业的校内尝试。良好的校园环境下，雨后春笋般破土而出的大学生科技社团催生、助长了大学生科技创新、科技创业活动，这无疑为大学生自主创业提供了实习环境。“全国大学生电脑大赛”、“全国数学建模比赛”、“全国高校企业管理案例分析挑战赛”等各种赛事频频出台。这里需要特别谈到的是由清华大学首开先河的“大学生创业计划大赛”，它不同于一般专业比赛的地方在于，本赛事借用风险投资的实际运作模式，要求参赛的学生围绕一项具有市场前景的产品或服务，经过深入研究和广泛的市场调查，完成一份把产品推向市场的完整而又具体的商业计划，同时创造条件吸引投资，推动商业计划走向市场。

在1998年首届“清华大学生创业计划大赛”拉开帷幕才3天，报名人数就达200多，历时5个多月的大赛活动共有45个参赛小组提交了51份完整的创业计划。而后，上海、南京、广州等地一些高校纷纷效仿，并得到不少企业的赞助和支持。这种与众不同的实践活动让学生们不仅检查了自己所学的专业知识，更考验了他们对中国市场的了解度和设计、分析、预测等市场生存能力。

4.大学生自主创业需要解决的问题

①毕业生是否具备自主创业素质。在高校改革实施全面综合素质教育的大环境下，大学生除了学好应用性学科和英语、计算机等工具性学科，还要拓宽知识面，学得博，学得深。同时注重培养独立的思维方式，勤于思索，善于多维观察问题，善于创意，并对中国经济发展态势保持一贯的敏感性。特别强调的是创业大学生要有勇气，有胆略，有信心，敢于艰苦奋斗，他们的价值才易于被市场认可。如果遭遇简单的打击就放弃的话，自主创业对他们将永远是一个可梦不可及的幻想。另外，自主创业不等于独立创业，它需要团体合作，需要多方面的扶持，这就要求大学生学习和掌握一定的组织和协调能力。这一点，红桃K集团执行总裁黄立平与清华大学学生在谈创业时说：“有些企业是凭胆量干起来的，但现在凭胆量在知识经济中没有优势，一定要靠知识，靠创意，靠一批人的良好合作，大家来形成一种产业或者说通过某种产品去占领市场或创造一个市场，这才有广阔的前景”。

②高校要导入创业教育。高校除了举办阶段性、局部性的创业大赛，还要想方设法导入创业教育。单凭少数学生自我培养，自我实践锻炼，难以使大学生自主创业形成规模，形成气候，有时也缺乏科学的指导。在印度，高校十分注重培训学生自我创业的意识和企业家精神，其教育内容涉及企业方方面面，如产品设计技术、质量管理、销售、资金筹措、人际关系、商业法规及政府的有关法律章程等。这些作法值得我们借鉴，以系统培养大部分学生具备自主创业的基本知识和技能。

③政府支持和社会关心。首先政府要鼓励更多的毕业生创办自己的小企业或与他人合作创办地方需要的小型车间、工厂和服务部门，为走向农村市场的大学生提供一定的土地优惠使用权，如同等承包者优先考虑大学生。某些具体需要如户口、档案等问题能够给予关注。其次大学生自主创业一个最大的难题是资金问题。少数大学生有一定积累基础，但大部分学生毕业时都是“身无几文”，他们迫切需要资金扶持，渴望有关部门和企业按照国际惯例给予他们风险投资，共谋发展。华中理工大学新闻学院96级学生李玲玲因多项发明获国家级奖励被称为“点子姑娘”，其中“高杆喷药器”、“防撬锁”引起美国、新西兰及国内哈尔滨、江西、山东等10来个国家和地区的厂家进行拟购专利与合作。李玲玲与本校经济、法律、机械、计算机、管理5个专业的同学组成了创业小组，得到北京世博公司10万元的风险投资，并由世博公司协助为其办理有关工商执照，无偿提供一间办公室和一部电话。像世博公司这样的企业具有前瞻性风险投资意识，也可以理解为对大学生自主创业的支持。

大学生自主创业发生在中国市场经济体制还未完善的背景下，经济大气候的低落也势必影响到“势单力薄”的大学生。然而像每一个新生事物都难以避免种种阻碍并最终冲破阻碍一样，大学生自主创业也必将战胜重重困难成为新世纪蔚为大观的新气象。

三、党和国家积极鼓励大学生自主创业

大学生如何以创业带动就业，早在2009年2月15日，国务院办公厅发出通知说，高校毕业生创业可享受4项优惠政策，包括免收行政事业性收费、提供小额担保贷款、享受职业培训补贴、享受更多公共服务等。之前的“两会”上不少代表委员建议政府继续鼓励大学生“试水”自我创业，各级政府应给予一定数额的大学生创业扶持资金，激发大学生创业热情。

据人力资源和社会保障部统计资料显示，全国普通高校2015届毕业生达到750万人，另外还有近两年沉积的未就业高校毕业生，2015年大学生就业压力很大。全国多个省市都公布或已实施了针对大学生自主创业的政策措施，照亮了很多学生的就业之路。

——国家提供优越的创业平台：

针对大学生创业初期资金难的问题，国务院的通知明确要求，在当地公共就业服务机构登记失业的自主创业高校毕业生，自筹资金不足的，可申请不超过5万元的小额担保贷款；对合伙经营和组织起来就业的，可按规定适当扩大贷款规模；从事当地政府规定微利项目的，可按规定享受贴息扶持。

除了国家贴息小额贷款政策，目前全国多个省市都公布或已实施了针对大学生创业的政策措施。上海市工商局出台了《关于鼓励创业促进就业的若干意见》，其中第一条尤为引人瞩目：毕业两年内的高校毕业生，投资设立注册资本50万元以下的有限责任公司，可“零首付”注册，自公司成立之日起两年内缴足注册资本。

——创业培训提供实用有效的服务：

天津创业培训指导中心开办的创业模拟公司项目培训，在天津财经大学开课后，以各大

中专院校学生为主要受训群体，融合创业理论与创业实践，兼容或灵活对接各类创业培训课程，创业教育与模拟实战课程并可转换为学分。“模拟公司”从公司注册到企业经营都与现实中的公司一样，只有产品的交付、货币收支是虚拟的、数字化的。在这次模拟公司创业实训中，应届毕业生占到六成以上。

不仅在天津，其他省市也相继开办了针对大学生的创业培训。在广东，“万名高校毕业生创业服务计划”即将启动，广东省劳动和社会保障部门每年将为1万名有强烈创业意愿和创业潜能的大学毕业生提供系统的、个性化的创业培训服务。

四、国外大学生创业的做法

不同国家的高等教育体制、历史沿革及民族文化的差异，经济发展水平的差距，直接影响了各国大学毕业生的就业及创业。纵观全球的大学毕业生，都面临着同一个问题:就业的岗位与大学毕业生专业和数量的失衡。这就使得国外大学生，尤其是欧美等西方发达国家的大学生同样在积极选择自我创业这样一个新的就业途径。

在西方发达国家的较规范的市场体系、经营管理水平及法律法规政策的背景下，在其特有的西方文化的影响下，国外大学生喜欢自主创业或从事挑战性强的工作的数量明显高于发展中国家。现列举欧美国家大学生创业的一些做法，供大家参考。

1. 将校内的个人发明创造作为走出校门后的创业的技术支撑。欧美国家的高校中，定期举办的各种大学生个人发明创造或技术创新设计活动或各种创业设计竞赛，为大学生们提供了展示自己才能的机会，很多同学在这种环境中培养了自己的创造热情，开发设计了很多新奇的产品，有的发明设计甚至还申请了专利保护，这就为他们今后的创业提供了很好的项目来源。

2. 信息及服务产业的个性化投资。许多国外大学毕业生把创业兴趣集中在与互联网及信息技术相关的产业、对外服务等行业上。这样的产业的投资额较小，更多的创新和个性化服务。如美国二位大学生创办了一家专门收集家庭搞怪照片及活动的网站，短短几周后，点击率超过几百万次，为自己带来了良好的商机，吸引了当地一家较大的公司的关注并与其开展业务合作，从此迅速崛起。

3. 利用手中的专利或项目，寻求与风险投资公司的合作，借助风险投资资金解决资金难的问题，使得自己有机会将专利或发明创造实现产业化。也有的大学生会采取与其他投资机构或投资人合作的方式，开办公司或开发某个项目，寻求主动创业的机会。

国外大学生的创业热情，与所在国家的文化及教育体制，经济发展水平、大环境的影响密不可分。创业是值得提倡和鼓励的，但切忌盲目。国内外的环境和学生的创业基础差异很大，只有确定了明确的目标，在作好了充分的资源、政策及运作能力的基础上，抓住时机，充分论证，才能取得创业的成功。

第二节　国家对自主创业的扶持政策

我国自2002年以来，在鼓励大学生自主创业方面，先后出台了一系列扶持、指导政策。从大学生毕业后的创业手续的办理、落户政策的放宽、办理各类公司的手续的简化、限制的减少及税收优惠等方面来促进和支持大学生自主创业。特别是近年来鼓励大学生到农村、到西部去就业和创业、到民营企业去工作等政策并提供相应的就业或创业补贴，扶持和解决创业初期所面临的困难。同时，各地也纷纷在国家创业政策的指导下，出台了一系列创业优惠政策，为大学生创业给予了更加切合实际的帮助和引导。

国务院办公厅及有关部门，近几年来制定了一系列相关政策，鼓励毕业生各种渠道、各种形式就业，支持毕业生自主创业。2002年3月国务院办公厅转发教育部等部门《关于进一步深化普通高等学校毕业生就业制度改革有关问题意见的通知》（国办发[2002]19号）中明确规定："鼓励和支持高校毕业生自主创业，工商和税收部门要简化审批手续，积极给予支持。""从事个体经营和自由职业的高校毕业生要按当地人事管理部门的规定，到社会保险经办机构办理社会保险登记，交纳社会保险费。""到非公有制单位就业的高校毕业生，公安机关要积极放宽建立集体户口的审批条件，及时、便捷地办理落户手续。"

2003年5月，国务院办公厅在《关于做好2003年普通高等学校毕业生就业工作的通知》（国办发[2003]49号）中规定："鼓励高校毕业生自主创业和灵活就业。凡高校毕业生从事个体经营的，除国家限制的行业外，自工商部门批准其经营之日起1年内免交登记类和管理类的各项行政事业性收费。有条件的地区由地方人事管理部门确定，在现有渠道中为高校毕业生提供创业小额贷款和担保。"

2003年6月，财政部、国家发展和改革委员会联合下发《关于切实落实2003年普通高等学校毕业生从事个体经营有关收费优惠政策的通知》（财综[2003]48号），为切实落实国办发[2003]49号文件精神，鼓励高校毕业生自主创业和灵活就业，提出了六项有利于高校毕业生自主创业的政策规定。

2003年6月，劳动与社会保障部在《关于贯彻落实国务院办公厅关于做好2003年普通高等学校毕业生就业工作的通知若干问题的意见》（劳社部发[2003]14号）文件中，明确规定："各地劳动保障部门要认真总结近几年来开展创业培训工作的经验，积极组织面向高校毕业生的创业培训，并与就业指导、咨询服务、后续扶持有机结合起来。充分利用各级劳动保障部门远程创业培训网络和创业培训的项目，集中开发一批适合高校毕业生的创业项目库，搜集一批创业信息，为高校毕业生创业提供帮助。"

2003年6月，国家工商行政管理局在《关于2003年普通高等学校毕业生从事个体经营有关收费优惠政策的通知》(工商个字[2003]第76号)文件中，就高校毕业生从事个体经营、灵活就业和自主创业，制定了一系列有关收费优惠政策，促进高校毕业生自谋职业、自主创业。

2003年6月，共青团中央、教育部、财政部、人事部联合下发《关于实施大学生志愿服务西部计划的通知》(中青联发[2003]26号)，为鼓励大学毕业生到西部地区工作和创业制订一系列优惠政策，以多种形式引导毕业生到西部地区工作，满足西部开发对人才的需求。文件中规定了激励表彰和经费保障政策，并鼓励大学毕业生自主创业。

2003年9月，国家发展和改革委员会下发《关于鼓励中小企业聘用高校毕业生搞好就业工作的通知》(发改企业[2003]1209号)，鼓励高校毕业生自主创业。明确规定各有关部门要加强对高校毕业生自主创业的辅导，开展多渠道、多层次的创业培训活动，帮助他们树立主动创业的精神，掌握企业经营与管理知识，提高捕捉商机的本领和处理问题的能力。高校毕业生从事个体经营和创办企业的，任何部门不得在法律、行政法规之外设置其他登记类前置性审批条件。高校毕业生在各级中小企业管理部门组织的创业基地内设立企业的，除国家限制的行业外，自工商部门批准其经营之日起1年内免交创业基地收取的各项行政事业性收费。列入全国中小企业信用担保体系试点范围的担保机构，应当优先为高校毕业生创业活动提供小额贷款担保。

《中华人民共和国个人独资企业法》的正式实施，规范了个人独资企业行为，拉动了社会就业，同时也有利于大学生自主创业。国家出台的这些政策，为大学生自主创业创造了良好的外部环境。

2008年8月，原国家劳动和社会保障部发文，要求各地劳动与社会保障部门为到基层创业的高校毕业生提供创业培训、开业指导、咨询服务等“一条龙”服务，并配合有关部门对从事个体经营的高校毕业生实施免征登记类、管理类和证照类各项行政事业性收费的政策，同时积极促成小额贷款担保或贴息补贴政策的落实。

国办发〔2008〕111号文件规定:毕业2年以内的普通高校毕业生从事个体经营的，要按有关规定，自其在工商部门首次注册登记之日起3年内，免收管理类、登记类和证照类等有关行政事业性收费。

国务院办公厅2009年初转发人力资源社会保障部、发展改革委、教育部、工业和信息化部、财政部、国土资源部、住房城乡建设部、商务部、人民银行、税务总局、工商总局《关于促进以创业带动就业工作的指导意见》，强调指出，各地区、各有关部门要通过政策支持和服务保障，优化创业环境，鼓励和扶持更多劳动者成为创业者。

国办发[2009]3文件规定:对高校毕业生从事个体经营符合条件的，免收行政事业性收费。

近年来，为支持大学生创业，国家和各地区、各有关部门出台了许多优惠政策，涉及融资、开业、税收、创业培训、创业指导等诸多方面。对打算创业的大学生来说，了解这些政策，才能走好创业的第一步。

1.大学毕业生在毕业后两年内自主创业，到创业实体所在地的工商部门办理营业执照，注册资金(本)在50万元以下的，允许分期到位，首期到位资金不低于注册资本的10%(出资额不低于3万元)，1年内实缴注册资本追加到50%以上，余款可在3年内分期到位。

2. 大学毕业生新办咨询业、信息业、技术服务业的企业或经营单位，经税务部门批准，免征企业所得税两年；新办从事交通运输、邮电通讯的企业或经营单位，经税务部门批准，第一年免征企业所得税，第二年减半征收企业所得税；新办从事公用事业、商业、物资业、对外贸易业、旅游业、物流业、仓储业、居民服务业、饮食业、教育文化事业、卫生事业的企业或经营单位，经税务部门批准，免征企业所得税一年。

3. 各国有商业银行、股份制银行、城市商业银行和有条件的城市信用社要为自主创业的毕业生提供小额贷款，并简化程序，提供开户和结算便利，贷款额度在2万元左右。贷款期限最长为两年，到期确定需延长的，可申请延期一次。贷款利息按照中国人民银行公布的贷款利率确定，担保最高限额为担保基金的5倍，期限与贷款期限相同。

4. 各级人事行政部门所属的人才中介服务机构，免费为自主创业毕业生保管人事档案(包括代办社保、职称、档案工资等有关手续)2年；提供免费查询人才、劳动力供求信息，免费发布招聘广告等服务；适当减免参加人才集市或人才劳务交流活动收费；优惠为创办企业的员工提供一次培训、测评服务。以上优惠政策是国家针对所有自主创业的大学生所制定的，各地就业管理部门为了扶持当地大学生创业，也出台了相关的政策法规，而且更加细化，更贴近实际。了解这些优惠政策，会让大学生感受到国家和各级就业管理部门的支持力度，更加坚定创业的决心。

对以上国家对大学生自主创业的政策可总结为以下几个方面：

1. 可以获得小额担保贷款和贴息支持

——登记失业的高校毕业生自主创业，自筹资金不足的，可向当地指定银行申请不超过5万元的小额担保贷款；对从事微利项目的，还可获得贴息支持。

——自愿到西部地区及县以下的基层创业的高校毕业生，自筹资金不足时，也可向当地经办银行申请小额担保贷款；对从事微利项目的，可获得50%的贴息支持。

2. 免收有关行政事业性收费。高校毕业生从事个体经营的，且在工商部门注册登记日期在其毕业后2年内的，自其在工商部门首次注册登记之日起3年内免收管理类、登记类和证照类行政事业性收费。

3. 可以获得培训补贴。登记失业的高校毕业生，参加人力资源社会保障部门举办的创业培训，可享受职业培训补贴。

4. 可免费获得创业服务。有创业意愿的高校毕业生，可免费获得公共就业服务部门提供的创业指导服务，包括项目开发、方案设计、风险评估、开业指导、融资服务、跟踪扶持等内容。

各地为鼓励大学生自主创业出台的新政：

早在2009年1月7日，国务院召开常务会议，部署做好高校毕业生就业工作。会议指出，高校毕业生是我国宝贵的人力资源。面对当前国际金融危机蔓延、我国就业形势十分严峻的情况，必须把高校毕业生就业摆在就业工作的首位。

对于国务院常务会议确定加强高校毕业生就业工作的系列措施，并要求对企业招用非本地户籍普通高校专科以上毕业生，直辖市以外的各地城市要取消落户限制的举措。中国就业促进会的李燕萍副主任分析，这对于今后国家各级有关部门部署高校毕业生就业工作是重大利好消息。她表示，由于中央出台的利好政策要落实到地方需要一个过程，因此目前最紧迫的就是各地及时出台该政策的实施细则，及早落实这一政策，让今年更多的高校毕业生能够及早享受到这一政策。同时，落户限制的取消，将会使更多大学生拥有更宽广的择业舞台，使国家鼓励毕业生到中小企业和非公有制企业就业的政策能够落到实处。

北京：当时的崇文区自主创业贷款最高额度50万

原崇文区出台了由区劳动和社会保障局和区财政局联合制定的5项新政策，以促进该区创业工作，这5项政策在一定程度上覆盖了全市现有促进创业政策中的盲点。

据原崇文区劳动和社会保障局相关负责人介绍，这5项政策规定，崇文区的创业者可以得到最高50万元的贷款，且由区财政进行贴息。“而本市政策的贷款上限仅为5万元，同时19项贴息贷款项目规定严格，区里的贷款政策对市里没有涵盖到的项目进行了补充。”

为了促进创业者带动就业，该制度规定每5万元贷款需安置2名区内劳动力就业。制度推出后，已有两名创业者申请了50万元的贷款，正在审批过程中。

同时，新政策规定的贷款主体也有所增加。除失业、待业人员及创业大学生等，崇文区创业培训班的合格学员、创业者俱乐部成员以及区内已经开办企业的私营业主都可以申请该贷款。

此外，用人单位招用崇文区城市低保人员、零就业家庭人员，并签订3年及以上期限劳动合同的，在合同期内将给予最长不超过3年每人每年3000元的工资性岗位补贴。失业人员自主创业后再安置2名及以上的失业人员，并签订三年及以上期限劳动合同并缴纳社会保险的，在安置年度将给予一次性2500元的创业安置补助费。

根据教育部办公厅印发的《大学生职业发展与就业指导课程教学要求》的通知，陕西大多数高校都开设了就业指导课，并将自主创业教育作为一个教学单元对大学生进行授课，取得了一定的成效。陕西省要求各高校应把自主创业教育纳入就业指导课程体系，适当增加授课时间，加大对自主创业教育工作的投入，在人员、场地、经费等方面提供充分的保障。通过就业指导课和自主创业课程的开设，着重培养毕业生自主创业精神，强化自主创业意识，丰富自主创业知识，健全自主创业心理，提高自主创业能力，为毕业生提供更多的自主创业指导和后续服务。

同时，各高校应对有自主创业意愿并有一定自主创业条件的毕业生进行自主创业培训，帮助他们熟悉有关政策法规，了解小额担保贷款手续，掌握经济管理知识，提高自主创业能力，就业能力和职业转换能力，激发毕业生的自主创业激情，逐步实现自主创业。各高校应结合毕业生的实际合理确定培养内容，创新培训模式，满足各类自主创业人员的培训需求。

自主创业培训应与小额担保贷款、企业开发指导、企业发展服务、自主创业项目研究、市场前景调查、模拟自主创业实践等活动有机结合，努力提高自主创业培训成功率。有条件的高校可聘请财政、劳动保障、工商、税务等部门具有较高水平的专家组建自主创业培训联合体，负责自主创业培训的师资充实、政策咨询、业务指导及协调服务工作。

贵州:推新政鼓励大学生自主创业和自谋职业

为了鼓励自主创业和自谋职业，促进失业人员再就业，贵州省明确规定:毕业两年以内的普通高校毕业生、登记失业人员、残疾人和退役士兵可以在工商部门首次注册登记之日起，享受3年内免交管理费、登记类和证照类等有关行政事业性收费的优惠政策。

贵州省财政厅、物价局在联合出台的《关于贯彻落实对从事个体经营的有关人员实行收费优惠政策的通知》中明确指出，国务院以及财政部、国家发展改革委批准设立的收费项目，上述人群可以免交个体工商注册费、税务部门的税务登记证工本费、卫生部门收取的行政执法卫生监测费等六大项费用。

在贵州省政府相关部门对个体经营者设立的收费项目中，上述人群可以免交工商部门收取的验照费、经纪人佣金行政管理费、卫生部门收取的食品卫生监督检验费等五大项费用。据介绍，此次免费共计涉及10余个大项、30余个小项收费，将切实帮助高校毕业生、登记失业人员、残疾人和退役士兵等特殊人群的再创业。

辽宁:优惠政策助力大学生自主创业

为支持大学生创业，辽宁各级政府出台了许多优惠政策，大学生自主创业可享受到税费减免、贷款贴息、政策培训甚至无偿使用办公场地等政策。

毕业两年以内的普通高校毕业生，凡从事个体经营，自其在工商部门首次注册登记之日起3年内，免收管理类、登记类和证照类等有关行政事业性收费，并享受有关税收优惠政策。

只要持有各市人事局核发的“自主创业证”，并能提供足够的担保措施如不动产抵押等，即可申请为期两年的2万~10万元小额担保贷款，贷款人从事家庭手工业、种植业、养殖业、修理修配等30个微利项目的，贷款利息由财政全额贴息，展期不贴息。

辽宁各市共青团组织及中小企业服务中心等还面向大学生开展了免费创业培训课程，聘请有丰富实践和教学经验的教师及工商、税务部门的专家，讲授创业认知、市场营销、如何选择项目、如何选择经营地址及如何办理工商注册手续等课程。

此外，由辽宁省政府斥资1500余万元改建的1.1万平方米的省级大学生创业孵化基地，将常年提供创业孵化间80间，向每个入驻的大学生初创企业提供40余平方米的配有电话线、网络和简捷装修的办公经营场地，仅收取低廉的物业费用，并且辅以政策咨询、业务培训等各项扶持服务项目，1至2年待企业成长稳定后予以“放飞”。

福建:出台政策鼓励扶持高校毕业生自主创业

福建省针对该省高校毕业生总量继续攀升，用人单位吸纳毕业生能力下降等严峻的就业形势，制定出台了一系列政策鼓励和扶持高校毕业生自主创业。对高校毕业生从事个体经营符合条件的，制定了免收行政事业性收费、落实税收优惠、小额担保贷款和贴息等扶持政策；对毕业2年以内的普通高校毕业生从事个体经营的，自其在工商部门首次注册登记之日起3年内免收管理类、登记类和证照类等行政事业性收费；对于自主创业、灵活就业的高校毕业生，人事部门所属人才中介机构3年内免费办理人事代理，提供落户服务。

自主创业的高校毕业生可享受小额担保贷款和其他形式小额贷款贴息政策，贴息贷款额度最高5万元，由财政按中国人民银行公布的同期贷款基准利率上浮3个百分点以内给予全额贴息。同时依托团省委，设立大学生自主创业担保基金，为需要担保的异地创业高校毕业生提供担保服务。

福建省还将实施大学生“十百千万”创业助力计划。在全省建立10个高校毕业生创业培训基地，扶持100个高校毕业生创业项目，为1000名有创业意向的高校毕业生提供系统的创业辅导，组织1万名高校毕业生参加创业培训。建设完善一批大学生创业园和创业孵化基地，为高校毕业生创业提供“一条龙”服务。

青岛:大学生自主创业最高可贷20万

面对严峻的就业形势，青岛出台了《关于促进高校毕业生就业工作的意见》，多举措促进大学毕业生就业，拨款一千万元，设立“青岛市高校毕业生创业扶持资金”，扶持高校毕业生自主创业。高校毕业生自主创业的可申请小额担保贷款，贷款额度最高不超过5万元。对从事微利项目的，由同级财政据实全额贴息；两人及以上团队创业的可放宽到20万元。

同时，为进一步鼓励和引导高校毕业生面向基层就业。青岛加大“三支一扶”工作力度，拨款500万元，选拔七百名大学生到农村参加“三支一扶”服务。对优秀的“三支一扶”高校毕业生可由现在的三年服务期延长到六年。力争用三到五年时间，基本实现全市每个村、每个社区至少有一名大学生的目标。

此外，青岛还将建立“青岛市高校毕业生创业孵化基地”，鼓励和支持驻青高校利用自身资源优势，积极创建高校毕业生创业孵化基地。并将拨专款采取补贴的方式，逐步构建市、区(市)、高校多位一体的创业孵化体系。

第三节 大学生自主创业的优势

自创业先要从树立新的创业观念开始，要从培养和打造自己的创新意识、创业热情和信念上坚定自己的创业之路，还要理顺好与家长的矛盾、争取朋友的支持和理解，适应社会的复杂环境，充分发挥个人的专业优势，让自己的才能与国家及社会的支持紧密结合，让创业之路越走越顺畅。

一、摈弃陈旧观念，树立新的创业意识

随着大学扩招，毕业生的迅速增加，社会需求基本上保持再扩招前的水平，而用人单位大多希望是要有几年工作经验的“成手”，毕业生就业压力越来越大。面对这种形势，选择自主就业既可以为自己寻找出路，又是为社会减轻就业压力。当前，想要开始自主创业的人并不少，这方面的意识越来越明显，大学生们不再依赖家长、学校，而是主动发现、寻找机遇。

总结起来，以下 8 大理由是目前大学生想要自主创业的主要动机：

1. 偶像崇拜。比尔. 盖茨、张朝阳等人的名字在大学生中并不会陌生，他们的创业故事也为同学们津津乐道。作为偶像，这些人的经历给大学生提供了自主创业的经典，对未来的美好愿望，希望自己有那么一天也能向他们一样成就一番事业，出人头地。

2. “创业”本身就是一种职业。很多大学生认为创业本身就是一种职业，在就业高峰，给自己一片更广阔的天空，并且很多人都认为在今后的社会中，自主创业的人会越来越多，甚至成为就业的主流，成为大学生毕业后就业的首选。

3. 经济的要求。经济原因也是大学生选择自主创业的一个重要原因。在以经济建设为中心的大环境中，工作待遇是不得不考虑的一个重要因素，自主创业可能带来的就是良好的经济效益。

4. 替别人打工不如为自己打工。大部分选择自主创业的学生都是抱着这种心态，认为自己的事业，做起来会更有工作激情，更投入，从而更容易成功。这种成功是属于自己的；另一方面，就算失败，也是自己造成的，不会去怪别人，不会感到遗憾。

5. 实现自我价值。一些自我意识很强的学生，选择自主创业是为了通过这一途径来证明自己的能力，在一些单位由于多方面的约束，无法按照自己的想法来做事。创业可以有一个空间来发挥，来实现自我价值，得到社会的认可。

6. 无奈之举。当然，找不到工作也是毕业生选择创业的一个原因，特别今年是扩招后的第一个就业年，大量的毕业生涌向市场，一些人必然要面对的问题就是找不到工作或是短时间内找不到合适的工作，在这种情况下选择创业也是一种无奈之举。

7. 嫉妒。有的学生他们的中学同学或是朋友早就中专毕业或是早就下海，事业已小有成就，而自觉是大学生的清高心理促使其产生创业的想法，为的是“我要过得比你好”，虽然这并不是什么坏事，但不能否认，在一些想创业的人中，确实有这种心态。

8. 时间自由。对很多人来说，时间上的自由可以说是最大的动力。朝九晚五的工作时间不是每个人都能适应，如果自己创业，时间的掌握上就比较自由一点，这也是为什么现在出现自由职业者的原因。因为这个原因选择创业的学生都认为自我空间很重要，没有必要没有事还要守在单位里浪费时间，可以做更多自己想做的事情，如果有事，就算不睡觉也没什么。

自主创业需要各方面的知识积累，还需要社会经验和处理人际关系的能力，以及良好的心理承受能力和风险意识。自主创业的大学生有成功也有失败，并不是每一个人都适合自主

创业。有关专家建议，毕业生面对当前的形势，选择自主创业一定要多些理性。

——利用在校期间多学习。在校期间除了学习知识以外，还可寻找机会深入社会，了解相关行业的基本运作模式，学习管理知识，学会处理资源、信息。当前，在大学里老师还只能起到整体的引导作用，针对个体的引导比较少，这就要学生积极主动向相关专业老师请教。

——摆脱以往的创业误区。从以往情况看，大学生创业走的多是IT、高科技的路子，现在看来，这些行业留给毕业生的空间已经很小。因此，大学生创业时可适当“降低”身份，寻求其他发展空间，比如，在缺乏高素质人才的服务行业，刚毕业的大学生较容易能抢得先机。

——要有发挥他人聪明的智慧。要以包容、开放的心态与他人合作，善于站在别人的立场上考虑问题，这样才能获得自己利益的同时，照顾别人的利益。要有发挥别人聪明的智慧，让别人按你设定的目标前进，却丝毫没有被强迫接受的感觉。

（一）自主创业要过好“家长关”

在中国，即便是现在，几乎所有的家长在培养孩子成长的过程中，都有“忘子成龙”的传统观念，特别在家庭条件不好或没有任何背景的普通家庭的家长、农村学生的家长，这种观念更加强烈。孩子毕业后，他们都希望孩子能找到一个相对稳定、收入丰厚、有很好的职业或政治发展前途的工作，而不希望，甚至阻止学生自己创业或到农村、偏远山区去工作。面临着当前的沉重的就业压力，家长们也陷入了无奈和焦虑的境况中，既不希望孩子回到农村家乡，也不愿意孩子到西部去，但又无法帮助孩子找到合适的工作。在这种情况下，许多大学生都会坚定地选择自主创业或到农村当村官或偏远地区工作，必然会自己与家长发生矛盾，如何说服父母，得到他们的理解是十分重要和必要的。

1. 把当前的就业形势向他们讲清楚，逐步改变他们的传统观念是过好家长关的前提。在当前金融危机形势下，各国经济发展速度普遍放缓，甚至降低，我们国家也同样面临就业岗位减少，经济发展减慢的情况，让家长认识和理解当前的就业形势，并将国家的相关鼓励创业的政策传达给自己的父母，让他们进一步放心，争取得到他们的支持和理解。

2. 对于即将到农村或偏远地区工作的学生，做好家长的工作，争取他们的同意和理解，对减轻父母的心理负担，化解彼此的矛盾，也是十分重要的。在国家鼓励大学生自主创业或到艰苦环境锻炼自己的政策指导下，大学生有责任响应国家的号召，应该承担起新一代大学生的社会责任，要让自己有发挥和施展才能的机会。大学生也把自己的理想和国家政策结合起来，通过恰当的方式让父母认识和理解自己的这种举动，让父母周围的人理解自己的选择，为将来的择业排出心理和情感障碍。

（二）自主创业要过好“朋友关”

自主创业的决定，也可能会引起周围朋友的不理解或冷言冷语，因此，做好与朋友的沟通和交流，得到他们的理解和支持也是十分必要的。由于个体的差异，价值观及家庭背景的不同，自己的朋友可能会有不同的择业、就业选择。有的会找到优越的工作，有的会到自己家长创办的公司去工作，有的暂时找不到合适的工作，对这些朋友的不同选择，我们都要尊重他们不同的选择，而对自己的创业选择，同样也要以朋友的身份与他们交流，让大家理解和认识当前的形势，尊重自己的价值观和选择。更重要的是，通过这样的沟通过程，还能在一定程度上放松自己的心理压力，在赢得朋友的理解和支持后，并增强自信心，坚定创业的决心或到农村工作的动力，实现自己的人生价值。

(三)自主创业要过好“社会关”

社会是一个无围墙的学校，人的一生的大部分时间都要在这所“学校”度过，如何适应并融入到社会这个大环境中，是决定创业成败的关键。对影响创业的社会因素，主要包括宏观和微观两个方面。

在宏观方面，要在确定自己的创业目标后，尽可能去收集、整理、分析国家和地方的政策、法规、经济发展情况、消费水平及结构、行业及产业状况、税收及地方政策、区域文化和自然环境等，为自己的创业调研和分析，掌握充分、准确的一手信息。

在微观方面，要深入调研项目的技术的成熟度、市场前景、资金需求及机会成本、经营管理的难度、前期运作的费用、各项资源配置的方式等。

当然，要想完全适应社会，认识社会，经历是最重要的，这就要求在做好一定的心理和专业知识准备后，大胆尝试，勇于探索，以开放、包容的心态的走进社会，以乐观向上的精神去面对无数的挑战和失败，让自己早日成熟起来。

二、充分发挥大学生自主创业的优势

大学生的创业是指大学生新创公司或企业，自己是企业或公司的主人。专家指出，大学毕业生自主创业不仅解决了自己的就业问题，而且还给别人提供就业机会和岗位。对当代大学生来说，自主创业是一条光明之路，希望之路。

1. 当前的就业形势要求更多有条件的大学毕业生选择创业之路。劳动力过剩，就业难在我国是一个非常突出的问题。随着大学扩招，毕业生的迅速增加，而社会需求基本上保持在扩招前的水平，而且许多单位希望应聘者都能有几年的工作经验，毕业生的就业压力越来越大。面对这种形势，受过高等教育并具备一定创业能力的大学毕业生，选择自主创业既可以为自己寻找出路，又是可以为社会减轻就业压力。

2. 大学生自主创业面临着良好的环境。目前，从中央到地方到各个高校都热情鼓励，支持大学生毕业自主创业，各级政府为大学毕业生创业制订了一系列的优惠政策，各高校为大学生创业也积极创造各方面的条件，对有条件的大学生来说，自主创业已经具备了难得的机遇。

3. 大学生创业的路子相当广泛。许多大学创新意识强，有自己的专利或开发项目，创办高科技企业，是创业的一条理想之路。除此之外，还有许多创业之路可供选择，比如，一些毕业生运用自己的专长、特长，个人或合伙开办餐馆、书店等等，这些都属于创业的范畴。

4. 当然，先就业再创业也不失为明智之举。有些立志创业的毕业生或由于缺乏创业的经验，或由于缺少创业的资金，先加盟与自己创业目标相符的公司，经过一段时间的实践，积累了经验，积蓄了资金，在时机成熟的时候再独立创业，这对许多要创业的毕业生来说，也许是更理智、更稳妥的选择。

第四节 大学生自主创业行业选择和途径

大学生自主创业的主要途径，主要有：到非公有制经济体就业、到农村创办实体或工作、到西部偏远地区创业，结合自己的专业进行特色创业等。选择何种方式创业，关键是要立足自己的专长，充分利用自己身边的优势资源，包括人际关系资源，为自己找到合适的创业渠道。

一、到非公经济体就业

改革开放三十年，我国的民营经济迅猛发展，已占到国民生产总值的90%以上，成为我国经济发展的中流砥柱，同时也为解决就业，促进区域经济的发展，推动技术创新和产业进步，发挥了重要作用。民营经济的快速发展和扩张，也为解决我国大学毕业生的就业问题提供了大量的岗位，成为人才市场的主要需求者。为充分发挥大学生的专长，促进就业，适应不同的就业环境，支持民营经济的进一步发展，国家积极鼓励大学生到民营经济体去工作，充分发挥自己的优势，借助民营经济自身的灵活机制和充足的资源，让个人的价值得到体现。

相对国有企业和政府机关、事业单位，民营经济体，包括中外合资或外商独资企业也存在着一系列的问题，让大学生们在面向民营经济体就业时有种不稳定、不安全感，这是十分正常的。民营经济的最大弱势是，岗位设置的灵活性和人员的流动性，这使得许多大学毕业生进入民企后面临着不断换岗或跳槽的境况，对自己的前途堪忧，对自己的适应力和能力有所怀疑。对这个问题，要用长远发展的视角去认识，关键还在于适应这种文化，在压力下努力干出成绩来，以赢得企业老板的认可和信任。务实、负责、诚信和坚持是在民企取得成功的法宝。

应聘民营企业，对大学毕业生来说，也有因无工作经验而被拒绝的现象。但只要民营企业想真正想培养后备人才而不短期内满足某些岗位的需求，大学生就有机会进入民企工作，不要因为几次被拒绝而失去信心。总会有需要的民营企业在向大学生们敞开大门。

二、到农村创办实体

农村相对城市来说，经济发展滞后，人才严重匮乏，观念落后，生活环境艰苦，交通不发达。大学生到农村去工作或创业，就是要改变农村的现状，用自己掌握的专业知识，带领广大农民，充分利用当地的资源，创办实体，走向富裕道路。因受农村自然环境和相对落后的观念的影响，要想在农村创业成功，对刚毕业的大学生来说，并不容易。

艰苦的生活环境，首先就是一种挑战。对生长在农村的大学生来说，适应的要快一些；而对生长在条件较好的城镇的大学生来说，要想适应这种生活条件，确实需要一定的勇气和耐力。

改变农村落后的观念，并走向农民的生活，与他们心连心，获得他们的信任和支持，带领他们共同走向创富之路，却不是轻尔易举能够实现的。要求我们有长期扎根农村，以自己的实际行动为农民办实事，用自己的专长，发挥农村的资源优势，让他们真正尝到甜头，共建社会主义新农村。

近年来，许多大学生都选择了到农村去做村官，服务农民，向他们传播知识和先进的文化理念，与农民摸爬滚打在一起，带领农民一同致富，为农村建设做出了骄人的成绩，并因此而得到了职位的提升。他们的表率作用，应该成为大学生们学习的典范。

三、到西部偏远地区创业

西部地区因受自然环境和地理位置等因素的影响，经济发展一直滞后于东部地区，思想观念也相对保守落后。开发西部，扶持和推动西部地区经济的发展，是我国继建立经济特区，发展东南沿海经济主战场一系列经济振兴规划后的重要战略举措。鼓励大学生到西部偏远地区工作，正是国家为了更好地满足西部地区经济发展所面临的人才匮乏的现状而做出的科学决策。

西部地区相对中东部，生活和工作环境都比较艰苦，需要大学毕业生具有吃苦耐劳的精神，极强的环境适应力。西部地区对大学生来讲，有许多的创业机会，有国家的扶持政策，关键是要抓住时机，结合当地的人文和资源现状，将自己的优势与当地的资源有机结合起来，实现自己的创业理想。

四、发挥优势，特色创业

大学生自主创业方向在哪里？虽然，如今创业市场商机无限，但对资金、能力、经验都有限的大学生创业者来说，并非“遍地黄金”。在这种情况下，大学生创业只有根据自身特点和优势，找准“落脚点”，才能闯出一片真正适合自己的新天地。

方向一：高科技领域

身处高新科技前沿阵地的大学生，在这一领域创业有着近水楼台先得月的优势，“易得方舟”、“视美乐”等大学生创业企业的成功，就是得益于创业者的技术优势。并非所有的大学生都适合在高科技领域创业。一般来说，技术功底深厚、学科成绩优秀的大学生才有成功的把握。有意在这一领域创业的大学生，可积极参加各类创业大赛，获得脱颖而出的机会，同时吸引风险投资。

推荐商机：软件开发、网页制作、网络服务、手机游戏开发等。

方向二:智力服务领域

智力是大学生创业的资本，在智力服务领域创业，大学生游刃有余。例如，家教领域就非常适合大学生创业。一方面，这是大学生勤工俭学的传统渠道，积累了丰富的经验;另一方面，大学生能够充分利用高校教育资源，更容易赚到“第一桶金”。此类智力服务创业项目成本较低，一张桌子、一部电话就可开业。

方向三:连锁加盟领域

统计数据显示，在相同的经营领域，个人创业的成功率低于 20%，而加盟创业的则高达 80%。对创业资源十分有限的大学生来说，借助连锁加盟的品牌、技术、营销、设备优势，可以较少的投资、较低的门槛实现自主创业。但连锁加盟并非“零风险”，在市场鱼龙混杂的现状下，大学生涉世不深，在选择加盟项目时更应注意规避风险。一般来说，大学生创业者资金实力较弱，适合选择启动资金不多、人手配备要求不高的加盟项目，从小本经营开始为宜;此外，最好选择运营时间在 5 年以上、拥有 10 家以上加盟店的成熟品牌。

推荐商机:快餐业、家政服务、校园小型超市、数码速印站等。

方向四:开店

大学生开店，一方面可充分利用高校的学生顾客资源;另一方面，由于熟悉同龄人的消费习惯，因此入门较为容易。由于走“学生路线”，因此要靠价廉物美来吸引顾客。此外，由于大学生资金有限，不可能选择热闹地段的店面，因此推广工作尤为重要，需要经常在校园里张贴广告或与社团联办活动，才能广为人知。

推荐商机:高校内部或周边地区的餐厅、咖啡屋、美发屋、文具店、书店等。

五、服务创业

服务创业这种方式，对于即将毕业、缺乏社会经验和资金的大学生而言是一个最佳的途径。面向服务领域的创业，人力资源是最重要的，而对具有一定专业知识的大学生来说是容易获得的。可以合作的形式，各自发挥不同的专业技能，实现服务领域的创业。

服务领域的创业内容相当丰富，包括信息咨询领域、软件开发、服务外包、网络服务、中介机构及家政、培训、研发设计等许多领域，也可涉足商业及餐饮、导游、保健及健身、娱乐等行业。

服务创业的关键是占有提供独特服务的人才资源，寻找、吸引掌握专业服务技能，能够长期稳定开展合作的对象是十分重要的，也是决定创业能否顺利开展的条件。对提供无形产品的服务领域，如何不断积累人际技能，应对复杂多变的外界环境，迎合服务对象的需求，承受巨大的工作压力，解决内外的工作纠纷和利益矛盾，也是考验创业者综合能力和决定事业成败的重大举措。

第五节　自主创业有作为开出一片新天地

只要充分作好自主创业前的心理和技能准备，配合国家政策的引导和支持，家人和朋友的支持与鼓励，社会各界的共同帮助下，大学生完全可以突破自我，开创出属于自己的事业。

在大学生扩招与就业岗位及专业出现较大不平衡的条件下，鼓励和扶持大学生的自主创业已成了国家和地方解决大学生就业问题的重要途径。在国家采用多种方式指导和帮助大学生就业的形势下，自主创业是最具有战略意义的方式。在国家和地方政策的扶持和引导下，在有关机构的培训指导下，大学生自主创业更能展示出青年学子的专长，激发敢于创业、大胆创业的热情。

自主创业对大学毕业生的未来成长具有如下作用：

1. 抓住机遇，充分施展个人的专长，培养敢于创业的时代精神。大学毕业生是掌握现代科技知识和专业技能的社会人才，只有为他们提供更多的自我发挥和展示的支持，才能调动其创业激情，发挥自身的价值。

2. 提高大学生对社会的认识和适应能力，缩短其融入社会并发挥自身优势的时间。通过创业前的培训和指导，通过实际创业历程的磨练和摔打，在复杂的人际和工作环境中，大学生们会越来越成熟，自我的认识会越来越清晰，能主动调整自己的心态，抛弃自身的弱点，提升创业的本领，为经济发展和社会进步承担起更多的责任。

大学生自主创业无论对大学生本人，还是对未来经济社会的发展，都具有长期的、深远的影响。不仅在短期内解决了部分大学生就业问题，还可能在不久的将来培养出更多青年创业精英，他们的智慧和创业成果，必将会为社会创造出更多的价值，为我国经济的可持续发展，实现科技振兴规划做出卓越的贡献！

思考题

1. 大学毕业生当前的就业形势如何，简述我国大学生自主创业的历程。

2. 简述大学生自主创业对当今时代的意义。

3. 简述我国鼓励大学生自主创业政策的主要方向和内容。

4. 国外大学生的创业方向和具体实践有哪些？

5. 思考我国鼓励大学生自主创业的政策与大学生当前创业的实际困难方面存在哪些不足之处？

6. 大学生自主创业要过好哪“三关”，结合个人谈一谈如何过好这“三关”？

7. 大学生自主创业的途径有哪些，你最希望选择哪种途径，谈谈选择的理由。

8. 要想在服务行业创业，最重要的资源是什么，分析如何才能获得和充分发挥这一类资源的优势？

9. 创业往往会与创新联系在一起，探讨二者间的关系，如何才能使创新才能更好地为创业服务？

10. 请描绘一下你自己理想中的创业蓝图。

参考资料

大学生创业常见的手续的办理

大学生自主创业随着扩招的到来，成为越来越热门的话题，你适合自主创业吗？想创业应该怎么办？需要办理哪些手续？你正准备创业吗？你曾想过创业却不得要领吗？你想了解创业的相关政策吗？

一、个体工商户营业执照如何申办？

1. 个体工商业经营的个体或者家庭，申请人应当持户籍证明（本人身份证）职业状况，场地证明等有关材料，向经营地的工商行政管理机关申请登记。经县级工商行政管理机关核准登记领取营业执照后，方可营业。

2. 国家法律、法规规定经营者需要具体特定条件或需经行业主管部门批准的，应当在申请登记时提交有关批准文件。

属下列情况之一者，申请登记时，还应当出具有关证明：(1)机动车船客货运输的，应出具车船牌照、驾驶执照、保险凭证；(2)申请从事饮食业、食品加工和销售的，应出具食品卫生有关监督机关核发的证明；(3)申请从事资源开发、工程设计建筑修缮、制造和修理简易计量器具、药品销售、烟草销售等的，应提交有关部门批准文件或者资格证明；(4)旅店业、刻字业、信托寄卖业、印刷业的，应提交所在地公安机关的审查同意证明；(5)法律、法规规定的必须经审批的其它行业或经营项目；(6)请帮手、带学徒的，还应当报送与帮手、学徒分别签订的合同副本（约定双方的权利和义务，规定劳动报酬、劳动保护、福利待遇、合同期限等事项）。涉及人身健康和生命安全的，应出具保险凭据。未经市社会文化管理委员会审批用意立项，经营单位擅自对经营市场所进行装修和购进有关设备的一律不予审批。

二、文化娱乐项目如何申办？

申请开办文化娱乐经营项目的单位提出书面申请，同时需出具以下证明文件：1. 办文化娱乐经营项目场所及经营理由的书面报告；2. 申请单位上级主管部门的证明文件（无主管部门的应注明单位经济性质）；3. 场所负责人的有关证明资料；4. 设施、设备资料；5. 管理机构及人员配备资料；6. 经营场所房屋使用证明。

在文化娱乐项目中，四区范围内歌舞厅、卡拉OK厅、保龄球、电子游戏项目统一由市级社会文化管理委员会审批。其余如台球、棋牌室、音乐茶座等项目由区级社会文化管理委员会负责审批。其余县(市)范围的文化娱乐经营项目由各县(市)社会文化管理委员会负责审批。其中歌舞厅、卡拉OK厅、保龄球、电子游戏项目的具体审批程序为：申办单位向市社文办交书面申请及有关证明后，由市社文办牵头会同公安、工商和教委(电子游戏项目)、体委(保龄球项目)对经营场地等进行实地查看(电子游戏经营点必须是综合性场所，且不得在学校200米半径以内)，符合开办条件的，由其联合上报市社会文化管理委员会审判立项；经审判立项的单位，需在市文化局、公安局、工商局、市消防支队的具体指导下，进行场地的装修、设备的引进(电子游戏项目所进机型需报社文办审核)和验收等工作；验收合格，经市级社文委批准，领取文化经营许可证，安全许可证，营业执照后方可经营。

三、书刊零售经营许可证如何申办?

申办单位或个人按所在辖区的范围，向辖区文化行政管理部门提出申请，同时附上经营场所有效的材料证明(使用房屋的证明材料)；辖区文化行政管理部门对经营场地察看后，符合条件的发给文化经营许可证；经营户持文化经营许可证到所在地工商行政管理部门申办营业执照。

四、音像制品批发、零售如何申办?

音像制品批发：

1. 据国务院及文化部有关规定，音像制品总批发单位承担在全国范围内发行的业务，音像制品总批发业务由国有单位承担。个体经营者不得从事音像制品总批发业务。申请设立音像制品总批发单位由所在盛自治区、直辖市音像制品行政主管部门审核同意后，报文化部审批。

2. 申请设立音像制品批发的单位，需具有以下条件：(1)有不少于30平方米的固定业务场所；(2)有适应业务工作需要的音像设备和其他设备；(3)流动资金不少于20万元。

3. 申请设立音像制品批发的单位，由省级文化行政管理部门审核同意报文化部审批。

音像制品零售、出租：(1)申办单位或个人向县以上文化行政管理部门提出书面申请和报送有关证明材料：①申请报告；②场地使用证明；③上级主管单位或街道办事处有关证明文件；④资金来源合法证明；⑤经营管理规章。(2)以上文化行政管理部门审核后，对符合申办条件的发给文化经营许可证，经营户持文化经营许可证到所在地工商行政管理部门申办经营执照。

五、公众电脑屋如何申办?

在本市行政区域内从事公众电脑屋经营活动的，是指运用计算机网络进行浏览、查询、登录等服务的经营性企业和个体工商户，均实行安全许可、资质认证、登记注册制度。办理程序如下：1. 到市级工商行政管理部门申办企业名声预先核准通知书；2. 到市级公安局计算机管理监督部门进行安全培训，申办本市公众电脑屋安全许可证；3. 到市级信息化工作领导小组办公室申办公众电脑屋资质认定手续，审核合格后颁发统一制作的省级公众电脑屋行业资质证书；4. 到工商行政管理部门申办工商登记注册手续。

六、饮旅店业等级证如何申办？

1. 经营者持有效证明到市物价局领取有关申请表。

2. 经营者按申请表所列内容认真填写后交回物价局。

3. 辖区物价局按企业申报表填写内容和要求派员进行实地勘察，在此基础上进行综合评审。

4. 市级物价局按实评结果发给经营者相应等级证。

＊第十二章　求职者操作指南＊

☆本章旨要

求职是实现就业的第一步，如何求职？本章以对话方式叙述，提供了一整套可操作的程序和方法。写好简历，抓住招聘者的目光，精心策划，做好应聘前的准备，沉着应聘，实现就业。

第一节　如何写简历

一、求职信

曾听说这样一个故事：一位青年参加招聘面试，当他赶到时已经有20位求职者排在前面，于是他写了一张纸条，老板看后大笑，原来纸条上写着："先生，我排在队伍第21位，在您看到我之前，请不要作任何决定。"最后这位青年如愿以偿。

这位青年求职的成功，从技巧方面讲，在于他新颖的创意，唤起了主考官的特别注意。能否引起招聘考官的注意，是走向成功的第一步，一些看似无关的小创意，有时却能起到意想不到的作用。

在临近寒假大学生毕业求职的高峰期或某单位打出招聘广告之后，各公司人力资源部门常会收到大量的求职信。如何使你的求职信在一大堆信中惹人眼目呢？信封和邮票的作用不可小视。在一大堆土黄色牛皮纸信件中，一个素白的笺封可能会令人目光为之一振；如果你有美术功底，在信封适当的位置展示一下，也许会被人欣赏；如果你远在另一个城市，并对这次求职寄予厚望，不妨发一封"EMS"，在信封上贴一两枚精美的特种(T)或纪念(J)邮票，肯定能与满眼的"民居"形成强烈的视觉反差，没准对方就是一个集邮爱好者……你可以充分调动你的思维和创意，其目的是：制造反差，悦人眼目，引人先睹内之详情。如果能让招聘主管人员把你的求职信从一大堆信中捡出来，你的一番苦心就没白费。

你的求职信能被挑出来了，你还得让人能集中心思看下去。如果你练得一手好书法，这时正好可以派上用场，如果你的字不那么漂亮，还是不要献丑为好，用电脑打印出来，清晰、工整而美观。求职信力求简洁，如果资料较多，可以借鉴报纸编排手法，通过设小标题、分设不同字体、分段、空行等使全部内容版块清晰、脉络分明，主旨突出，易于把握重点。否则，密密麻麻、乱糟糟一大片只恐令人难以卒读。

能让人事主管人员认真审阅完你的求职信，你就向成功又迈进了一步。

二、简历要常备常更新

一切要有备无患，简历也一样。你从不知道你的面试者可能会突然提什么问题，你要不断地在电脑软盘上保存最新的简历，以备随时在机会降临的时候，好操起来派上用场。

当然，简历存在软盘里只是事情的一半，另外你还要到当地书店浏览一下简历类书架，那里会有几书架的好建议，现在只想问你几个问题。

1. 你可以运用合适的语言吗？

许多公司用电脑检查简历，搜索关键词，如果你漏了关键词，你的简历就会 在第一轮被涮掉。这很简单，要确保你的简历所使用的语言包括进广告上刊登的 工作介绍，并符合他们的要求。

2. 你为以前的雇主赢得了什么，还是节约了什么？

无论他们的生意是什么，钱是最基本的。无论你的工作头衔是什么，你在一 个职位上要么为公司赢得了什么，要么节约了什么。也许你拿到了几份真正的大 合同。也许你可以在黑暗里工作，因此为公司省下了电费。开采一下你的过去，列出你为过去雇主挣钱或省钱的所有方法，你的新雇主将会感奋不已。

3. 成功人士如何看待书面简历？

我总是问我尊敬的人们要他们简历的复印件。自然，他们觉得我很可笑，但 随后他们都表示赞同。我总是在我的简历上要一、二个小聪明。

按照这些要点，你就会在处理下一个职业机会中胜券在握。如果你认为这听 上去有些麻烦。就请记住一定随身带上存有你简历的软盘。

三、写好简历的原则

关于简历的写作，已经有大量的书籍和忠告，你一定听过诸如“简历长度不应超过一页”“不要用有颜色的纸”等等建议，而事实上并没有放之四海皆准的统一标准，但你写自己的个人简历时应当根据以下指引：

1. 将你的资料，资历证明等列出时行文力求简洁、清楚、易于阅读。将你所做的每一件事都仔细说明不一定好，否则简历将流于琐碎繁冗，那些有招聘意愿的雇主可能不会花时间去阅读。写简历一条有效原则是:只列出你过去十年的工作经历。

2. 简历的主要目的是就你所希望的职位推销自己，所以应清楚指出你所需要的工作以及为什么认为自己够格。

3. 刚毕业的大学生需要列出大学期间的所有实习、义务活动、以及各种各样参与过的活动，因为任何招聘都倾向于和该职位相关的大学专业。绝大部分的大学毕业生都缺乏工作经历，所以在应聘职位下面直接写上“相关经验”，然后着重描写你所有的经验。

4. 教育专业毕业的学生会有教学生的经验，可以在“相关经验”的对面写上标题“教学经验”以强调你的教学经验。

5. 没有任何经验的毕业生应该在“学历”一栏下更详细地加以描述并列出大学的相关课程使得简历更充实。如果职位更倾向于大学本身的话，仅仅在“其他经验”下把工作过的地方和职务列出，但不要写出细节，这表明你过去的职责。并且不要忘记实习往往为人提供最初的工作经验。

6. 只有一点经验的求职者，譬如说一个刚刚养家几年的主妇，可能会觉得没什么可以在简历上写的东西。这种情况应该重点强调养育一个孩子以及管理家务事所需要的责任心。

7. 年纪较长的的申请人与其虚泛地说自己的年资，不如着重描写自己的工作成就。如果在不同的公司有不同的职务，但基本职责相通的话，就没必要重复工作性质。在列出工作过的公司名称和职位下面加上一段你最近职位的简要说明就好。这种做法的目的是使人有兴趣读你在简历中写的东西。

写简历时应当避免下列常见错误:

(1)错别字——最后成品必须一读再读，不要让一时笔误影响你面试的机会，这一点非常重要。

(2)“我”——不要以“我”字作一个句子的开头。

(3)没有解释原因的时间空缺——如果你上次离职后到找到这份工作前一直做零散的工作，提供一份简单的说明。

(4)冗长和过于繁缛的文句——尽量简洁、据实并切中要害地描述。不要把所有次要的职责都列出，只写主要的。

(5)不够规范——简历和求职信是别人对你的第一印象，所以你的简历和求职信一定要用优良的专用纸和相配的信封。如果你的简历超过一页，用一点的信封使它能够平整无折叠地寄出去。

(6)照片可能让雇主对你产生错误的印象，如果对方没有要求，不要寄去。薪水要求，你可能因为对自己估价过低或者太高而犯错误。最好在面试时再另行讨论。

(7)资历证明——面试临结束时最好将打印好的资历证明交给对方。

(8)兴趣和爱好——除非和工作有关，否则不写为妙。

四、进外企简历怎么写

很多人说写好一份简历是求职的关键，让我们先看几个有趣的数字：在美国，平均一个职位会有200人应聘，其中100份是合格的，在北京，平均一个职位会收到1000封求职信，其中200封是合格的；在美国，如果你想找到一份合适的职业，一个人平均要递出1470封简历，在北京，跨国公司还没有700家；有人说网上招聘方兴未艾，但有统计说，平均只有1%的人网上求职会成功，从事高新技术的人比率会高些。

因此准备一份完美而有力度的简历就变得十分重要。许多人的简历要么复杂得像写传记，要么简单之极。我们应知道简历递出去要达到的目的：一、像做广告一样，多快好省地把自己“推销”出去，因此千万不要太冗长；二、获得面试的机会，而不是获得工作；三、使你在众多求职者中凸显出来；四、证明你是适合这份工作的最佳人选。

简历外观漂亮、简洁明了会给招聘者留下良好印象，但你不能在简历中撒谎，外企都要中、英文简历，简历一张纸则可，用高质洁白的A4纸，激光打印的，不要手写，不要出现语法、拼写或其他错误，不要放照片和其他用处不大的附件。

简历中应包括姓名、联系办法、教育程度、工作经验、技能等，一些个人数据、喜好等不必包括在内。简历要强调你适应该职位的相关经历，强调你的成绩，使用一些生动的动词。内容要具体实在，例如“我是清华的IMBA，2000年毕业，曾在一家会计师事务所工作3年”，这些比起“本人诚实，工作努力，有团队精神”这类话更为有用。

五、中文简历写作ABC

简历写作的标准

个人简历的写作标准是整洁、简明、准确、真诚。简历一般应打印，保证简历的整洁性；简明则要求简历一般在1200字以内，让招聘人在几分钟内看完，并留下深刻印象；准确即要求简历中的名词和术语正确而恰当；真诚是要求内容实事求是，不卑不亢。

简历中常见的缺点有：

1. 篇幅过长，表达不切题意；
2. 篇幅过短，缺乏必要的信息；
3. 结构、逻辑混乱，给阅读和理解造成困难；
4. 内容虚假；
5. 字迹不清，打印不规范；
6. 求职目标不明确，求职者未表明自己喜欢什么工作；
7. 过于自负，使招聘人认为求职者的自我评价不合实际；
8. 过于怪异，简历中的用词、结构及引用材料生僻、花哨、不合常规。

简历的写作内容与方法：

简历主要包括三项内容:标题、求职目标和联系地址。

求职目标部分,要充分表明自己在该方面的优势和专长,尽可能把选择放到一个具体的工作部门,当然选择也不能过窄。要选择那些对所申请工作具有说服力的资历和能力进行描述。语气要积极、坚定、有力,不要让人产生疑问。具体的内容包括学历、工作经历、从事的社会活动和取得的成绩,以及其他相关的资料和信息。

简历的最后一部分一般是列举有关的证明人及有关附加性参考材料,附加性材料包括学历证明、获奖证书、专业技术职务证书、专家教授推荐信,所发表的论文著作等。

证明人,一般提供3~5个,是对你求职资格、工作能力和个人情况的保证人。因此一般选择在校期间或以前工作单位或所参加社团中比较熟悉且又知名的人。一般不要选择自己的父母或亲戚。让别人作证明人,事先应征得选取对象的同意。在证明人栏目中要详细说明证明人的姓名、职务、工作单位及联系方式。

六、刚刚毕业的简历作法

问:我刚刚毕业不久,在写简历时要注意些什么?

答:如果你是一位刚刚走出校门的毕业生,那你面临很可能是和你有着相似的学历但却更富工作经验的竞争对手。如果没有足够多与欲申请的工作相关的经验,你应该更着重强调最近的教育与培训,尤其是与正在申请的工作最直接相关的课程或实践活动。刚毕业的学生应该重视自己在学校里完成的毕业实践和毕业设计,这些活动也同样要求高度自律的特性、完成不同任务的能力以及其它方面的个人素质,而这些素质也正是许多工作所需要的。年代式的简历罗列了求职人的种种工作经历,缺少工作经历的新毕业生不妨制作一份技巧列表式的简历。对于申请的工作职位要求的某些素质,你可以罗列在你的技巧式简历中,就象在年代式简历中罗列工作经验一样。另外,如果可能,你也可以将你所了解和熟悉的,这一工作领域的最新知识与工作技能写入简历,这些知识和技能应该对你未来的工作很有帮助,而且,因为你刚刚在学校里研究和学习了最新的知识与技能,在适应新岗位的过程中你也有不小的优势。技巧式的简历的好处还在于它能让你更有效地展示你在其它工作中所用的技能。虽然这些工作表面上看来与你正申请的职位没有太大关系,但是这也是宝贵的经验,它赋予你的是可以广泛应用的工作技巧。从某种角度上来看,这些经验也可以成为你的简历的有力支持。

七、个人求职简历写作说明

简历写作的几个方面:

1. 技术能力:技术语言及操作系统。

2. 工作经验:采取倒计时形式,从最近的项目和经验开始。对每个工作岗位,注明时间和岗位名称。将每个岗位所从事的工作加以大致说明。在技术能力中体现的语言及工作能力应在每个工作岗位中有相应反映。工作经验的说明请务必做到简明扼要。

3. 专业训练:请列出和专业相关的训练。

4. 教育程度:列出所受教育，从高到低，如:博士、硕士、学士等。

八、不同类型的简历

1. 时间顺序型

时间顺序型简历对于那些想找一份与自己以前从事职业相同种类工作的人是最适宜的。如果你的工作经 历中有连续的范围明确、清楚易懂的职业;如教师、会计等，时序型或传统型简历是展示你的技能的最佳方 式。此类简历直接了当，书写简明，如果处理得当，整个简历将会显得有力可信且富有说服力。

这种类型的简历以时间为顺序列举出你的工作经历。先列出你最近所从事的工作的职称，然后按逆时间顺 序将过去的工作职称依次列出。通常，一份工作简历所涵盖的时间不应超过十年，除非你在某个特定的职位 上干了更长的时间，或者你的相关工作经历超过十年。

2. 职能—技能型

职能或技能型简历对那些频繁更换工作，综合以往几种工作的技能用于新工作，或是新近经过再培训教育 而获得新技能的人来说，是最适合不过的。

职能型简历强调实力和成就而不是仅仅罗列按时间顺序的工作经历。之所以称之为职能型，是因为它是按 照职能或技能而不是按时间段、工作职务或公司名称来编写的。这种类型的简历对于那些有不稳定的工作经 历或者曾在多种职位工作过的人是比较适合的。

3. 复合型简历

这种类型的简历包括有职能—技能型简历的内容，随后是一个简略的时序型工作简历，其中包括职务头衔，雇主姓名和雇用日期等。复合型简历兼具以上两种简历的优点，适合于大多数求职者。它既能突出你的技能，又能提供过去雇主对你过去的工作经历的看法 。

4. 求职函的发送

向你感兴趣的部门的领导或经理发出你的简历和求 函。注意核对他/她的姓名，头衔和尊称（博士，先生，夫人，小姐或者女士）。要确保拼写准确。除非在只知道对方邮政信箱号码的情况下，最好别在信封上写:“某某负责人收”，或是“有关人士收”。

尽管人事部门有时会对应聘者进行初步面试，您还是将简历和求职函寄给你将要为之工作的人为好。如 果您正在向一家可以提供多个职位的大公司申请职位，要向每个部门的负责人都发出一份简历和求职函。如 此一来，你的工作简历中所陈述的职业目标将具灵活性。

第二节　如何面试

一、面试前的准备

招聘活动中，无论是初步筛选的面试，还是决定录用与否的面试，对应聘者来说，都意味着希望的有无、求职的成败。通常情况下，筛选面试会大幅度剔除报名者；即使是录用面试，入围者与录用者的比例也约为3:1，还有人会出局。所以，接到面试通知的应聘者要积极行动起来，做好面试的各种准备工作。

面试准备是整个求职准备集中充分的体现，包括心理准备、信息准备、资料准备，甚至要进行必要的模拟训练等。

首先，要沉着冷静，调整心态。求职者可以尝试回答以下几个问题：

——这个单位为什么选中我面试？对它而方，我有什么长处？我的长处是否已经恰当的表现出来？

——我还能展示哪些优点？如何展示这些优点？

——我的竞争对手有哪些优势？面对竞争我还应该做哪些准备？一旦竞争失败，我该如何应对？

其次，要注意自我形象设计。整洁、干练、彬彬有礼的应聘者，容易使人接受。诚挚、协作、勤快的应聘者，总是受人欢迎；而疲惫拖沓、不拘小节，或浓妆艳抹、行为懒散的人，则令人不悦。

第三，要备齐资料。面试前再次检查所有的个人资料，如个人简历、求职信、推荐信、获奖证书、荣誉证书、学历证书、职业资格证书、上岗证书的原件或复印件，发表的文章、既往的工作成果等。应聘者对所有的个人资料要非常的熟悉，并对每一种资料所能发挥的作用做到胸有成竹。这样，面试中介绍自己的能力和资格时才能有理有据，不至于给招聘者留下夸夸其谈的不良印象。

第四，要了解面试单位及面试人员的有关信息。招聘是一个过程，包括若干环节。在面试之前，求职者所接触的可能是一般的人事工作者、办事员，而面试时，才能见到人事总监或公司经理。应聘者能否被录用，主要取决于面试人员对应聘者的直接考察和最终意见。所以，应聘者要尽可能了解面试单位和面试人员的情况，这样可使面试中的表现更具针对性。

第五，进行模拟训练。面试中可能会有意想不到的问题，要求应聘者敏捷灵活地做出反应。事先准备不可能涉及所有问题，但是适当的模拟训练可以提高对待面试的敏捷性和灵活性。

进行模拟训练的主要途径有四条：

(1)正规模拟。应聘者可去有关管理咨询公司、具有求职训练能力的职业介绍机构或某些从事求职辅导的心理咨询机构等，接受正规的面试模拟训练，这样可以增强自信并提高成功率。

(2)实地演练。应聘者可到人才市场上去体验招聘的程序与气氛，并且有意识地参加一些面试，从中品味面试的感受，掌握面试的有关要领。

(3)请教“前辈”。应聘者可以找一些有过面试经历的人，请他们模拟招聘者故意为难自己，自己则从中发现不足，及时改进。

(4)自我操练。求职者自我假设与面试人员面对面坐着，对方会提出什么问题？自己应该怎样回答？要注意哪些事项？自我操练是必不可少的模拟训练。

二、面试中的技巧

1. 谈话技巧

一位心理学家说过：“在造就一个有教养的人的教育中，有一种训练是必不可少的，那就是优美而文雅的谈吐。”通过求职者的谈话，可以看出其文化修养和道德水平，并对招聘者产生不同的心理效应。在面试中，求职者谈话要做到以下几点：

礼貌的问候面试开始阶段是一个很重要的阶段，大多数招聘者都会不自学地受“第一印象”的影响。研究表明，80%的招聘者在最初的3分钟内就已经对求职者做了一个初步的结论。所以面试开始时，求职者要主动、有礼貌地与招聘者打招呼，并先介绍自己的姓名。

诚恳的态度应聘者在自我介绍或回答问题时态度要诚恳，夸夸其谈或说空话、大话、假话，容易给人留下华而不实的印象。但是，说话态度过于恭维，又容易使人觉得虚伪。

表现自己的信心不要把自己摆在一个“被动挨打”的位置上。作为求职者绝对不要说“我不行”“我不知道”“我不会”之类的话，即使是自己从未接触过的工作，也不要慌张，而要沉着冷静，机智应付。“我一定能努力干好！”“我自学能力强，善于向别人求教，我相信在锻炼中会很快掌握”等。应聘者的自信会坚定招聘者的信心；反之，就职者的茫然，只会使招聘者犹豫不决。

简单洁明了求职者在回答问题时不要滔滔不绝，这会造成喧宾夺主的架势，容易引起招聘者的反感。回答问题时，应当讲对这个问题的基本观点，然后再逐一用论据加以论证、解释，但要点一般不超过三点。这样做既有利于自己组织材料，又能给招聘者一个头脑清晰、思路明了的好印象。同时要注意，对问题一般不要简单地用是或否来回答。因为有的问题需要解释原因，而有的问题需要说明理由，对于简单的回答往往给人以不善思考的印象。

说话的语音、语调要恰当说话时语调的高低、速度的快慢能够反映出求职者感情的变化。所以说话时语调、速度要自然，不要矫揉造作、刻意而为。

配合必要的体态语 根据招聘者所提的问题，运用手势、身姿、表情等辅助语言，有利于更完美地表达自己的思想感情，起到有声语言不能起到的作用。但体态语言要恰到好处，不要过于频繁，更不要手舞足蹈，避免给人轻浮之感。

2. 倾听技巧

面试时倾听也很重要。因为好的倾听不仅表示求职者对招聘者的尊重，更重要的是通过倾听，求职者能够准确理解招聘者所提问题的内涵，并积极做出。所以，求职者要运用一定的倾听技巧，一般面试过程的倾听要注意以下几点：

准确的身体姿势　身体姿势是一种无声语言，可以表达求职者的内心感受。正确的做法是：身体要稍微前倾，以缩短和招聘者之间的距离，表示对对方谈话的注意和重视。同时目光要注视招聘者，不要左顾右盼、目光游离。还要注意不要做小动作，如摆弄钥匙圈、掏耳朵、理头发等；否则，既不雅观，也似乎显得不耐烦，容易造成误解。

集中注意力　倾听时要保持旺盛的精力，专心致志地注视招聘者。要不时地做出听懂或赞同的暗示，比如微微点头、向上扬眉毛或做出吃惊的表情。有时还可以露出会心的微笑。如果一时没有听懂对方的话，有疑问或补充，不妨提出一些有针对性的小问题，这样会使对方在心理上觉得应聘者听得很专心，从而获得好感。

不要轻易打断招聘者的谈话　面试过程中，求职者不应该轻易打断对方的谈话，应该等对方说完后再提出问题或发表自己的见解。如果中间实在有必要插上一两句，应该预先打招呼，说声"对不起，我插一句"。说完后，表示感谢并请对方继续说下去。

适当记录　面试中，如果招聘者介绍有关情况或提出比较多的注意事项等，可以拿出事先准备好的纸笔，做一些记录，这更能表明你对对方谈话的重视程度，也更容易博得对方的好感。

3. 身体语言

在非语言沟通中，人们还会用身体的运动姿势传递信息或强调所说的话。求职者无声的皱眉、微笑，或静态无声的站立、倚靠、坐姿等在面试过程中也起着很重要的作用。面试时，求职者要充分发挥自己在身体语言上的优势，一般来说，要注意以下几点：

握手　面试中，合适的握手能传递合作和友好的信息。一般情况下，应在招聘者先伸出手来时，求职者立刻伸出手去。握手时，不要用太大的力，但也不要用力很轻，一般撑握在和招聘者同等的力度即可。握手时，求职者应面带微笑。理想的握手时间是3～5秒钟，上下摇动次数不超过6次。

面部表情　面试过程中，求职者面部的反应最容易受到招聘者的注意。在面试过程中，人们更加看重的是脸部的表情而不是语言内容或声调，因为表情往往是"未经反省"的自发性反应。如脸部肌肉紧张的笑容以及紧张表情，经常说明自己没有能力应付压力；很少用目光与别人接触会传递出想隐瞒什么的欲望；撅起的嘴唇往往与不坦率的个性相联系；皱眉、斜视等会给人傲慢、不屑一顾的感觉，而这些都是求职者在面试过程中最忌讳的面部表情。

坐姿　求职者在面试时的坐姿应该是：臀部尽量靠后，腰部挺直。这样就显得有自信，看上去也比较精神。求职者应该将身体稍微前倾，这样表示对招聘者的兴趣和友好。如果椅子有扶手，那么可以把手放在椅子的扶手上，如果没有扶手，可以将手放在膝盖上。

腿部动作　在谈话过程中，当人们不愿把内心的焦虑不安明显地表露在脸上或者身体其他部分时，便轻轻地摇动脚部或抖动腿部。所以，人的腿部往往最表露自己的潜意识。

人不论坐着交谈还是站着说话，腿部常用常用呈现出这样三种姿势：

两腿分开，这是一开放型姿势，显出稳定、自信，并有接受对方的倾向；

两腿并拢，这是一种保守型姿势，往往显得正统、严肃和拘谨。如立正、正襟危坐，虽然谨慎行事，却令人紧张、压抑；

两腿交叉，这是一种防御型姿势，显得扭捏、胆怯，或随便散漫、不亲和、不融洽。跷“二郎腿”，会给人留下放肆、自大、无礼或过于随便的印象，对于女生来说，更不可取。

走路姿势　求职者走路时要挺胸平视，保持笔直的姿势，面带微笑，适当的时候应和招聘者的目光接触，求职者还要注意的是，不要在走路时将钥匙或硬币弄出声响来，也不要把双手插在裤袋里，尤其是不要插在臀部的口袋里，更不能将大拇指插在皮带里，这些会给人以散漫自大的印象。

4. 面试结束时的应对

面试结束时，招聘者一般会问求职者还有什么问题要问，这是求职者表现自己的最佳时机，所以要积极主动地提问，通过提问来突出自己的优势，给招聘者留下良好的印象。

面试结束时提问的建议如下：

(1)问与工作相关的问题。

(2)问一些尚未突出你优势的问题。

(3)如还有下次面试，可问下有关情况。

(4)主动“找茬儿”，对招聘者进行引导式发问。例如：“在得到你们的消息之前，我应该就这份工作以及这次面试着重考虑哪些方面的问题?”

试一试

每位同学尝试着就面试技术中的弱项，在教师的指导下进行训练，并请同学评价，直至符合要求。

三、面试后的努力

很多人以为，在面试结束的那一刻，自己能否被录用已经成为定局。然而，事实并非如此，因为面试后招聘者往往还要对求职者重新进行审视，如果能在招聘者最后决定之前做些工作，或许还能改变自己的命运。

1. 回顾与反省

面试回来以后应聘者要仔细地回忆面试的整个过程，最好把这些情况写下来，以便作进一步的分析。在回顾中，一般要给自己提下面几个问题：

见了什么人(名字、头衔)?

对方的工作要求是什么?

首要目标和最大的挑战是什么?

为什么你能做这份工作?

哪些问题你没有回答好?为什么?

双方共同认为下一步应该做什么?

最后几分钟里谈了什么?

求职者必须从自己的表现中找出自己的不足之处，只有这样，才能在面试后做出有效的努力。

2. 与招聘者进一步接触

面试结束后，求职者应写一封致谢信。这封信可能影响到最后是由你还是其他竞争者获得那份工作。致谢信要及时写好，最好是面试的当天晚上写好，次日就发出。

致谢信的要求如下:

谢谢对方花时间和自己面谈。

说明面谈给自己留下了愉悦的感受。

再次表明自己对那份工作的兴趣和信心。

如有必要，再给他们补充一两份先前没有提供的资料，借以证明自己确实适合那份工作。

上述工作也可以用电话来完成。

四、面试中不良心理的克服

在面试过程中，求职者处于寻觅、追求、争取、拼搏的状态。所以面对招聘者时，可能会出现恐惧和怯场的心理。但是通过实践和训练，这些心理是完全可以得到调整的。

1. 恐惧心理

有的人在熟人面前有说有笑，可是见了生人就会脸红，说话结结巴巴。有的人不习惯在大庭广众之下说话，总以为别人都在批判自己所说的话，一旦发现许多人的目光投向自己，就会感到紧张。这些情况反映了个体对社会交往的过分害怕，面试时就表现出不正常的紧张。

2. 怯场心理

怯场心理是指求职者在临场时心情紧张焦虑，导致感觉的敏锐性下降，知识、技能的回忆受阻，注意力集中不起来，影响自己原有能力的发挥。怯场心理不但会影响应聘者面试的成绩，还会损害其心理健康。面试怯场心理的原因主要有以下几个方面:成熟程度、认识评价能力、知识经验、应试技能等。

探究与实践

1. 下面是某知名企业的面试测评表，用此表进行一次自我评价。

要素	观察内容	提问项目	评价要点
礼仪风度	(1)仪容、衣着 (2)行为、举止 (3)敲门、走路、坐姿、站立等的仪态 (4)口语表达		(1)穿着整齐、得体,无明显失误 (2)沉着、稳重、大方 (3)走路、敲门、坐姿符合礼节 (4)口语文雅、礼貌
求职动机愿望		(1)你选择本公司的原因 (2)你选择本公司最重视什么 (3)你对本公司的了解 (4)你希望公司如何安排你的工作待遇	(1)是否以企业发展为目标,兼顾个人利益 (2)回答完整、全面、适当 (3)说服力
表现力、语言表达能力	(1)将自己表达的内容有条理地、准确地传给对方 (2)用例、遣词准确 (3)发言合乎要求 (4)谈话时的姿态表情合适	(1)请谈谈你自己 (2)谈谈你的优缺点 (3)你的兴趣爱好 (4)据你自己分析,最适合你的工作是什么	(1)谈话前后的连续性 (2)主题、语言简明 (3)逻辑清楚 (4)说服力 (5)遣词准确
社交能力和人际关系		(1)请你介绍你的家庭 (2)你的朋友如何看待你 (3)你希望在什么样的领导下工作 (4)你交朋友最注重什么	(1)自我认识 (2)交往能力
判断力、情绪稳定性	(1)准确判断情况 (2)处理突发事件 (3)迅速回答问题 (4)处理难堪问题的反应	(1)假如A公司与B公司同时录用了你,你将如何处理 (2)公司的工作非常艰苦,你将如何对待 (3)你怎么连这种问题都听不懂 (4)你好像不太适合本公司的工作	(1)理解问题的准确性、迅速性 (2)自我判断能力 (3)是逻辑判断还是感情判断 (4)有自己的独到见解

续表

要素	观察内容	提问项目	评价要点
行动与协调能力、工作经验	(1)对自己认定的事能够坚持进行 (2)工作节奏紧张有序 (3)团队工作的适应性 (4)组织领导能力 (5)能够更多地从他人的角度解释问题	(1)你从事过何种勤工俭学工作 (2)你参加过何种组织活动 (3)你对××问题有过何种研究 (4)谈谈你的论文写作过程	(1)表现力 (2)考虑对方处境和理解力 (3)实践能力 (4)交往能力
责任心、纪律性	(1)负责到底的精神 (2)对工作的坚持 (3)令人信服地完成工作 (4)考虑问题全面 (5)对岗位的要求	(1)你对委任的任务完成不了时如何处理 (2)对学校规章制度的看法是什么	(1)自信力 (2)纪律力 (3)意志力
个人性格品质	(1)有无不良的性格(过分狂妄和过分自卑) (2)有无偏激的观点 (3)回答问题的认真性、诚实性 (4)掩饰性	(1)你认为现代社会中一个人最重要的是什么性格 (2)你能否"受人之托,忠人之事"	(1)诚实真诚 (2)人生观 (3)信用
专业技能学识	(1)对专业知识的了解程度 (2)成绩 (3)对所要从事的工人的认识	(1)你为何选择你的专业 (2)介绍一下自己的成绩和擅长的科目 (3)你有何种特长和具备何种资格 (4)谈谈你从事这项工作的优势 (5)你有什么工作经验	(1)专业学识是否符合工作要求 (2)有夫特殊技能 (3)有无工作经历
综合评价	面试结束后的自我评价	经过上述面试,请你对你的面试结果作初步评价,说明为什么	(1)综合、全面评定 (2)尽量减少误差

2. 在教师的组织下，分小组进行一次模拟面试活动。

第三节 招聘岗位分类信息

一、经营/管理类/财务类

(正/副)总裁/总经理 企业策划 投资管理 企管部经理/企业管理顾问 企业管理人员 质管部经理/质量管理顾问 质管人员/质量工程师 技术经理/项目经理 财务总监/经理/副经理/主任 会计师 会计 出纳/收银 统计 审计

二、销售/业务类/市场类

销售经理/副经理/主任 商务/贸易/国际业务 销售工程师 业务员/业务代表 报关 市场经理/副经理 市场/行销策划 市场调研/业务分析 公关、促销、礼仪

三、设计类

美术/图形设计 广告设计 文案策划 工业设计/产品设计 多媒体设计与制作 装潢设计 工艺品设计 纺织服装设计 家具/珠宝设计 电脑绘图人员

四、客户服务类

客服部经理/副经理 技术支持/客户培训 客服/热线咨询 前台/接待

五、行政/人事类

行政/人力资源经理 行政/人事人员 员工培训人员 企业文化/工会

六、文职类

英语翻译 其它外语翻译 图书情报/资料管理 技术资料编写 助理 文秘/高级文员 文员/电脑打字员/操作员

七、工业/工厂类

厂长/副厂长 生产管理 工程管理 品质管理 物料管理 设备管理 采购管理 仓库管理 计划员 化验工作 技工 普工

八、后勤/服务类

司机 保安/厨师/清洁工 服务员 营业员

九、计算机专业人员

系统分析员 软件(测试)工程师 硬件(测试)工程师 系统工程师/网管 网站策划/信息编

辑 网页设计/电脑美工 Internet 开发工程师

十、通讯类专业人员

电子工程师 电子元器件工程师 自动控制 智能大厦/综合布线/弱电 仪器仪表/计量 电气电力 通讯工程师 单片机/DSP/底层软件开发

十一、机械专业人员

机械工程师 模具工程师 机电工程师 各种车辆/飞行器设计

十二、房地产/建筑专业人员

房地产开发/策划 房地产评估/交易 建筑/结构工程师 工程监理师 工程预决算 给排水/水电工程师 制冷暖通 物业管理

十三、金融/经济专业人员

金融业 证券期货 保险业 税务人员 其它金融/经济人员

十四、文教体卫/法律专业人员

新闻/出版 广播电视/文化艺术 高等教育 中等教育 小学/幼儿教育 职业教育/培训/家教体育类 卫生医疗 律师/法律顾问

十五、服务业专业人员

旅游/导游 酒店/餐饮 寻呼/声讯 其它服务行业

十六、其它专业人员

动力/能源 声光学技术 化工技术 生物制药 测绘技术 道桥技术 环境/城市规划 地质/矿产 粮食/食品/糖酒 纺织服装技术 包装/印刷/造纸 冶金/喷涂/金属材料 安全消防 农林渔牧/园林/园艺 交通运输(海陆空)

一、思考题

1. 搜集求职成功和失败的案例各一个，并分析其成功和失败的原因。

2. 在班内同学之间做模拟求职一次。

二、实战演练

利用校园内的企业做实战求职一次。

主要参考网址

中国人力资源网 http://www.hr.com.cn
人力资源管理在线 http://www.shrm.org
招聘网 http://www.zhaopin.com
前程无忧 http://www.51job.com
中华英才网 http://www.chinahr.com
中国国家人才网 http://www.newjobs.com.cn
人力资源管理与开发 http://www.hrm.126.com
中国人才在线 http://www.chinajol.com
中国人力资源管理在线 http://www.sinohrm.com
人力资源在线 http://www.hrtocom.com
组织人事网 http://www.emm.com.cn/
中华人才信息网 http://www.cn6969.com/
中国人才热线 http://www.cjol.com/company/
人力资源频道 http://www.hr-channel.com/
中国教育部网站 http://www.moe.edu.cn/
江苏省教育厅网站 http://www.ec.js.edu.cn/
中国职业道德在线 http://www.zgzydd.com
中国石油天然气股份有限公司网站 http://www.petrochina.com.cn/
交际与口才网站 http://www.ccnt.com.cn/
中国网 http://www.china.com.cn/
金色年华大学生思想政治网 http://202.201.208.4/
中国人力资源和社会保障部网站 http://www.mohrss.gov.cn/

参考文献

1. 陈晶，大学生学习动力分析与职业生涯规划教育，健康教育，2006，3(2):53

2. 冉小平，重庆工商大学学报(西部论坛)，当代大学生的学习与生活规划初探，2006，16(增刊):142

3. 陈官章，以职业生涯规划引导大学生完善学习动力系统的思考，四川文理学院学报(社会科学)，2007，17(6):94

4. 史洁，进一步强化大学生社会实践的思想政治教育功能[J]，山西高等学校社会科学学报，2005，(5):47~48

5. 山东科技大学课题组，试论新形势下大学生社会实践的形式与内容，青岛科技大学学报(社会科学版)，2007，9，23(3):106~107

6. 李飞凤，组织大学生社会实践活动的几点思考[J]，长沙大学学报，2002，(3):78~79

7. 陈婴婴:《职业结构预流动》，北京，东方出版社，1995

8. 赵麟斌，《大学生职业生涯规划与就业指导》，北京，北京大学出版社，2008

9. 王英杰、章春筱，《大学生职业规划与就业指导》，北京，机械工业出版社，2008

10. 杜林致，《人力资源测评理论与实务》，广州，暨南大学出版社，2008

11. 黄世扬/许力，论大学生自主创业，佛山科学技术学院学报:社科版，2000年第03期，74~77页

12. 郑晓明主编，现代人力资源管理实务丛书，北京:机械工业出版社出版，2002年5月，165~186页

读者反馈意见

亲爱的读者：

感谢您对《大学生职业指导与就业》的学习和热爱！为了今后能给您提供更优质的服务，请您抽出宝贵时间填写下面意见反馈表，以便我们更好地对本书做进一步的改进。同时如果您在使用本书的过程中遇到了什么问题，或者有什么好的建议，也请您来信、来电告诉我们。

地址：北京市丰台区科学城南极星大厦 108 室

电话：010－61229894／83794403

电子邮箱：caikai6223@263.net　QQ：649319527　发行 QQ：1694299827

教材名称：《大学生职业指导与就业》

个人资料：

姓名：__________年龄：__________所在院校/专业__________

文化程度：__________通讯地址：__________

联系电话：__________电子信箱：__________

您使用本书是作为：□指定教材、□选用教材、□辅导教材

您对封面设计的满意度：

□很满意、□满意、□一般、□不满意　改进建议__________

您对本书印刷质量的满意度：

□很满意、□满意、□一般、□不满意　改进建议__________

您对本书的总体满意度：

从语言质量角度看：□很满意、□满意、□一般、□不满意

从科技含量角度看：□很满意、□满意、□一般、□不满意

本书最令您满意的是：

□指导明确 □内容充实 □讲解详尽 □实例丰富

您认为本书在哪些地方应进行修改？（可附页）

____

____

您希望本书在哪些方面需进行改进？（可附页）

____

____